Meinen Kindern und Enkeln

Joachim Strybny

Wer fragt schon die Kinder?

Von Schlesien nach Ostfriesland: Erinnerungen eines Kindes, Jugendlichen und jungen Erwachsenen

Ein Beispiel für das unsägliche Leiden der Kinder in allen Kriegen

ISENSEE VERLAG
OLDENBURG

Bildnachweise:

Alle privat, außer
- Johann Haddinga, Bewegte Zeiten in Norden,
  Sammlung Haddinga
  Seite 165
- Johann Haddinga, Norder Geschichten,
  Archiv Verein Gnadenkirche Tidofeld
  Seite 168
- Jan Trimborn privat: Seite 175

- 2 Karten: Entwurf J. Strybny, Grafische Unterstützung Isensee

Titelfoto: Deutsches Historisches Museum, Berlin

Bibliografische Information der Deutschen Bibliothek
Die Deutsche Bibliothek verzeichnet diese Publikation in der Deutschen Nationalbibliografie; detaillierte bibliografische Daten sind im Internet über <http://dnb.d-nb.de> abrufbar.

ISBN 978-3-7308-1142-9

5. Auflage 2025

Gedruckt bei Isensee in Oldenburg

Inhalt

Vorwort

In den letzten Jahren erscheinen immer häufiger Erinnerungsbücher bekannter, gar berühmter „Noch"-Zeitzeugen des dunkelsten Kapitels deutscher Geschichte: seien es Wirtschaftskapitäne, Wissenschaftler, Politiker oder Schauspieler. Ihr inzwischen erreichtes Lebensalter – sie bewegen sich meistens zwischen dem 75. und 90. Lebensjahr – bringt es mit sich, dass sie als Persönlichkeiten des öffentlichen Lebens ihren Werdegang in diesem übrig gebliebenen Deutschland nach dem Zweiten Weltkrieg darstellen wollen. Diese Berichte sind unersetzliche Dokumente als Sozialspiegel, da sie der erlebten Zeit neben den wissenschaftlichen Quellendokumentationen die erforderliche Farbe, die Authentizität, eben das Leben geben. Im Zentrum ihrer Texte steht ihr Aufstieg im Nachkriegsdeutschland. Das Kriegsende und die ersten Jahre danach werden meist im ersten Kapitel abgehandelt. Ihrer Intention entsprechend schauen sie dann auf die späteren Jahrzehnte.

Meine Absicht ist es nun, als auf dieser großen öffentlichen Bühne unbekannt Gebliebener über Erinnerungen das Erlebte aus der Perspektive des Kindes, des Jugendlichen und des jungen Erwachsenen zu spiegeln. Meine Leitlinie soll dabei bildhaft gesprochen etwa folgende sein: Von der Entwurzelung eines kleinen Pflänzchens aus gutem festem Grund führt ein langer Weg zum Anwachsen in einem weit entfernten Acker.

Die für die frühen Jahre zeitlich nicht genau festzumachenden Erinnerungsbilder seien hier einmal ohne Anspruch auf eine exakte Reihenfolge vorgestellt, um zu verdeutlichen, wie sich dies bei einem Kind völlig unbeeinflusst von der Reflexion eventuell wahrnehmbarer Zeitsignale in den Erinnerungsbildern spiegelt. Diese hier schon einmal angerissene soziale, politische Beziehungslosigkeit wird in den folgenden Jahren meines Kindes- und Jugendalters immer wieder logischerweise vorhanden sein. Besonders aufschlussreich hierbei ist auch die Beobachtung, dass Kinder in der Lage sind, oft in raschem Wechsel furchtbar Erlebtes und sogar Heiteres zu erleben und je nach Tiefe des Eindrucks zu speichern. Erst oft sehr viel später werden prägende psychische Folgen wahrnehmbar.

Die dargestellten Erinnerungen bekommen dadurch ein außerordentliches Gewicht, da sie als meistens kontrastreiche alters- und situationsgemäß völlig untypische Episoden krass unwahrscheinlich bis kaum vorstellbar aufscheinen. Wobei ich mich manchmal rückschauend selber frage: Das kann so doch nicht gewesen sein? Das gilt für manche wunderschöne Situation meiner zunächst zu beschreibenden Kindertage, als auch für das überwiegend negativ Erlebte der späteren Zeit.

Das meiste von dem, was ich hier zu berichten habe, folgt dieser Grundregel, und erst später, manchmal viel später erfolgt die Information über andere historische Quellen und die Reflexion über all das Erlebte und wird mit Zuordnungen menschlicher, sozialer und/oder politischer Art versehen. Heute, zum Zeitpunkt des rückschauenden Besinnens und Aufschreibens wachsen Erlebtes, Recherchiertes und kritische Zuordnung untrennbar zu einer Einheit zusammen. Es ist nahe liegend und ja auch schon angedeutet, dass ein Kind oder später ein Heranwachsender das erforderliche Abstraktionsvermögen noch nicht aufbringen kann; aber als in die Jahre Gekommener ist für mich das komplexe Verfahren grundsätzliches Prinzip.

Bei einem viel Bekannteren, dem Schriftsteller Günter de Bruyn, kann man in seiner Arbeit „Das erzählte Ich“ auf Seite 19 kaum Treffenderes zu diesem Thema lesen: „Das Ich und die Zeitläufe müssen aufeinander bezogen werden in der Hoffnung, dass beide dadurch Konturen gewinnen und dass aus dem Einzelfall so etwas wie eine Geschichtsschreibung von unten entsteht."

Einen ähnlichen Akzent findet man in der 2013 erschienenen Arbeit „Am Schreibtisch" von Inge Jens. Dort schreibt sie auf Seite 12 über die Beziehung Thomas Manns zu diesem sein Schaffen bestimmendes Möbelstück, dass sich daran „Zeitgeschichte in subjektiver Brechung" spiegele.

Mitunter wird sich der Leser fragen, wie kann sich ein Kind meines damaligen Alters an so manche Details erinnern. Darüber war ich selbst sehr erstaunt, ich muss aber auch auf die späteren Erzählungen meiner Mutter verweisen, durch die manches erhalten geblieben ist.

Die mir selbst gestellte Aufgabe bringt es mit sich, dass ich von *meinen* Erlebnissen schreiben werde, von *meiner* mit einer Diagonalen zu vergleichenden Linie: räumlich gesehen von Schlesien, dem äußersten Südosten, nach Ostfriesland, dem äußersten Nordwesten Deutschlands. Sozial-politisch geortet durch einen Zeitraum größten erlebten/erlittenen Umbruchs in Mitteleuropa. Diese *meine* Erlebnisse können dann in so manchen Partien auch beispielhaft für viele, viele andere stehen.

Mein Bemühen um reflektierende Unterfütterung wird dabei zwei Kreise um die dargestellten Ereignisse schlagen. Im inneren Umfeld bleibe ich in engerer Beziehung zu den persönlichen Erlebnissen. In einem äußeren Umfeld halte ich die Erwähnung größerer sozialer, kultureller oder politischer Zusammenhänge für unverzichtbar, um die Einbindung in eine Zeit großer Umbrüche deutlich zu machen. Welch kardinaler Wandel wird allein durch zwei „Begegnungen" von Großvater zum Enkel erkennbar.

Der Secondeleutnant Johannes Strzybny erzählte, dass ihm als Führer der Wachkompanie 1871 vor Paris „vom Kaiser die Hand geschüttelt" worden ist (Wilhelm I.), was zur Folge hatte, dass er

Secondeleutnant Johannes Strzybny ca. 1873, aufgenommen in Kattowitz.

den weißen Diensthandschuh wohlverwahrt in seinem Tornister über den Krieg gerettet und dann in einem verglasten Rahmen in seinem Gasthaus voller Stolz ausgestellt hat.

Dem Studienreferendar Joachim Strybny ist 1965 nach einem kurzen Gespräch von Bundeskanzler Konrad Adenauer ebenfalls die Hand geschüttelt worden. Dem Leser sei aber versichert, dass ich nach diesem bedeutenden Kontakt in Ermangelung eines weißen Diensthandschuhs nicht auf die Idee gekommen bin, mir nicht mehr die rechte Hand zu waschen!

Selbstverständlich soll auch unterhaltsam Episodisches seinen Platz finden; denn gerade solche Partien geben mitunter besseren Aufschluss über soziale Zustände als übermäßig viele Worte.

Die Reflexionen sollen aber nie so weit getrieben werden, dass tiefere Schichten einzelner wissenschaftlicher Teildisziplinen politisch, soziologisch oder gar anthropologisch zum Schnitt gebracht werden sollen. Das haben schon ganz andere Köpfe nie geschafft.

Natürlich darf die unmittelbare politische Vergangenheit – insbesondere für Polen – nicht aus dem Hintergrund verschwinden, was eben in furchtbarer Weise Deutschland den Polen angetan hat. Ein Zitat des schlesischen Dichters Gerhart Hauptmann aus seinem Tagebuch vom 30. Dezember 1939 zum Beginn des Krieges mag an dieser Stelle stehen: „Polen! Wie viel Hass hat er entfesselt. Wie ungeheuer wird der Deutsche dort gehasst.“ Später heißt es dann: „Wir haben Polen vernichtet, zur Hälfte den Russen ausgeliefert, alle Rachegeister darin aufgerufen für ein Jahrhundert.“

Diese Perspektive kann mich bei meinen Ausführungen keinesfalls begleiten, denn zum Zeitpunkt des Erlebens hatte vieles schon stattgefunden. Den Horizont des in diese Zeit erst Hineingeborenen haben die Ereignisse als „behandeltes“ Objekt wohl erreicht, aber selber handeln war nicht angesagt.

Es sollen mich kein Zorn, keine Revanchegedanken, nur oft traurig-betroffenes Staunen begleiten.

Bei den Recherchen muss ich nahe liegender Weise häufig über mein Geburtsjahr 1937 zurückgreifen, sodass sich der Blickwinkel sehr oft über ein ganzes Jahrhundert nach vorne öffnet, um es zu „besichtigen“. Dies sei dem Leser bei seinem Weg durch diesen Text stets bewusst.

Natürlich sind die wesentlichen Teile meines Weges durch diese schlimme Zeit ohne meine Mutter nicht denkbar. Ihr möchte ich mit diesem Text im Nachhinein ein ganz großes, tief empfundenes Danke sagen. Ich glaube, ich kann diesen Dank an alle Mütter der vielen, vielen unmündigen Kinder in dieser Zeit weitergeben.

Vorwort zu der 4. Auflage 2019

Ende Januar 2014 habe ich die Arbeit an dem Text dieses Buches abgeschlossen. In den nun vergangenen Jahren hat sich in dem sozialen Umfeld Flucht und Vertreibung in Mitteleuropa Gravierendes abgespielt. Zwar bleibt die Feststellung, dass es sich für die Zeit zum Ende des Zweiten Weltkrieges bei 12 Millionen betroffenen Menschen um die größte ethnische Vertreibung der Geschichte handelt, unverrückbar bestehen. Auch sind in den vergangenen ungefähr zwei Jahrzehnten aus umgebenden Regionen große Bevölkerungsströme in die Kernräume Europas gekommen. Von wirtschaftlicher Not angetrieben, kamen sie auf abenteuerlichen Wegen in diese Länder des industriellen Aufschwungs mit der Hoffnung auf ein besseres, sichereres, freies Leben.

Das Jahr 2015 hat aber, außerordentliche Menschenströme in Bewegung gesetzt, die erneut das Leiden der Betroffenen deutlich machen. Die „Balkanroute" wurde zur Achse dieser Bewegung.

Wiederum gilt für Kinder, die in einer Hierarchie der Wehrlosigkeit am untersten Ende stehen, das Gleiche: Sie werden nicht gefragt, sie werden durch Kälte, Regen, Frost, Schnee, Dreck, Angst, und Verlorenheit am stärksten getroffen. Dass dies in der Wahrnehmung der Öffentlichkeit angekommen ist, bestätigt das erschütternde Foto verzweifelter Kinder an der griechisch-mazedonischen Grenze des mazedonischen Journalisten Georgi Likovski. Sein Bild ist zum „Unicef-Foto des Jahres 2015" erklärt worden.

Die seelische Grundbelastung in diesem sensiblen Alter ist immer dieselbe. Die Trauma-Forschung der vergangenen Jahrzehnte ist zu erschütternden Ergebnissen gekommen. Für meine Generation der Vorkriegs- und Kriegskinder waren das Gefühl ständiger

Bedrohung und die Fremdheit in immer wieder wechselnden Situationen wohl der stärkste Beeinträchtigung.

Für die vor allem 2015 zu uns gekommenen Kinder besteht noch die zusätzliche Erschwernis, die natürlich in all den vergangenen Jahren ebenfalls von gravierender Bedeutung war: die Herkunft aus einem völlig anderen kulturellen Umfeld. Hier steht für diese Kinder nach überstandenem Leiden auf der Flucht auf dem Weg zur Integration das Verhalten der Eltern als sehr oft zu beobachtende Barriere im Weg.

Wenn viele dieser Eltern – lebenslang kulturell-religiös gänzlich anders geprägt – als fast unlösbares Problem die größten Schwierigkeiten mit dem Erlernen der deutschen Sprache haben, um ein Ankommen zu erreichen, die Kinder haben damit so gut wie gar keine Probleme, sobald sie Kontakt zu einheimischen Kindern gefunden haben. Nach ganz kurzer Zeit sprechen sie die neue Sprache fließend und akzentfrei. Meine eigenen Erfahrungen mit landsmannschaftlichen Idiomen haben mir dies bestätigt.

Wenn von so manchem Politiker bei seinen Bemühungen zur Lösung der im Augenblick völlig verfahrenen Situation der Flüchtlingsfrage innerhalb Europas auch Integrationsperspektiven eingebracht werden, ist von viel zu wenigen Jahren im Blick voraus die Rede. Meine Erfahrung hat mir gezeigt, dass zwei Jahrzehnte durchaus ein angemessener Zeitraum sein kann, um von Integration im Sinne von „angekommen sein“ sprechen zu können – für mich im gleichen Kulturraum.

Nach diesem Exkurs möchte ich nun die Spur meiner Kindheit aufnehmen.

1. Eine behütete Kindheit

Am 6. Juni 1937 wurde ich in Glatz in Schlesien geboren. Ich möchte meine „Erinnerungen" jedoch erst 1940 beginnen lassen, da ich mir – sicherlich auch durch Erzählungen meiner Eltern – erst dann erinnernde Ahnungen über damals Gewesenes vorstellen kann.

Meine Kindertage waren tatsächlich so, wie man sie sich als behütet vorstellen kann. Durch die gut situierte Existenz meiner Eltern, die durch ein beachtliches Erbe und einen auch in dieser Zeit noch sehr gut florierenden Tabakwaren- Groß- und Einzelhandel sich und damit auch mir, ihrem damals einzigen Kind, ein äußerst angenehmes Leben bieten konnten.

Meine früheste Erinnerung reicht in den Bereich des Weihnachtsfestes zurück. Es war Brauch in unserer Familie, dass sich um die Großmutter mütterlicherseits alle ihre Kinder, Schwiegerkinder und Enkel am Heiligen Abend im „Kleinen Saal" des Restaurants meines Onkels, das er als älterer Sohn und Erbe das Familienbetriebes übernommen hatte, zu Einbescherung unter einem mir als Kind ungeheuer erscheinenden Weihnachtsbaum versammelten. Der Lichterglanz des Baumes ist mir am nachhaltigsten im Gedächtnis geblieben. Welche sicherlich wundervollen Geschenke auf den Gabentischen für mich dabei gewesen sind, weiß ich nicht mehr zu erinnern. Der Überfluss dieser Gabenpräsentation hat sicherlich die Freude eines kleinen Jungen an nur für ihn gedachte Geschenke überdeckt.

Trotz dieser großen Familienfeier hat es sich mein Vater nicht nehmen lassen, ebenfalls in unserem eigenen familiären Wohnzimmer einen Weihnachtsbaum zu schmücken. Dieser reichte ebenfalls vom Boden bis zur Decke des Raumes. Besonders eindrucksvolle Attraktion dieses Baumes war es, dass er sich auf einem von einem aufziehbaren Uhrwerk betriebenen Ständer – einer Arbeit eines böhmischen

Uhrmachers – drehte und eine eingebaute Walze Weihnachtslieder dabei erklingen ließ. Da es für den damaligen weihnachtlichen Dekorationsgeschmack neben dem andern Schmuck unerlässlich war, den Baum sehr dicht mit ebenmäßigen Lamettasträngen zu behängen, war es wegen des Drehens für meinen Vater unerlässlich, dies rundum auf allen Seiten des Baumes vorzunehmen. Es ist ganz sicher, dass er schon Tage vorher mit dieser Ausgestaltung mit großer Geduld und Liebe zum Detail beschäftigt gewesen sein muss.

Obwohl dann diese Einbescherung nicht am Heiligen Abend, sondern erst am ersten Weihnachtstag stattfand, war sie in meiner Erinnerung und inneren kindlichen Gewichtung der eigentliche Höhepunkt. Diesen grandiosen Baum projizierte meine Erinnerung – wohl auch durch die Perspektive eines etwa Drei- bis Vierjährigen mit dem Blick zur Decke – schier ins Unermessliche: Glanz der Kerzen, Glitzer des Lamettas, dazu die klimpernden Melodien des sich drehenden Baumes. Dieser Eindruck hat sicherlich dazu beigetragen, dass es für mich später in meiner eigenen Familie einen Heiligen Abend nur zu Hause in der Wohnung der Familie im engsten Kreise geben konnte.

Von den Weihnachtsgeschenken dieser Zeit muss mich eines – ohne mich daran erinnern zu können – nach den Erzählungen meiner Mutter besonders beeindruckt haben. Mein Vater hat wohl in seinem ungeheuren Stolz auf seinen Erstgeborenen 1938 (Das Kind war 18 Monate alt!) ein Schaukelpferd herstellen lassen, das mit einem echten Fell bezogen war. Dieses für mich wohl echt aussehend Tier hat in mir so viel ängstlichen Respekt entstehen lassen, dass ich nach Aussagen meiner Mutter durch nichts zu bewegen gewesen bin, mich diesem Wesen überhaupt zu nähern, geschweige denn mich darauf setzen zu lassen.

Meine Oma repräsentierte in einer fast würdigen Vornehmheit die Spitze der Familie. Den dazugehörigen Opa habe ich nie erlebt, da er schon zehn Jahre vor meiner Geburt verstorben war. Mir ist nur Episodisches im Gedächtnis haften geblieben, was in der Familie ebenso als heiteres Ereignis weiter gegeben worden ist: Es wurde erst ab 1900 üblich, die Hosen der Herrenanzüge mit Bügelfalten zu tragen. Offensichtlich vom fernen mondänen Berlin gelangte eine Kunde darüber auch mit beachtlicher Verspätung ins gar nicht so ferne Schlesien. Die ältere Schwester meiner Mutter wollte nun ihren Vater ebenfalls modern erscheinen lassen. Also Hose aufs Brett und gebügelt. Nur stellte meine Oma fest, dass die Herren in Berlin die Bügelfalten ihrer Hosen vorn und hinten zu erkennen gaben. Was war zu tun. Erneuter Auftrag an die bügelnde ältere Tochter. Nun hatte der Vater als wohl höchste Form der Eleganz kastenförmige Hosenbeine als modisches Attribut.

Also: Wo Oma war, war in der Familie oben. Dass sie schon sehr früh eine besondere Würde ausstrahlte, ist bereits auf einem Foto aus dem Jahr 1908 erkennbar. Auf diesem Bild ist sie – mit meiner Mutter schwanger – nur angeschnitten zu sehen, aber korrekte Hochfrisur und Körperhaltung zeigen Würde. Diese Haltung war gepaart von einem Bemühen um äußersten Einsatz, Geschäftssinn, Risikobereitschaft und körperlichem Leistungswillen. Nur so wurde es ihr möglich, im Laufe der Jahre ein so beachtliches Vermögen zu erwerben.

Um das auch atmosphärisch zu veranschaulichen: Sie wurde von ihren Kinder mit Mama angesprochen, wohlgemerkt mit der Betonung auf dem zweiten „a“.

Oma pflegte nun so manche Wochen ihres Seniorinnendaseins in dem damals recht bekannten schlesischen Kurort Bad Altheide zu verbringen. In diesen meinen Kindertagen habe ich dann in gediegenem Sonntagsstaat dem gemessenen Schritt meiner Oma und meinen Eltern, oder gar Onkel, Tanten und den Vettern Udo und Eberhard folgend auf den sorgfältig geharkten Wegen des Kurparks

Ein Bild wie in den besten Friedenszeiten im Sommer 1942 (Schlacht von Stalingrad Winter 1942!): „Mama“ Thersia Gruske (2. v. re.) während eines Kuraufenthaltes mit Teilen ihrer Familie in Bad Altheide, der Autor (li.), seine Mutter (re.).

verbracht. Ich habe sie wohl deshalb in so guter Erinnerung, weil die Besuche in dieser großmütterlichen Kurzeit häufiger stattfanden, denn die Entfernung von Glatz nach Bad Altheide war nur gering, wenige Autominuten. Da ein Neffe meines Vaters ein begeisterter Hobby-Fotograf war und er schon damals mit einer Technik arbeitete, die es den abzulichtenden Personen nicht abverlangte, längere Zeit in unnatürlicher Haltung mit verkrampftem Lächeln zu verharren, sind doch erfreulich viele Bilder gemacht worden und auch erhalten geblieben. Diese Bilder haben meiner Erinnerung an diese Aufenthalte zusätzlich unterstützt, was mir bei einem noch später zu erwähnenden Besuch 1992 zu einer überraschenden Orientierung verholfen hat.

Kleine Erinnerungssplitter rufen mir die leider nur wenigen Fahrradtouren mit meinem Vater durch die Niederungen der Glatzer Neiße vor mein inneres Auge. In einem auf der Stange des Rades montierten Kindersitz kann ich mich nur noch an ein Gefühl des unbeschwerten Fahrens in Wind und Sonne und den mir damals lustig erscheinenden Namen des Zielortes Tuntschendorf erinnern.

Ebenfalls mehr von der erinnerten Atmosphäre als von dem Erlebten bestimmt waren so manche sonntäglichen Spaziergänge unserer Familie zur etwa zwei Kilometer oberhalb von Glatz gelegenen Schneiderbaude, einem wunderschön gelegenen Ausflugslokal mit einem eindrucksvollen Blick über das unten vor einem liegende Stadtgebiet. Von meiner Mutter gerettete kleine Fotos in technischer Qualität der damaligen Zeit spiegeln mehr Stimmung als Details. Es war einfach schön.

Trotz der fortgeschrittenen Kriegszeit war es auf dem so genannten „Deutschen Reichsgebiet" wohl auch gewollt, dass reisende Zirkusunternehmen an vielen Orten gastierten. So auch fast jedes Jahr auf dem neben meinem Elternhaus gelegenen Holzplan, einer Freifläche, auf der das Zelt und die gesamte rollende Stadt ihren Platz fanden. Da wir Kinder aus unserem Viertel ja nur über die Mühlgrabenbrücke zu gehen hatten, waren wir vom Anrollen der ersten Wagen bis zum aufgestellten Zelt in jeder möglichen Minute zwischen dem fahrenden Volk. Obwohl wir natürlich mit unseren Eltern die eindrucksvollen Aufführungen mit großem Staunen besuchten, war es für uns viel reizvoller, während des Aufbaus zwischen all den eigenartigen, oft uns exotisch erscheinenden Menschen herum zu stromern. Besonders toll fanden wir es, wenn wir mal was halten sollten oder irgendeinen Gegenstand von einem Wagen zum nächsten tragen sollten. Da meinten wir schon fast, wir gehörten dazu. Das Höchste war der Geruch, den ich noch heute in der Nase zu verspüren meine: Pferdemist und Sägespäne. Wenn dann die Veranstaltungstage vorüber waren, dachten wir, dass wir am nächsten Morgen möglichst schnell auch beim Abbau dabei sein konnten. Doch wie groß war jedes Mal die Enttäuschung, wenn von einer kümmerlichen Nachhut abgesehen, fast die ganze Wagenstadt verschwunden war.

Einen Kitzel ganz anderer Art erzeugten die immer wieder anreisenden Hochseilartisten, die zwar mit kleinerem Wagenpark anreisend aber auch auf abenteuerlichste Weise mit gewagten Drahtseilakten bestimmt auch ihr Leben aufs Spiel setzten. Die heute dafür gültigen Sicherungsvorschriften hat es damals sicherlich noch nicht gegeben. Dieses gefährliche Spiel mit einem gewissen Schauer war Garantie für einen großen Besucherzustrom. Besonders bedeutend empfand ich es, dass das immer dabei benötigte Hochseil auf dem Dach des fünfstöckigen Mietshauses meiner Eltern angebracht wurde.

Zu meinem Geburtstag im Juni – es muss wohl 1942 gewesen sein – bekam ich doch tatsächlich ein auf meine Größe genau angepasstes hellblaues Kinderfahrrad geschenkt. Mein Staunen war ungeheuerlich, denn ein solch kleines Fahrrad hatte ich noch nie gesehen. Selbst einmal auf einem Fahrrad fahren zu können, war immer schon mal mein nächster Wunsch mit dem Größerwerden, denn mir war klar, dass man für diese Kunst größer und stabiler sein musste. Die älteren Spielkameraden in unserem Hof fuhren wohl schon einmal mit dem Herrenfahrrad ihres Vaters. Da auch sie wegen der zu kurzen Beine noch nicht über die Mittelstange kamen, hingen sie an der einen Seite über und schoben in einer abenteuerlichen Verrenkung das eine Bein auf die andere Seite – und fuhren! Diese artistische Höchstleistung brauchte ich nun nicht mehr zu vollbringen. Zu Anfang mein Vater, später die größeren Fahrradartisten auf unserem Hof weihten mich in die Kunst des selbständigen Fahrens ein, selbstredend nicht ganz uneigennützig: Fahrradfahren beibringen gegen Fahrradfahren dürfen auf diesem kleineren Rad. Beiden Seiten war natürlich daran sehr gelegen. Den besonderen Wert dieses Geburtstagsgeschenks wusste ich schon bald darauf zu schätzen. Als Kleinster dieser Hofclique war ich dadurch bei den Größeren schon fast gleichwertig, und das ist ja schon mal was!

Aus den Gesprächen meiner Eltern erfuhr ich bald, dass ein bekannter Mechanikermeister für Landmaschinen dieses kleine Gefährt gefertigt hatte. Das war mir damals ziemlich gleichgültig, die Freude über das Geschenk prägt meine Erinnerung. Aus heutiger Sicht ist es schon beeindruckend, was elterliches Bemühen – bei vorhandenen Mitteln – alles zustande bringt. Es ist absolut unwahrscheinlich, dass damals eine Fahrradindustrie schon Kinderräder im Programm hatte, geschweige denn im vierten Kriegsjahr, einer Zeit, in der sämtliche vertretbaren Materialien in die Kriegsindustrie fließen mussten.

Von besonderem sonntäglichem Eindruck waren die Autofahrten zu den großen Bauernhöfen der Vettern meiner Mutter in den umliegenden Dörfern des Glatzer Talkessels. Da mein Vater damals ein Faible für große Autos hatte, saß ich dann selbstverständlich in den Tiefen der hinteren Sitze eines Opel Super 6 ohne jeden Ausblick und war froh, nach meist kurzer Reise am Zielort auf dem Hof herausgelassen zu werden. Nach der bäuerlichen Kaffeetafel für die Verwandtschaft aus der Stadt waren meine Vettern, meine Cousinen und ich entlassen. Das große Abenteuer in dieser für mich eindrucksvollen, fremden Welt konnte beginnen.

Die im Karree stehende Hofanlage wurde in allen Winkeln erkundet: Bauerngarten, Ställe mit Kühen, Kälbern, schweren Nutz- und schlanken Kutschpferden für die sonntägliche Ausfahrt und Wagenremisen. Der schönste Platz zum Toben war der Heuboden. Nachdem uns der Onkel Max – in Schlesien Simon-Maxe genannt – mit seinem durchdringenden Organ zum Verabschieden gerufen hatte, wurde ersichtlich, dass diese tollen Spiele meiner städtischen

Sonntagsdekoration nicht gerade zum Vorteil gereicht haben müssen. Das Gesicht meiner Mutter sprach Bände. Ein erhalten gebliebenes Foto dieses Tages zeigt es noch heute.

Die Bemühungen meiner Mutter, mich schon einmal anderen äußeren sozialen Einflüssen zuzuführen, weil sie dies sicherlich für mich als notwendig erachtet haben mag, andererseits aber auch wohl die vorausschauende Ahnung, dass es für sie bald notwendig werden könnte, in die Führung des elterlichen Betriebes einsteigen zu müssen, war für mich der Besuch eines Kindergartens vorgesehen. Es boten sich ideale Voraussetzungen, da auf der gegenüberliegenden Seite unserer Straße von Nonnen ein solcher kindlicher Aufbewahrungsort betrieben wurde. Nur hatte die Planerin die Rechnung ohne meinen bis dahin verwöhnten kindlichen Querkopf gemacht. Kaum war ich mit zugewandter Freundlichkeit von den lieben Tanten in Empfang genommen worden, da begann ich mit einem ungeheuren Gebrüll. Ich wollte hinaus in die für mich gewohnte Freiheit. Nach etwa einer Stunde – so die Erzählung meiner Mutter – riefen die würdigen Frauen bei meiner Mutter an mit der Bitte, den mit keinerlei Tricks und Verlockungen zu besänftigenden Sohn wieder abzuholen. Damit war mein Gastspiel im Kindergarten beendet. Es wurde extra ein Kindermädchen für mich engagiert. Das Problem war gelöst und meine Mutter konnte sich, wie sich bald bestätigen sollte, in die Führung des Geschäfts einarbeiten.

Wenn ich von meinem Kindermädchen Käte zu kleineren Besorgungen in die Stadt mitgenommen wurde, kamen wir immer wieder einmal an der am Weg liegenden Glatzer Mohren-Apotheke vorbei. Ich war nur mit großer Mühe und unter Aufbietung aller erdenklichen Überredungskünste an dem Schaufenster vorbei zu bekommen, denn am vorderen unteren Fensterrahmen saß hinter der Scheibe eine etwa 25 Zentimeter große Mohrenpuppe, die ständig freundlich lächelnd mit dem Kopf nickte. Ich war wohl felsenfest davon überzeugt, dass dieses Nicken nur mir gelten konnte. Wenn Käte es gelungen war, mich wieder nach Hause zu bekommen, erzählte ich abends meiner Mutter voller Begeisterung von diesem geheimnisvollen Wesen. Sicherlich war es nicht unbedingt selbstverständlich, dass die Spielzeugindustrie im damaligen nationalsozialistisch beherrschten Deutschland Mohrenpuppen im Angebot vorhalten würde und dass eine solche auch noch in dieser Kriegszeit nach Schlesien gelangen könnte. Was bringt aber wohl Mutterliebe alles fertig? Es dauerte gar nicht lange, und ich hatte eine Mohrenpuppe als Spielzeug. Dieser Ersatz hat mich aber nicht sehr lange beschäftigt, denn es war ja nicht *die* Puppe aus der Apotheke. In einem ganz anderen Zusammenhang sollte mir genau dieser kleine Mohr aus dem Schaufenster der Glatzer Apotheke Jahrzehnte später wieder begegnen.

Über vorhandene Fotos und Erzählungen meiner Mutter kann ich nur vage erinnern, dass die beiden Schwestern mit ihren Kindern – meinem Vetter Eberhard und mir – im Sommer 1943 zunächst zu einem Urlaub am Wolfgangsee im Salzkammergut und danach noch einige Tage in einem Hotel „Imperial" in Wien Station gemacht haben. Der Praterbesuch und eine Fiaker-Fahrt sollen dabei die Höhepunkte gewesen sein.

Wenn ich diese ungetrübte Wohlstandsidylle in einer schlesischen Kleinstadt, in einem Kurbad und auf einem Bauernhof beschreibe, so ist dies auf das reine Erleben eines Kindes zurückzuführen. Dass draußen um diesen von mir so erinnerten Kreis bereits im dritten oder gar vierten Jahr ein immer furchtbarer werdender Krieg seinen Lauf nahm und ein menschenverachtendes System eine grausame Vernichtungsmaschinerie in Gang gebracht hatte, hat mich zu diesem Zeitpunkt noch nicht erreicht und berührt. In der Realität konnte der Kontrast gemessen an den schon längst stattfindenden furchtbaren Ereignissen dieses Krieges kaum größer sein.

2. Erste Signale der Bedrohung

Um den Erlebnis- und Spielraum meiner Kindertage verständlich zu machen, sei die räumliche Grundsituation in einigen Zügen beschrieben. Das Restaurant meines Onkels – „Die Kaiserkrone" – füllte mit seinem Gebäudekomplex eine längere Partie an der Straßenfront aus. An dem einen Ende des Hauptgebäudes war im rechten Winkel ein niedrigerer Seitenflügel zum Garten hin angebaut, in dem der Erbauer (Meine Großeltern hatten die Immobilie erst später erworben.) in einer Art Hochparterre eine Bühne für ein Theater aufgeführt hatte. Es war also damals möglich, den Gästen im Kaffeegarten Freilufttheater und Musikdarbietungen anzubieten. Während der Inflationszeit haben meine sehr geschäftstüchtigen Großeltern gut verstanden, den schnelllebigen Geldverfall durch dauerndes zügiges Bauen aufzufangen. Die Bühne wurde mit den dazugehörigen Garderoben in Wohnungen umgebaut. An der rückwärtigen Grundstücksflanke wurde ein Mietshaus mit zehn Wohnungen errichtet.

Da es in Schlesien in den Zwanziger-Jahren wohl üblich war, den Blick in gar vielen Fragen auf die als vorbildlich empfundene Weltstadt Berlin zu richten, sollte dieses Mietshaus auch dem dort üblichen Stil der Stadterweiterungen in den langen Straßenzügen nachempfunden werden – nur eben frei stehend! Also beiderseits einer Mittelachse des Treppenhauses jeweils eine Wohnung auf fünf Etagen. Über der Parterre-Ebene lagen dann die zwei Beletage-Wohnungen für die späteren Familien der beiden Töchter, natürlich – wie auch in Berlin üblich – in noblerer Ausführung. Damit die dann sicherlich erforderlichen dienstbaren Geister eine Bleibe im Haus finden konnten, waren im Bereich des ebenfalls üblichen Hängebodens zum Trocknen der Wäsche zwei kleine Personalwohnungen ausgebaut worden.

Das „Berliner“ Haus in einer schlesischen Kleinstadt 1992.

Noch 1992 – bei meinem Besuch in Glatz – wirkte dieses gewaltige Haus in seiner kleinstädtischen Umgebung wie ein Fremdkörper.

Der Architekt muss jedoch kein gar so großer Meister seines Fachs gewesen sein. Vielleicht war er besonders preiswert? Das Riesenhaus steht heute noch. Nur hatte er in seinem Plan und bei der Ausführung vergessen, für die zehn Wohnungen Toiletten einzuplanen, was er allerdings erst mit dem Hochmauern der oberen Stockwerke bemerkt hatte. Den Fauxpas hat man aber noch einigermaßen auffangen können, indem man vom Treppenhaus einen Winkel abzweigen konnte. Für die damalige Zeit waren dreieckige Toiletten sicherlich von ganz besonderer Eleganz.

Dieser nicht gerade erfolgreiche schlesische Blick nach Berlin macht einem bewusst, dass noch 2001 bei der Einweihung des Paul-Löbe-Hauses im Regierungsviertel in Berlin beachtliche bauliche Mängel offenbar geworden sind, wie zum Beispiel in einige Bereichen des riesigen Hauses das Fehlen von Toiletten.

Der ehemalige Konzertgarten war dadurch ein Hof geworden mit einem Sandkasten für die Kinder, einer Teppichklopfstange als idealem Turngerät für uns.

Für meine Vettern und mich war durch die Mieter der Wohnungen eine beachtliche Kinderschar um uns herum. Spielen ohne Ende – eben auch mal im Dreck – war angesagt.

Besondere Attraktion waren die Tanztees im großen Saal meines Onkels, der seine Fenster auch zu „unserm" Hof hatte. Wir verstanden es, uns über einen Bretterstapel Einblick in diese fremde Welt zu verschaffen. Wenn das vor unserer Zeit ganz gewiss ein sehr edles Unternehmen der fein gekleideten Damen und Herren gewesen sein mag, hatte sich in diesen Jahren während des Krieges die Situation dahingehend gewandelt, wie wir sie nun erlebten. Auf der Bühne spielte die Kapelle in Wehrmachts-Uniformen und die tanzenden Herren waren ebenfalls uniformiert. Es waren die Auszubildenden der in Glatz ansässigen Heeresnachrichtenschule.

Besonders auffällig war es nur mitunter, dass da ein ebenfalls uniformierter Herr auftauchte, der dann oft mit forschem Ton und lauter als gewöhnlich sprach. Seine Befehle – so wurde das genannt – wurden auch befolgt und meistens mit: „Jawoll, Herr Unteroff'zier!" beantwortet.

Einem anderen, seltener erscheinenden Soldaten, der meistens freundlicher sprach und eigentlich eine viel schönere Uniform anhatte, wurde mit: „Jawoll, Herr Leutnant!" erwidert.

So was Interessantes hatten wir ja noch nie gesehen!

Da es ja seit eh und je für Kinder diesen Alters eine ganz besonders attraktive Beschäftigung ist, die in der Erwachsenenwelt zu beobachtenden Ereignisse nachzuspielen, hatten diese da beobachteten Episoden natürlich für uns einen ganz besonderen Reiz.

Unsere Logik ließ uns hinter all dem folgende Struktur vermuten: Der stärkste Militärmachthaber an diesem Ort war dann wohl der Unteroffizier, an zweiter Stelle und damit der Stellvertreter war der Leutnant. Alle anderen waren, wie wir mitbekommen hatten, kleine ziemlich bedeutungslose Gefreite. Also: Mein Vetter Udo, mit acht Jahren unser Ältester, wurde Unteroffizier. Der Peschel-Steber, sieben Jahre, wurde von Udo zum Leutnant ernannt. Wir alle anderen kleinen Mäuse zwischen vier und sechs Jahren waren leider nur nichts sagende Gefreite. Unsere „Armee" war damals schon äußerst fortschrittlich, denn da wir ja auch Mädchen in unserem Hofgetümmel hatten, „dienten" auch die schon als Gefreite! Wir mussten parieren, im Gänsemarsch marschieren, strammstehen und immer: „Jawoll Herr Unteroff'zier!" sagen. Und so weit ich mich erinnere, gab Udo den Unteroff'zier ganz eindrucksvoll. In diesem Spiel gingen alle meine kindlichen Träume dahin, doch einmal Unteroffizier zu sein, mindestens aber doch wenigstens einmal Leutnant.

Der Peschel-Steber hatte vier Geschwister, der Vater war Dekorateur. Dieser Herr Peschel muss wohl ein begeisterter Leser von Indianerbüchern gewesen sein, denn an den Wochenenden hat er alle Kinder des Hofes mit Krepppapier in eine wunderschöne Indianergesellschaft verwandelt. Die Dekoration hat natürlich nie einen Spieltag überstanden. Mit umso größerer Spannung haben wir dann dem nächsten Wochenende entgegengefiebert, damit die Indianerwelt wieder entstehen konnte. Nach einigen Wochen hatte Herr Peschel leider keine Zeit mehr für uns. Alles Bitten und Betteln zeigte keine Wirkung. Einige Zeit später erzählte uns dann der Steber, dass ein Mann zu seinem Vater gekommen sei. Sie hätten

Die Krepppapier-Indianer, die nach den Maßgaben der NSDAP in dieser „artfremden" Aufmachung nicht mehr spielen durften (Autor 2. v. li.).

über die Indianerspiele gesprochen und da habe der Mann etwas von „artfremd" gesagt.

An dieser wirklich harmlosen Episode zeigt sich, wie in einem Überwachungsstaat linientreue Zuträger nichts schneller tun konnten, als einer übergeordneten Stelle Hinweise zu geben. Das System hat dann über einen seiner Leute sicher mit dem Faktor der Angst einer Kinderfreude ein Ende bereitet. Selbst Krepppapier-Indianer schienen solche staatlichen Stellen schon als enorme Bedrohung zu empfinden.

Wenn ich jetzt so darüber nachdenke, wird mir bewusst, dass es zu dieser Zeit in unserem Hof keine Unterschiede zwischen typischen Jungen- oder Mädchenspielen gegeben hat, was ja die „Gefreitinnen" unter dem Kommando der Unteroffiziers Udo schon bewiesen haben. So haben wir kleinen Jungen – sicherlich nach

„Dienstschluss" unserer kleinen Truppe – auch eifrig Ringelreihen z.B. „Machet auf das Tor, es kommt ein goldner Wagen…" gespielt. Das Schöne daran war wohl vor allem der angenehme monotone Singsang, mit dem man da mit anderen Kindern im Kreis herumgehen und unterschiedliche Lauffiguren ausführen konnte. Ein Kind brachte etwas Neues mit und die anderen spielten es mit naiver Freude nach.

Nach diesem Muster trabten wir dann auch eines Tages nach folgendem Vers im Kreis herum, dessen dazugehörige Melodie mir ebenfalls im Gedächtnis geblieben ist, die aber im Verhältnis zum Inhalt hier ohne Belang ist:

Töff, töff, töff, was kommt denn da gefahren?
Töff, töff,töff mit einem Kinderwagen.
Töff, töff, töff, wo will der Jude hin?

Er will ja nach Jerusalem,
wo alle Juden sind.

Schmeißt sie raus die ganze Judenbande,
schmeißt sie raus aus unserm Vaterlande,
hackt ihnen Kopf und Beine ab
und schmeißt sie alle in ein Massengrab!

Bisher habe ich diese furchtbaren Zeilen nur in meinem Kopf gehabt, so wie man sie mir und meinen kindlichen Mitspielern damals auf dem beschriebenen naiven Wege untergeschoben hat. Wenn ich sie nun so ansehen muss, wird meine Fassungslosigkeit über das, was man da Kindern mit perfider Absicht antun wollte, immer größer. Lange habe ich mit mir gerungen, ob ich sie überhaupt hier aufschreiben soll. Da ich mir aber vorgenommen habe, ein Zeitzeugnis zu geben, ist es für mich eine sehr belastende Verpflichtung, diesen Text doch als Dokumentation zu erhalten. Dies scheint mir auch besonders wichtig, da dieses Machwerk auch während meiner Recherchen in den 60-er Jahren im Institut für Neuere Geschichte der Universität Göttingen von mir nicht gefunden worden ist. Erst mit den Recherchen zu dieser Arbeit habe ich eine Spur zur Vorlage dieser Zeilen gefunden. In Sammlungen alter Spott- und Trinklieder ist immer wieder ein Lied zu finden, das vom Reimschema und vom Refrain diesem Produkt ziemlich genau entspricht. Dort wird dann die Vertreibung der biblischen Urfamilie aus dem Paradies in lockerer, aber noch erträglicher Weise abgehandelt. Dieses Lied war dann selbst in einem Liederbuch für Ministranten zu finden. Sonst ist mir dieser furchtbare Text nirgendwo begegnet.

Was hat hier stattgefunden? Der Verfasser und seine politische Umgebung wussten ganz genau, dass eine früheste Indoktrination bei Kindern im Alter des unreflektierten Erlebens und Aufnehmens ein idealer Nährboden dafür ist, um furchtbarste menschenverachtende Strukturen in das frühkindliche Bewusstsein zu legen. Was da so scheinbar banal nebenher nachgeplappert wird, frisst sich in den Köpfen als harmlos erscheinende Normalität ein: Die da erwähnten Menschen sind nichts wert, man kann, man darf sie so behandeln, wie es der Text erscheinen lässt. Menschlicher Lebensanspruch wird zweigeteilt. Wertvolles Leben der sprechenden Person und unwertes Leben der im Inhalt behandelten Menschen wird konstruktiv gesetzt. Die nachplappernden Kinder werden in diese Situation hinein geholt, und man geht mit der psychologisch sicher nicht falschen Erwartung davon aus, dass diesen Kindern eine im Sinne des Systems gewünschte Vorprägung mitgegeben worden sein müsste.

Wie erschreckend dicht nebeneinander die menschenverachtende Strategie dieses Systems und plumpe Dummheit mancher seiner Amtsträger stattfanden, mag folgender tatsächlich amtlicher

Vorgang zeigen. Unser Familienname Strybny hat nach den familienkundlichen Erkenntnissen eines Vetters seinen Ursprung im tschechischen Teil des Erzgebirges, in Joachimsthal. Die Vorfahren waren deutsche Bergleute im Silberabbau. Die Besonderheit dieser Tätigkeit führte dazu, dass sie irgendwann zu ihrem Rufnamen den Beinahmen der Silberne bekamen. Und das führte im Tschechischen, das in diesem Grenzland gleichrangig genauso wie das Deutsche von allen Einwohnern gesprochen wurde in dieser Sprache zu „Strebrny/Stribrny". Mit dem später aufkommenden Kohlebergbau in Ost-Oberschlesien wanderten einige dieser Bergleute in dieses Revier. In diesem deutsch-polnischen Grenzraum wurde der Name mit gleicher Bedeutung allerdings nun mit polnischer Verschriftlichung zu „Strzybny/Strybny". Mit diesem Lautstand tritt er dann noch in vielen ähnlichen Schreibweisen auf.

Da dies dem Leiter des Glatzer Standesamtes nicht ganz geheuer schien, fühlte er sich bemüßigt, bei der Anmeldung meiner Geburt die Gelegenheit zu nutzen und meinem Vater vorzuschlagen, den so jüdisch(!) klingenden Namen durch einen arischen zu ersetzen. Um zu sehen, was daraus wohl würde, stellte mein Vater die Frage, was er denn da so vorzuschlagen hätte. Er erhielt die überzeugende Antwort: „Silbermann oder Silberberg!" Mein Vater zog es vor, seinen Familiennamen doch lieber zu behalten. …

Im August 1943 wurde ich in Glatz eingeschult. Meine Schulzeit dauerte zunächst einmal ohne Unterbrechung nur bis Oktober 1944. Während dieser Zeit fanden durch die kriegerischen Auswirkungen mehrere Platz- und auch Lehrerinnenwechsel statt. Die Lehrer waren schon längst beim Militär oder beim Volkssturm, einer Truppe im Wesentlichen ursprünglich für kriegsuntauglich erklärter Männer. Aber ab Oktober 1944 fand dann kein Unterricht mehr statt. Zu diesem Zeitpunkt hatte ich als Nachweis für meine schulische Ausbildung ein Versetzungszeugnis *in* die zweite Klasse, was später noch von Bedeutung für mich sein sollte. Über die besondere Schulkarriere eines Kriegskindes mit all seinen Widrigkeiten wird noch zu berichten sein

In diesen Jahren haben die politisch Verantwortlichen des nationalsozialistischen Systems auch in der Kulturplanung keine Gelegenheit ausgelassen, den Menschen zur Beschwichtigung „heile Welt“ verbunden mit Indoktrination vorzugaukeln. In diese Zusammenhänge gehört der 1941 entstandene Film „Quax, der Bruchpilot“. Da dies der erste Film meines Lebens überhaupt war, bin ich mit einer ganz anderen Erwartungshaltung überhaupt und mit großer Spannung auf das, worüber meine Eltern oft gesprochen hatten, mit meiner Mutter ins Kino gegangen. Dieses Ersterlebnis und die spaßig gegebene Rolle Heinz Rühmanns als Flieger in einem nur blauen und harmlosen Himmel sind die bleibenden Eindrücke dieses Kinobesuchs geblieben. Propagandistische Beeinflussung war bei mir als Sechsjährigem nicht angekommen. Im Nachhinein könnte man – sicherlich nicht ganz zu Unrecht – vermuten, dass selbst der blaue harmlose Himmel bereits eine psychologische Setzung dafür sein sollte, dass das, was diese Männer da in der Luft tun, nur „blau und harmlos“ sein könnte?

Vielleicht habe ich schon bald darauf in meiner kindlichen Naivität ein erschreckendes – später für mich als lebensgefährlich einzuordnendes – Erlebnis als Schulkind im Mai 1944 durch Flugzeuge in der Luft völlig falsch eingeschätzt. Dabei war aber auch gar nichts – wie ich das wohl meinte – mit den harmlosen Späßen durch Heinz Rühmann zu vergleichen. An einem sonnigen Frühlingsvormittag gab es Fliegeralarm. Wir Kinder der 1. Klasse wurden von der Lehrerin in den Luftschutzraum der Schule geführt. Da es mir und zwei Klassenkameraden draußen so herrlich ruhig schien (blauer und harmloser Himmel) und der Weg von dieser Schule nur wenige hundert Meter bis nach Hause war, stahlen wir uns in einem unbeaufsichtigten Augenblick nach draußen und machten uns eiligst auf den Heimweg. Dass es in dieser Phase des Krieges schon fast normal war, dass feindliche Jagdflieger während der Großalarme in das Überquerungsgebiet der Bomberverbände mit einflogen, mit ihren Bordkanonen auf alles schossen, was sich für sie in Sicht bewegte, ist uns oft genug eingebläut worden. Aber in unserer Naivität haben wir uns so etwas für uns gar nicht vorstellen können. Erst als wir fast gleichzeitig ein bedrohliches Pfeifen und die schnell lauter werdenden Motorengeräusche mit den scharfen Einschlägen der Geschosse mehr erahnten als begriffen, warfen wir uns instinktiv in die gerade neben uns verlaufende Gartenhecke, um so dem Allerschlimmsten zu entkommen. Welcher Katastrophe wir da gerade entronnen waren, hatten wir zu diesem Zeitpunkt immer noch nicht begriffen. Da ich mich an eine berechtigterweise von Panik erfüllte Reaktion meiner besorgten Mutter nicht erinnern kann, werde ich das – auch aus dem Gefühl heraus, etwas furchtbar Leichtsinniges, ja Lebensgefährliches begangen zu haben – sicherlich nicht erzählt haben.

Dass diese furchtbare Art der tödlichen Bedrohung der Zivilbevölkerung – ohne jede Rücksichtnahme darauf, welcher Tätigkeit sie nachgingen, – überall auf dem vom Krieg überzogenen Gebiet stattgefunden hat, ist in einem Artikel von Helmut Fischer aus dem „Ostfriesischen Kurier“ vom 22. Februar 2014 zu lesen. Er schreibt dort in einem Artikel über die Schule in Arle von Erlebnissen der dortigen Schulkinder aus dem Sommer 1944, als Bomberverbände mit begleitenden Jagdflugzeugen auf ihrem Weg nach Emden und Wilhelmshaven ihr Dorf überflogen: „Selbst beim Baden in Dasenbrooks Kuhlen im Sommer war der Zweite Weltkrieg all gegenwärtig. Ein Jagdflieger beschoss noch kurz vor seinem Absturz die badenden Kinder, alle überlebten, er stürzte dann auf einen Acker…“. Welch eigenartiges fast zeitgleiches Zusammentreffen eines solchen

Ereignisses für Arler und Glatzer Schüler, wobei ich annehmen kann, dass sich diese betroffenen Kinder später in ein und derselben Schulklasse begegnet sein könnten, worüber ich noch berichten werde.

Ab wann eine latente Bedrohung aus der Luft immer intensiver, immer dichter über die Bewohner Niederschlesiens begonnen haben kann, vermag ich nicht mehr genau zu erinnern. Aber die Jagd der Kampfflieger auf alles, was sich bewegte, und das Überfliegen großer Bomberverbände der Engländer und Amerikaner mit dem Ziel Breslau oder das oberschlesische Industriegebiet mögen wohl zeitlich parallel stattgefunden haben. Ich weiß nur noch, dass wir, die Familie und die anderen Mitbewohner des Hauses, zunächst seltener, später häufiger, gar manche Zeiten jede Nacht – dann auch mitunter mehrmals hintereinander – während der Fliegeralarme in den Luftschutzkeller mussten. Obwohl wir Kinder über die Folgen solcher Angriffe auf die großen Städte nur spärlich informiert waren, übertrug sich die Angst vor gleichen Folgen, die den Erwachsenen in einer konzentrierten Angespanntheit anzumerken war, auf uns. Es wurde während dieser Zeit auch nichts gesprochen, man schwieg lauschend. Der intensive eindringliche auf und ab schwellende Heulton der Alarmsirenen, der das dazwischen liegende angsterfüllte Schweigen einrahmte, hat sich bis heute in meine Seele eingebrannt: Das bedeutete undefinierbare Urangst. Wenn heute in manchen Gegenden mitunter die sogar immer noch vorhandenen intakten (diesmal Feuer-) Sirenen – wie auf der Insel Spiekeroog – zu einer bestimmten Stunde innerhalb einer Woche ausprobiert werden, kann ich mir eigentlich beruhigt sagen: Das ist ja nur ein Probealarm! Aber es kommt zunächst immer ein Schrecken mit der Erinnerung an etwas Unheimliches in mir auf.

In den Jahren nach dem Krieg ist vor allem von den nachrückenden Generationen immer wieder die Frage gestellt worden, wie es angehen konnte, dass all die offenbar gewordenen Geschehnisse der Menschenverfolgung und –vernichtung nach Aussagen der Elterngeneration nicht bemerkt worden sind. Diese Fragen zielen ganz sicherlich auf Urformen psychischen Grundverhaltens in Situationen der Angst um das eigene Leben und das Lebens der Angehörigen, des Schreckens und auch der kollektiven Scham, immer dann erkennbar, wenn totalitäre Systeme ihr Ende gefunden haben. Das Erwachen mag dann für manch einen furchtbar sein.

Es kann nicht geglaubt werden, dass die überwiegende Mehrzahl der Menschen gar nichts gewusst hat. Dabei muss natürlich bedacht werden, dass die Kenntnisse abhängig sind von der politischen Bezogenheit, den Funktionen im System, der räumlichen Nähe zu den Ereignissen und dem Zeitpunkt der Kenntnisnahme während der zwölf Jahre des nationalsozialistischen Regimes. Ich kenne durchaus Mitglieder der vorauf gegangenen Generationen aus meiner Familie und der Familie meiner Frau, die weit entfern von diesen aufgeführten Kategorien glaubhaft keine Ahnung davon hatten. Aber der überwiegende Teil hat manches gewusst oder zumindest einiges Furchtbare geahnt.

Es ist für mich aber völlig unangemessen, dass die Nachgeborenen, die diese Zeit nicht bewusst wahrgenommen oder gar erlitten haben, darüber den Stab brechen, denn gerade die Jahrzehnte nach dem Zweiten Weltkrieg bis in die aktuelle Gegenwart hinein haben gezeigt, dass trotz der Offenlegung der Verbrechen untergegangener Regime von den Nachfolgenden nichts gelernt worden ist, ja offenbar nichts gelernt werden kann. Kaum einer kann von sich behaupten, in solch einem System heranwachsend nicht von den oft verführerischen Indoktrinationen unberührt geblieben zu sein. Nachdem mir in späteren Jahren bewusst geworden ist, mit welch furchtbarer Perfidie die Verfasser des von mir erlernten Kinderreims vorgegangen sein müssen, kann man nur froh sein, dass einen ein solches System möglichst gar nicht oder wie in meinem Fall nicht mehr in seiner vollen Breite erfasst hat.

Sechzig Jahre nach dem Ende des Krieges habe ich mich mit einem meiner besten Freunde Heinz Bonk in Berlin über dieses Thema unterhalten. Bei aller Verschiedenheit unserer Werdegänge haben unsere Biographien – er nur anderthalb Jahre älter als ich – beachtliche Parallelitäten in den Grunddaten unseres Lebens: Geboren in Schlesien, Notzeiten, Flucht oder Vertreibung in den Nordwesten Deutschlands, kümmerliche Lebensbedingungen während Schulzeit und Studium in der jungen Bundesrepublik. Diese Positionen signalisieren, dass uns – von sehr frühen Anfängen abgesehen – indoktrinärer Zugriff eines totalitären Systems erspart geblieben ist. Der Nationalsozialismus hat uns trotz erinnerbarer Versuche noch nicht verbiegen können. In der Bundesrepublik haben wir uns in den jungen Jahren unserer politischen Entwicklung frei von totalitärem Einfluss entwickeln können. Jeder für sich war felsenfest davon überzeugt, dass wir uns in unserer derzeitigen persönlichen Integrität so gefestigt vorkamen, dass wir *nie* – auch nicht in den extremsten Ausnahmesituationen – anders als moralisch human gradlinig nach den Maßgaben einer ethisch hochwertigen Sozialordnung handeln würden. Aber beim gemeinsamen Nachsinnen über unsere ganz persönlichen Lebensstationen und den dabei von uns wahrgenommenen vielen menschlichen Reaktionsmustern in allen in den vergangenen Jahrzehnten registrierten Gesellschaftsordnungen unterschiedlichster Art und den dabei zu beobachtenden Verhaltensweisen der verschiedensten Vertreter der Spezies Mensch mussten wir doch sehr nachdenklich und vorsichtig werden. Sind wir nun wirklich vom Grund unseres Wesens so gefestigte Charaktere oder haben wir dank der doch *günstigen* Stunde unserer Geburt nur Glück gehabt? War es unser Glück, nicht in ein solches menschenverachtendes System psychisch raffiniert hereingeholt und nicht nur äußerlich hinein gezwungen gewesen zu sein?

Dieser Exkurs ist deswegen von mir an dieser Stelle platziert, da er für die folgenden beiden Episoden zu dem Thema „Gewusst? / Nicht gewusst?“ den richtigen Hintergrund bildet: die eine spiegelt nur in vagen Konturen, was sich dahinter verbirgt, die andere zeigt Furchtbares.

Ich erinnere mich nur deshalb an die zu beschreibende Situation, weil mir als Kind der Name Groß-Rosen aufgefallen ist, über den sich meine Eltern beim Lesen einer Postkarte mit Besorgnis in der Stimme unterhalten haben. Die Karte aus einfachem grauem Karton war von einem guten Jugendfreund an meinen Vater geschickt worden. Da dieser Onkel Werner, der in diesen Jahren – nach den Aussagen meiner Eltern – offen über seine Sympathien für kommunistisches Gedankengut gesprochen haben soll, für mich als Kind ein immer fröhlicher Mensch war, verband ich in meiner kindlichen Vorstellung das Gefühl, das dieser Onkel Werner an einem wunderschönen Ort im Urlaub sein musste. Es war zwar keine Bildpostkarte, auf der man die wunderschöne Umgebung hätte anschauen können. Um wohl noch weiteren Fragen aus dem Weg zu gehen, hat mir meine Mutter mitgeteilt, dass der Onkel Werner mich schön grüßen lasse, und um mich wohl endgültig zufrieden zu stellen, hat sie mir den Satz, über den sich die Eltern unterhalten hatten noch einmal vorgelesen: „Die große Kurkapelle spielt gerade ‚Rosen aus dem Süden'!“

Im Nachhinein ist mir natürlich klar geworden, dass der Hinweis auf die ‚Rosen aus dem Süden' und die ‚große Kurkapelle' für Angehörige oder Freunde ein Hinweis sein sollte, wo sich der Schreiber aufhält und dass er noch am Leben ist. Groß-Rosen war eines der Konzentrationslager in Niederschlesien. Durch leichte Recherche ist mir dies später schnell bekannt geworden und es ist durchaus Praxis gewesen, dass deutschen politisch „verdächtigen" Häftlingen erlaubt wurde, solche Karten ohne jeglichen Ortsverweis zu schreiben Dies war ganz sicher kein Akt der Freundlichkeit, sondern ein Signal, um Verunsicherung und Angst zu verbreiten.

Meinen Eltern ist es immerhin gelungen, durch die Hinweise „*Große* Kurkapelle" und „*Rosen* aus dem Süden" auf das Konzentrationslager Groß-Rosen sechzig Kilometer von Glatz entfernt zu schließen.

Ich habe mich später nicht mehr mit meinen Eltern darüber unterhalten, weil sie in den ersten Nachkriegsjahren andere Sorgen hatten und mir danach die Geschichte aus dem Sinn gekommen war. Ich weiß nicht, ob sie gewusst oder geahnt haben, aber die eigenartige Reaktion auf den Urlaubsgruß von Onkel Werner aus einem nur so wenig entfernten Ort war zu bemerken. Die gut erinnerliche Besorgnis in den Stimmen ist für mich heute Aufschluss genug!

In dem sehr strengen ostdeutschen Winter Ende Januar 1945 wurden wir spielenden Kinder von einem endlos erscheinenden erschreckenden Zug grauenvoll wirkender Menschen von unserm Hof an die Straße gezogen. Sie waren in meist sehr zerlumpt aussehende gestreifte Anzüge gekleidet, wirkten äußerst geschwächt und sie stützten sich oft gegenseitig. Einige trugen Schuhen ähnliche Gebilde, andere hatten Lappen um die Füße gewickelt, wieder andere liefen auf zerschundenen Sohlen sogar barfuß – bei strengem Frost. Sie wurden von außen laufenden bewaffneten Männern in graugrünen Uniformen durch unsere Straße getrieben. Ihr erschütternder Weg führte sie offensichtlich vom etwa anderthalb Kilometer entfernt liegenden Glatzer Hauptbahnhof kommend durch unsere Straße zu der am Ende liegenden, in den letzten Kriegswochen freien Turnhalle der später als Finanzamt genutzten Holzplan-Kaserne. Die Wachmannschaft war dabei darauf aus, die sich nur mühselig voran bewegenden, völlig entkräfteten Menschen immer wieder anzutreiben. Die einen taten dies, indem sie diesen bedauernswerten Gestalten mit körperlichem Einsatz halfen, sie am Ausscheren hinderten, manch einem auf die Beine halfen, soweit dies überhaupt noch möglich war, einem anderen Zusammenbrechenden versuchten sie zwischen zwei Leidensgefährten Stütze zu verschaffen, soweit die das überhaupt noch konnten, andere machten sich nur durch gebrüllte Befehle bemerkbar, wieder andere schlugen mit den Gewehrkolben auf die Köpfe. Am Ende war die Straße von denen gesäumt, die diesen Weg nie mehr weitergehen konnten, weil sie körperlich dazu nicht mehr in der Lage waren oder weil sie vor den Augen von uns Kindern ermordet worden waren. Dieses Bild hat sich mir als noch nicht Achtjährigem – wie auch sicherlich den anderen Kindern – mit erschreckender Klarheit für ein Leben in die Seele gebrannt. Unsere sicherlich ebenfalls wie gelähmt wirkenden Mütter haben uns dann, nachdem sie entdeckt hatten, wo ihre Kinder geblieben waren, so schnell es möglich war, von der Straße weggeholt.

Später hat mich dieses nie zu vergessende Erlebnis auf zweierlei Art beschäftigt.

Zum einen war es die Frage: Wie kam dieser furchtbare Zug in diesem Winter in diesem Zustand auf die Straße einer schlesischen Kleinstadt? In der unmittelbar folgenden Zeit war ich noch zu klein, um das in all seinen Zusammenhängen überhaupt begreifen zu können, und es folgten noch so viele außergewöhnliche Ereignisse, dass dazu gar keine Gelegenheit gewesen wäre. Erst als Student in Göttingen 1960 habe ich mich im Institut für Neuere Geschichte mit den Quellen beschäftigt, die nun historisch gesichert vorlagen.

Die Erläuterungen zu dieser furchtbaren Situation, die die ahnungslosen Kinder der Glatzer Luisenstraße erleben mussten, spiegeln den Forschungsstand der Neueren Geschichte der frühen 60er

Jahre. Inzwischen ist dieses Erlebnis in den nun historisch gesicherten Zusammenhang zu stellen: Diese durch unsere Straße getriebenen Häftlinge gehörten zu dem Todesmarsch von Auschwitz-Birkenau nach Geppersdorf. Bei sehr unsicheren Zahlenangaben sollen von über 3000 Häftlingen nur um 280 in Geppersdorf angekommen sein. Wir Kinder mussten also Zeitzeugen eines für Außenstehende unvorstellbaren Ereignisses werden.

Die Deutsche Reichsbahn hatte in diesen Jahren einen zeitlich exakt festgelegten Nachtfahrplan für Güterzüge mit nur geschlossenen Waggons, die auf festgelegten Strecken zwischen den Vernichtungslagern verkehrten: Fast jede Nacht zur festgelegten Zeit vom gleichen Ausgangsbahnhof auf festgelegter Strecke zur festgelegten Zeit zum gleichen Zielbahnhof. Die „Korrektheit" einer deutschen Behörde steht hierbei außer jedem Zweifel. Welch furchtbare traurige Fracht diese Züge zu transportieren hatten, braucht nicht erwähnt zu werden. Eine Linie führte von Theresienstadt über Prag, den Glatzer Talkessel, Breslau nach Auschwitz.

Dass auch von noch weiter im Westen liegenden Lagern sich das Vorhandensein solcher „Fahrpläne des Grauens" bestätigte, wurde mir beim Lesen eines Artikels von Johann Haddinga im „Ostfriesischen Kurier" 5.9.2013 bewusst gemacht. Dort berichtet er, wie jüdische Niederländer von Westerbork über Neuschanz / Leer in die östlichen Vernichtungslager transportiert wurden. Auch Anne Frank hat mit ihren Eltern diesen Weg nach Auschwitz nehmen müssen.

Durch die Befreiung von Auschwitz am 27. Januar 1945 konnten die Züge entweder diesen Zielpunkt der Vernichtung nicht mehr anfahren, oder sie fuhren – wie etwa ab Oktober 1944 – wegen der von der SS vorgenommenen Räumungsaktionen des Lagers in die Gegenrichtung, wofür die von uns Kindern wahrgenommene Lagerkleidung sprechen würde. Die Züge mussten wegen der plötzlich entstandenen Planlosigkeit auf den Durchfahrtsbahnhöfen, so eben auch für diese Strecke auf dem Bahnhof Glatz, angehalten werden. Welche Entscheidungen getroffen worden sind, um das entstandene Problem so zu lösen, war durch meine Recherche nicht zu ermitteln. Das Ergebnis hat zu dem schrecklichen Bild geführt, das in den anliegenden Wohnstraßen am Vormittag des – wahrscheinlich dann – 28. Januar 1945 für die Anwohner und somit auch für mich und meine Spielkameraden entstanden ist.

Zu weiteren Überlegungen in all den vergangenen Jahren veranlasste mich das Verhalten der Wachmannschaft. Im Bezug auf diese Zeit nationalsozialistischer Diktatur, aber inzwischen auch im Umfeld der in den letzten Jahrzehnten untergegangenen Unrechts- und Terrorsysteme war immer wieder davon die Rede, dass viele grausame Handlungen an verschiedensten Stellen außerhalb des Umkreises der eigentlichen Befehlsgeber durch einen eingetretenen „Befehlsnotstand" erklärlich, gar zu entschuldigen seien. Grundsätzliche Debatten möglichst allgemeiner Art führen dabei immer zu gar keinem Ergebnis, da diese Taten meist viel zu komplex in ein Gewirr von subjektiven Beziehungen eingebunden sind, besonders wenn es Menschen sind, bei denen man schon bald merkt, dass sie gar handelnde Betroffene gewesen sein könnten. Sie könnten ihre Verstrickung oft mit fragwürdigen inneren Rechtfertigungsversuchen wohl schon längst eingesehen haben, können und wollen es aber aus persönlich zu erahnenden Gründen nicht zugeben, seien es Schergen in den Vernichtungslagern, Parteischnüffler, systemtreue Ärzte, Psychologen und Rechtsanwälte oder Mauerschützen. Nur an klar überschaubaren Beispielen, die – was selten gelingt – zeitlich nebeneinander ablaufen, kann man objektiveren Einschätzungen näher kommen.

Die von uns Kindern beobachteten Wachmänner zeigen deutlich, dass unterschiedliches Verhalten in extremsten Situationen möglich war: vom – so weit in dieser Lage überhaupt möglichen –

bemühten Aufhelfen, um diese Ärmsten noch auf den Weg zu bringen, bis zum brutalen Zuschlagen mit dem Gewehrkolben. Es wird hier ersichtlich, dass Befehlsnotstand zur Rettung des eigenen Lebens als Erklärung nicht akzeptiert werden kann. Urtriebe wesensbedingter Grundkonstellationen kommen da zum Ausbruch, die dann bei zusätzlicher ideologischer Indoktrination den Anschein von Rechtfertigung bekommen sollen. Der nicht in gleicher Weise zuschlagende Wachmann wusste ganz gewiss über die Zeit seiner trotzdem furchtbaren Tätigkeit an dieser Stelle, dass sein Leben nicht in Gefahr war. So mancher Zeitzeuge hat berichtet, dass er in ähnliche Extremsituationen nicht das getan hat, was man von ihm erwartet hat. Einige räumen aber ein, dass es eine ungeheure Belastung war, mit der stets vorhandenen Angst fertig zu werden, weil man nie wusste, ob der nächste Vorgesetzte gar ähnliche grausame Veranlagungen hatte wie der von uns beobachtete Wachmann. Dieser Wachmann kann nur als grausamer, seinen abartigen Trieben folgender Mörder gesehen werden.

Eine kaum noch nach menschlichen Kategorien fassbare furchtbare Ausprägung einer solchen Gestalt findet man in Amon Göth, dem Kommandanten des Konzentrationslagers Plaszow bei Krakau, „dem Schlächter von Plaszow“, dessen Grausamkeiten von ihm ins Uferlose getrieben wurden. Der Spielberg-Film „Schindlers Liste“ gibt davon ein erschütterndes filmisches Zeugnis.

Egal auf welchem Wege totalitäre Systeme an die Macht gekommen sind, einmal etabliert, machen sie die existentielle Angst der Menschen zur entscheidenden Antriebsfeder. Dadurch werden die Beherrschten gefügig gemacht. Dieses Angstreservoir wird durch Handlungen von extremster Grausamkeit und Unkalkulierbarkeit in den Köpfen präsent gehalten.

Es sei hier ein Beispiel aus der Endzeit der zweiten Diktatur, die Deutschland im 20. Jahrhundert erleiden musste, eingefügt. Es gehört auf die ganz andere Seite der menschlichen Angstreaktionen und spielt in den Jahren 1989/90 vor und nach dem Untergang der DDR.

Ende Januar 1990 fand in Köln-Wesseling eine Tagung für Deutschlehrer an weiterführenden Schulen aus – damals noch – beiden deutschen Staaten statt.

Da das Interesse der Teilnehmer aneinander beiderseitig sehr groß war, man viel voneinander wissen wollte, saßen wir fast jedes Mal bis weit in die Nacht hinein zusammen. Ein Kollege aus Leipzig berichtete von den Kommunalwahlen im Mai 1989. Er war Mitglied der in der Einheitsliste der Nationalen Front eingebundenen CDU. Diese Partei hatte ja nur eine Feigenblattfunktion für demokratischen Anschein. Jegliche Meinungsabweichung war unerwünscht, ja letztlich unzulässig. Er gehörte zu den Beauftragten der Stadt Leipzig, um hinterher widerspruchslos den ordnungsgemäßen Gang des Verfahrens durch Unterschrift zu bestätigen. In all den vergangenen Jahrzehnten der DDR war das fast schon zur Formalie geworden, denn die Bürger dieses Landes „wählten“ eigentlich immer für die hervorragende Sache der SED mit 98 bis nicht ganz 100 %.

Durch die fast zunächst nur zu erahnenden Signale eines politischen Aufbruchs waren einige der Vertreter der Blockparteien der nationalen Front nicht mehr bereit, die ihnen längst bekannten Vorgänge zur Schönung des Gesamtergebnisses durch Unterschrift zu bestätigen. Mit einigen anderen Blockparteimitgliedern weigerte sich dieser Kollege, die offensichtlich an manchen Stellen frisierten Listen zu unterschreiben.

Er wurde von einem Angehörigen der Staatssicherheit in ein leer stehendes Büro geführt und ernsthaft ermahnt, zu bedenken, dass er sich damit gegen die hervorragenden Ziele seines Staates stelle. Er möge sich das doch ernsthaft überlegen. Damit wurde er in dem verschlossenen Büro allein zurückgelassen.

Dieser Vorgang wiederholte sich in stündlichem Abstand. Dazwischen hatte er ganz viel Zeit über seine Entscheidung nachzudenken. Viele schlimme Erinnerungen daran, wie in Fällen der Verweigerung mit den Betroffenen umgegangen worden ist, gingen ihm durch den Kopf: Inhaftierungen, stundenlange durch Nächte gehende Verhöre, bis hin zu der Furcht, dass er bei weiterer Standhaftigkeit seine Familie nicht mehr zu Hause antreffen würde, die Frau zur Scheidung gezwungen, die Kinder in staatlichen Heimen. Diese ausufernde Angst auch um seine Familie brachte ihn dazu, nach der vierten oder fünften Befragung schweißgebadet unter höchster seelischer Not die gefälschte Liste weit nach Mitternacht zu unterschreiben. Er konnte sich nicht mehr daran erinnern, wie er danach nach Haus zu seiner Familie gekommen ist. Ein kurzer Exkurs darüber, wie in allen Diktaturen mit Menschen umgegangen worden ist, und man kann von dieser schon schlimmen Episode noch annehmen, dass es viel schlimmere gegeben hat.

Die Strukturen und die Methoden des Schreckens in solchen Systemen sind ständig gleich.

Der immer verlustreicher werdende Krieg dieser ersten Diktatur Deutschlands, der mich Kind nun schon manche furchtbaren Ereignisse hat erleben lassen, rückte immer näher.

Meine Mutter brachte 1943 Zwillinge zur Welt, die aber nicht überlebensfähig waren. Der Schmerz für sie war natürlich groß, aber wie die spätere Entwicklung noch zeigen wird, war es – auch durch Bestätigung meiner stets sehr pragmatischen Mutter – schon bald eine erkennbare Gnade, dass diese beiden Jungen nicht am Leben geblieben sind.

Mein Vater – Jahrgang 1904 – wurde ebenfalls 1943 eingezogen und nach einer sehr verkürzten Grundausbildung und ebenfalls kurzem Einsatz beim Kreiswehrersatzamt in Habelschwerdt nach Jugoslawien zur „Bandenbekämpfung“ geschickt. Durch diese

Maßnahme wollte man die dortigen Befreiungsbemühungen der einheimischen Bevölkerung niederschlagen. Bald darauf wurde er aber in das damals noch besetzte Griechenland nach Athen versetzt. Nach nur kurzen Feldpostsignalen verlor sich seine Spur für den Rest des Krieges.

Nun war meine Mutter endgültig gefordert, die Leitung der Firma alleine in die Hand zu nehmen. Ihrem seit eh und je sehr lebenspraktischen Naturell entsprechend, hat sie es in den letzten – man muss ja sagen – Kriegsmonaten geschafft, die Firma mit größter Umsicht „abzuwickeln". Dies beurteilen zu können, fehlten mir aufgrund meines Alters jegliche Einsichten, aber im Nachhinein hat es mich immer wieder beeindruckt, mit welcher Weitsicht und auch Konsequenz sie diese schlimme Zeit mit ihrem Kind überstanden hat. Doch darüber wird noch zu berichten sein.

Nur an zwei Beispielen, wie ihre damals ja durch nichts zu begründenden Entscheidungen getroffen wurden, mag ihre Ahnungen für das Richtige aufgezeigt werden. Die Mutter meines Vaters war wegen der vielen Bombenangriffe und mit dem Herannahen der Front in Oberschlesien zu uns nach Glatz in unsere Familie geholt worden. Für mich bedeutete dies eine wunderschöne Zeit, denn endlich hatte ich auch eine *greifbare* Oma und sie einen Enkel (, denn von meiner „Mama" genannten Oma mütterlicherseits, die bereits 1943 verstorben war, hatte ich nur vage Vorstellungen, da ich wirklich zu klein war.) Ich kann mich nicht an die Einzelheiten erinnern, aber ich weiß, dass es für meine kindliche Seele eine Zeit mit viel Spaß mit einer sehr lustigen Oma war.

Besonders angetan war ich von ihren gekonnten Lesungen aus dem „Struwelpeter" von Heinrich Hoffmann. Seelische Defekte, wie sie später von meinen 68er-Kollegen im Schuldienst mit Sicherheit prophezeit wurden, habe ich, soweit ich das rückschauend von mir behaupten kann, nicht davon getragen.

Ich weiß nur noch, dass sie sich von mir hat fast alles gefallen lassen. Wenn es ihr zu viel wurde, hat sie – zwar nur ganz selten – mir unverständliche Worte gesagt. Meine Mutter danach gefragt, sagte mir dann: „Dann ist es ihr sicherlich zu viel geworden! Das war Französisch. Das hat sie mal in der Schule gelernt.“ Also, wenn Oma Französisch sprach, war das Maß voll!

Da meine Mutter mitbekommen musste, welche Freude wir beide miteinander hatten, muss es ihr bestimmt nicht leicht gefallen sein, eine für mich traurige, für sie wohl notwendige Entscheidung zu treffen.

Es war ihr möglich, für die Oma in dieser unruhigen Zeit, in der die Behörden größte Schwierigkeiten hatten, überhaupt noch vernünftig in dieser Kriegswirtschaft zu funktionieren, einen Platz in einem Altersheim zu finden. Dort habe ich sie immer wieder besucht, aber die unbeschwerten Späße, die wir miteinander betrieben haben, waren durch diese ganz anderen ungewöhnlichen Umstände nicht mehr möglich.

Bis in die letzten Kriegswochen hinein war mein Hund Schnupper, ein Drahthaarfox, mein Begleiter in fast allen Lebenslagen. Eiserne Vorgabe meiner Mutter: auf den Polstermöbeln hatte er nichts zu suchen. Herr und Hund hatten aber bald einen Weg gefunden auf einem Sofa zueinander zu kommen, ohne gegen die Regel zu verstoßen. Dieses Sofa stand in unserer Küche. Ich saß nun oben, und genau unter mir auf dem Boden lag der Hund. Immer dann, wenn es keiner hörte, sagte ich: „Schnupper, fass!“ Knurrend arbeitete er sich nach oben durch, und es dauerte gar nicht lange, da hatte er sein Ziel erreicht, er war mit seinem Kopf bei mir oben angekommen und schaute durch das Loch. Regel war eingehalten, aber er war bei mir.

Meine Mutter hat mir in den letzten Kriegswochen dann klar gemacht, dass es wegen der schlechten Zeit besser wäre, den Hund zu einem Vetter auf den Bauernhof zu geben. Mit großer Traurigkeit musste ich mich darauf einlassen.

Rückschauend muss ich einräumen, dass diese beiden Entscheidungen meiner Mutter, von denen sie annehmen musste, dass sie mich sehr betroffen haben, in einer Ahnung dessen, was noch kommen würde, richtig waren. Wie noch zu zeigen sein wird, war auch die Unterbringung meiner Oma in dem Altersheim eine gute Entscheidung.

Mit der fortschreitenden Verkleinerung des „Reichsgebietes“ wegen der ständig vorrückenden Siegermächte ist es für die ersten Monate des Jahres 1945 eigentlich nahe liegend, dass ein in jeder Hinsicht furchtbar beschädigtes Territorium nicht mehr in Zusammenhängen sinnvoll funktionieren kann. Versorgung und Ordnungsstrukturen waren völlig zusammengebrochen.

Äußerst erstaunlich war jedoch, dass vom untergehenden System vormals eingegebene Organisationsstrukturen noch Mitte März 1945 mit kaum zu glaubender Präzision abgewickelt wurden. Mein Vetter Udo, der schon erwähnte „Unteroffizier“, wurde am 6. März zehn Jahre alt. Damit war er dazu verpflichtet, in den Dienst der untersten Sektion der Hitlerjugend einzutreten. Dieses Jungvolk, auch Pimpfe genannt, wurde noch zu diesem Zeitpunkt registriert und voll mit der vorgeschriebenen Uniform eingekleidet. Wir anderen Kinder, die wir alle jünger waren, beneideten ihn allein wegen seiner Uniform sehr. Die ganze Spielschar unseres Hofes war inzwischen bis Oktober 1944 zur Schule gegangen. Wenn wir bis dahin schon bei dem vielen Unterrichtsausfall wegen häufigen Fliegeralarms und auch inzwischen Lehrerinnenmangels – denn in diesen letzten Monaten des Krieges wurden auch die Frauen zu den verschiedenartigsten Diensten eingezogen – nicht viel gelernt haben können, war uns klar gemacht worden, dass die Hitlerjugend, auch mit ihrer jüngsten Gruppierung, für den „Dienst am Vaterland“

eingesetzt werden könnte. Wir haben damals auch dieses nicht verstanden, weil wir die Tragweite dessen, was sich dahinter verbarg, nicht verstehen konnten. Wir haben es naiv gläubig aufgenommen und als offenkundig richtige Bezeichnung für eine wahnsinnige Absicht nachgeplappert: „Dienst am Vaterland".

Selbst der Begriff „Dienst an der Waffe" war für uns nichts Außergewöhnliches mehr. In einer Mischung aus schlichtem Märchenbuch und heutigem Sachkundebuch wurde zum Beispiel in dem Kapitel „Wie unsere tapferen Landser unser Vaterland verteidigen" genau über sehr anschauliche Bilder und mit einfachem Text gezeigt, wie der Karabiner 98K, eine Handgranate oder eine Panzerfaust mit all den dazugehörigen Handgriffen zu bedienen war. Die Frage, warum dies alles acht- bis zehnjährigen Grundschulkindern in dieser Genauigkeit vor Augen gebracht werden sollte, kann nur rhetorisch sein. Ist da gar schon an den Einsatz von Kindern bei Kriegssituationen gedacht worden? Dass diese Informationen tatsächlich auch bei uns angekommen waren, soll eine später noch zu berichtende lebensgefährliche Episode deutlich machen.

Ein Brückenschlag zwischen dem was getan werden sollte, und dem, was jeder von uns schon an Elend in diesen Kindertagen erlebt hatte, war uns nicht möglich. Wie auch, wenn selbst viele Erwachsene erst Jahre später begreifen konnten, was da mit ihnen und um sie herum geschehen war.

3. Vor der Front? – Hinter der Front?

Um die in diesem Kapitel stattfindenden Ereignisse besser verstehen zu können, sei die in den letzten Kriegswochen 1945 eingetretene territoriale Lage des Frontenverlaufs kurz dargestellt.
Die Alliierten Armeen waren so weit vorangekommen, dass der von ihnen noch nicht besetzte Bereich auf vormals deutschem Staatsgebiet sich am 8. Mai 1945 im Norden auf nördliche Teile Ostfrieslands, die Weser- und Elbmarsch und Schleswig / Nordbereich Holstein erstreckte.

Im Südosten war das noch nicht eroberte Gebiet etwa pilzförmig der Bereich des ehemaligen Reichsprotektorats Böhmen und Mähren (dem heutigen Tschechien), nach Deutschland hin umgeben vom südlichen Sachsen und dem niederschlesischen Gebiet östlich der Sudeten mit dem Riesengebirge und dem Glatzer Bergland. Diese Region setzte sich fort in noch nicht besetze Teile Österreichs. (s.S. 55)

Die totalen Auflösungs- und Fluchtreaktionen der kümmerlichen Reste der deutschen Armee und die unbeschreibliche Angst der deutschen Bevölkerung vor dem Herannahen der sowjetischen Truppen – allgemein als „die Russen“ gefürchtet – löste bei den Soldaten und bei vielen Zivilisten den Drang weg vor dieser Bedrohung von Osten in Richtung Westen aus. Die deutschen Soldaten zogen mit unglaublichen Massen an noch möglichst rettbarem Kriegsgut der Heeresnachrichtenschule auf Lastwagen mit Anhängern aus unserer Stadt, dazwischen zivile Bevölkerung mit Rucksäcken und Leiterwagen. man sah sein Heil im Überschreiten der deutsch-böhmischen (bzw. späteren tschechischen) Grenze. Es machte sich der naive Glaube breit, „der Russe“ respektiere die vormalige Reichsgrenze und nähme seinen Weg nach Nordosten in Richtung Berlin.

Dann könne einem ja in der „Tschechei“ nichts mehr passieren! Man hatte ja über lange Zeiten zu beiden Seiten der Sudeten stets freundschaftlich – nachbarlich miteinander verkehrt, auch war für Schlesien und diese Bereiche Böhmens das Deutsche mit seinen mitteldeutschen Dialekten die gemeinsame Sprache, zwischen Sudetendeutschen und Schlesiern wurden Ehen geschlossen. Also war das Gefühl einer gewissen Sicherheit bei den vertrauten Nachbarn schon richtig. Ob die sowjetische Armee bei ihrem Drängen, so weit wie möglich nach Westen zu kommen, die ehemalige Reichsgrenze berücksichtigt hätte, ist durch das Kriegsende nicht mehr zu bestätigen gewesen und war auch gar nicht zu erwarten. Dass für die „reichsdeutschen“ Flüchtlinge auf eine ganz andere Art große Gefahr erwachsen würde, war zu diesem Zeitpunkt für die Betroffenen nicht im Entferntesten zu ahnen.

Um nun schlimmsten befürchteten Ereignissen zu entgehen, was ja nicht von der Hand zu weisen war, hatte es meine Mutter in ihrer Cleverness erreicht, dass sie mit ihrer Schwester und ihrer Schwägerin und den zu den drei Frauen jeweils gehörenden Söhnen Plätze auf der Fracht der Militärfahrzeuge bekommen konnte. Die Bereitschaft der Soldaten wurde natürlich besonders befördert, da meine Mutter eine „Bezahlung“ in einer damals höchst bedeutenden Währung anbieten konnte – mehrere Stangen Zigaretten aus unserem Betrieb.

So bewegte sich diese Karawane über eine Passstraße des Adlergebirges in Richtung Westen. Wie lange diese Fahrt gedauert haben mag, kann ich nicht sagen. Ich weiß nur noch, dass wir auf den voll beladenen LKW der damaligen Zeit heftig durcheinander geschüttelt wurden. In einer mittleren böhmischen Kleinstadt hieß es dann plötzlich, dass nicht mehr weitergefahren wird. Die mitgenommenen Zivilisten mussten absteigen, die militärischen Fahrzeuge wurden recht wahllos an die Straßenränder oder in die Gräben gefahren. Nach Fahrt von ungefähr siebzig Kilometern auf böhmischer Seite parallel zur Grenze waren wir in Trautenau gelandet. Dieses abrupte Ende unserer Flucht war durch das Datum erzwungen. Es war der 8. Mai 1945. Die deutschen Truppen hatten bedingungslos kapituliert. Der Zweite Weltkrieg war zu Ende. Die Begleitmannschaften waren ziemlich schnell verschwunden. Dieser Umstand war mir als Kind damals natürlich gar nicht bewusst geworden. Erst durch späteren Erzählungen meines Vaters waren mir die Gedanken der Soldaten klar: Wenn wir in unseren Uniformen in sowjetische Gefangenschaft geraten, wird es uns vermutlich unvorstellbar schlechter ergehen, als wenn wir es noch schaffen, in den von den Amerikanern besetzten Bereich in Bayern zu gelangen. Parole also: Nichts wie weg nach Westen!

Die mitgenommenen Passagiere – ausnahmslos Frauen und Kinder – standen nun hilflos und ratlos auf der Straße. Es muss sich sehr schnell ergeben haben, dass die Einwohner Trautenaus diesen wehrlosen Gestrandeten des Krieges vorerst einmal Quartier gegeben haben.

Die nachfolgenden Tage hatte für uns Kinder eine eigenartige Atmosphäre. Ein beendeter Krieg, die plötzliche Heimatlosigkeit, die fremde Umgebung, die spürbare Ordnungslosigkeit und die Ratlosigkeit der Einheimischen und der Geflohenen waren überall zu spüren. Da die Mütter damit beschäftigt waren, die allernotwendigsten Lebenserfordernisse zu meistern und auch überlegen mussten, wie es wohl weitergehen sollte, waren wir Kinder unbeaufsichtigt uns selbst überlassen. Eigentlich welch herrlicher Zustand!

Wir schwärmten aus und es fanden sich sehr schnell Cliquen, die gemeinsam auf Entdeckungsreise gingen. Und zu entdecken gab es unendlich viel. Das vorrangige Ziel waren natürlich die verlassenen Militärfahrzeuge. Da witterte man Unbekanntes, Krieg und auch Gefahr: Kinder und offen erreichbares Kriegsgerät! Das musste untersucht werden. An alles konnte man herankommen: Panzerfäuste, Handgranaten, Maschinengewehre, Karabiner, Pistolen, Patronengurte und -kartons, Zündschnüre. An anderer Stelle lagen Anhänger mit Lebensmitteln, die uns zunächst so gut wie gar nicht interessierten.

Da Kinder immer darauf aus sind, so manches, was die Erwachsenen so treiben, nachzumachen, nachzuspielen, nachzuahmen, waren die nun frei zugänglichen Waffen für uns von ganz besonderem Reiz. Der entsprechende Unterricht der Schule hatte uns über das Funktionieren dieser gefährlichen Geräte – rein theoretisch – informiert. Meine Kenntnisse als Achtjähriger waren bei dem so wenigen Unterricht für Kinder meines Alters sehr gering, aber den martialisch gezeichneten „deutschen Landser“ mit einer Panzerfaust auf der Schulter oder einem Karabiner im Anschlag mit den dazugehörigen Ausführungszeichnungen habe ich heute noch vor meinem Auge. Bei allen älteren Kindern um mich herum mag dann, weil ja länger in der Schule, der Drang einmal so etwas auszuprobieren, noch größer gewesen sein.

Diese Horde von ungefähr Sechs- bis Zwölfjährigen begann nun ein aus erwachsener Sicht unverantwortliches und lebensgefährliches Spiel. Wenn ich im Folgenden von *wir* und *uns* schreibe, so waren wir Kleineren eher die staunenden Mitläufer, die doch mit stiller Bewunderung all das begleiteten, was die Älteren da so ausheckten. Der Wunsch, das auch mal tun zu können, mag da gewiss mit hineingespielt haben.

Zuerst waren die Panzerfäuste dran. Alle mussten ran. Auch oder gerade wir Kleinen mussten die niederen Dienste erledigen und einige dieser Waffen ein gutes Stück bis zu einem nahe gelegenen Friedhof schleppen, weil unsere Älteren zu Recht davon ausgingen, dass in dieser von anderen Sorgen belasteten Zeit dort niemand sein würde, der unser Tun bemerken könnte. Dieser Friedhof war – für das beabsichtigte Unternehmen günstig – von einer mannshohen Mauer umgeben. Einer der Wortführer stellte sich nun auf und legte sich eine Panzerfaust vorschriftsmäßig über die Schulter. Der Raum dahinter musste frei sein wegen des zu erwartenden Feuerstoßes. Da unser Schütze wohl offensichtlich inzwischen den Schuss ausgelöst hatte, gab es ein gefährlich zischendes Geräusch, der beschriebene Feuerstoß ging nach hinten ab, der Kopf der Panzerfaust fegte über die freie Fläche und durchschlug mit einer gewaltigen Detonation die gegenüber liegende Friedhofsmauer.

Ich weiß nur noch, dass aller Heldenmut verflogen war. Ob von dem Luftdruck oder vor Schreck lagen wir alle auf dem Boden. Die anderen mitgebrachten Panzerfäuste interessierten uns nun gar nicht mehr und wir schlichen uns ohne ein Wort zu sagen von dem Friedhof weg zu unseren Müttern. Eigenartigerweise gab es im Ort keinerlei verwunderte Reaktionen über den außergewöhnlichen Donner. Offensichtlich war man es noch gewohnt, dass es in diesem beziehungslosen Zustand eines chaotischen Kriegsendes so mancher Schuss oder so manche Explosion zu hören gab. Der von uns ausgelöste Knall schien also nichts Besonderes zu sein.

Gewehre, Handgranaten oder Eierhandgranaten wurden selbst von den Größten, die sich zuvor als ganz große Helden hervorgetan hatten, nicht mehr angefasst. Aber den Verlockungen von Patronengurten der Maschinengewehre oder Kartons mit einzelnen Gewehrpatronen konnte nicht widerstanden werden. Die herausgenommenen Patronen wurden schräg in einen Treppenwinkel gestellt, und es wurde mit einem Stein in der Mitte heftig draufgeschlagen. Die Patrone zerbrach und man konnte das Pulver auf einen Haufen schütten. Wenn man genug angesammelt hatte, konnte man nach dem Hineinwerfen eines Streichholzes eine wunderbare Stichflamme erzeugen. Da wir Kleinen nur zum Zuschauen verurteilt waren, machten wir unsere eigene Produktionsstätte auf. Als die Großen das bemerkten, wurden wir daran gehindert mit dem Hinweis: „Dazu seid ihr noch viel zu doof!" Eigentlich: Gott sei Dank! Dass bei dem Draufschlagen eines der Zündhütchen nicht aktiviert worden ist, kann sicherlich als glücklicher Zufall angesehen werden.

Den mit anderen Sorgen belasteten Müttern ist gar nicht bewusst gewesen, dass ihre herumstreunenden Kinder mit Dingen beschäftigt waren, die nicht mehr ganz in die Kategorie der altersgemäßen kindlichen Spiele einzuordnen waren. Wobei man sich die Frage stellen kann: Was ist unter solchen Umständen und bei solchen Erfahrungen noch alters- oder kindgemäß? Nun also zu einem „Spiel", dass gemessen an dem bisherigen Tun *nichts Außergewöhnliches* gewesen ist.

Ein interessanter Fund – wahrscheinlich in dem Wagen eines Sprengmeisters – animierte uns zu einem gewagten Spiel. Wir entdeckten einen Karton mit lakritzähnlichen etwa 35 Zentimeter langen Stangen. Wir stellten fest, dass sie brennbar waren. Damit konnte das Spiel beginnen: mit der brennenden Stange musste man einmal um das Einfamilienhaus unserer Gastgeber rennen. Wer es in der kürzesten Zeit schaffte, war der Sieger. Für einen Sechsjährigen, unseren Jüngsten und Kleinsten, war die Strecke natürlich nicht zu schaffen. Vor dem Erreichen des Ziels warf er, um sich nicht die Finger zu verbrennen, den letzten Stummel von sich. Dieser landete an der Hauswand in einem dort für den Winter hoch aufgeschichteten Reisigstapel, der sofort mit einer Stichflamme Feuer fing. Das Feuer konnte durch ein schnelles Eingreifen der Erwachsenen mit Stangen und Wassereimern am Übergreifen auf das Haus gehindert werden. Eine völlig geschwärzte Wand blieb übrig.

Unserem gefährlichen Tatendrang war von nun an durch eindringliche Verbote unserer Mütter ein Ende gesetzt.

Eine völlig ungefährliche Geschichte mag meine Trautenau-Erinnerungen abschließen. Kurioserweise entdeckten wir zwischen all den gefährlichen Kriegsmaschinen einen im Graben liegenden Wehrmachts-LKW, der voll beladen war mit braunem Zucker. Da Kriegskinder wissen, dass Zucker ein äußerst begehrtes Nahrungsmittel ist und wir nun unseren Müttern wohl auch mal eine Freude machen wollten, machten wir uns daran, den Zucker für „schlechte" (noch schlechtere?) Zeiten zu bergen. Wir *besorgten* uns aus den Kellern unserer Quartiergeber leere Einweckgläser, trugen sie zu dem LKW und füllten diese Gläser mit dem Zucker. Anschließend trugen wir die gefüllten Gläser – jeder immer zwei – zu unseren Quartieren und gruben sie ohne weiteren sonstigen Schutz im Garten ein. Wir waren ganz stolz darauf, dass wir unseren Müttern eine überraschende Freude machen könnten, wenn der Zucker wieder einmal knapp sein sollte!

Wie naiv unser kindlicher Horizont noch war, zeigen natürlich unsere lebensgefährlichen Aktivitäten. Aber diese Episode unterstreicht das noch zusätzlich. Das irrsinnige Abfeuern einer Panzerfaust und das Zuckervergraben für schlechtere Zeiten hatten für uns den gleichen Rang.

Der kurze Aufenthalt in Trautenau fand plötzlich für die „reichsdeutschen" Flüchtlinge ein jähes Ende. Mit der Kapitulation der deutschen Wehrmacht am 8. Mai 1945 waren die Frontlinien der Alliierten an den erreichten Positionen zunächst stehen geblieben Die sowjetische Armee stand also nach der Eroberung von Breslau an diesem Tag am Rande des Sudetenvorlandes auf östlicher Seite. Dieser Bereich Niederschlesiens – und damit auch meine Heimatstadt Glatz – waren also noch nicht besetzt. Schon am 5. Mai 1945 hatte sich der tschechische Widerstand aus dem Untergrund auftauchend über den „Prager Aufstand" zur politischen Kraft im ehemaligen Reichprotektorat Böhmen und Mähren erklärt. Die Sowjetische Armee stieß nach der Kapitulation noch am 9. Mai 1945 mit ihren Verbänden nach Prag vor, um die Aufständischen zu unter-

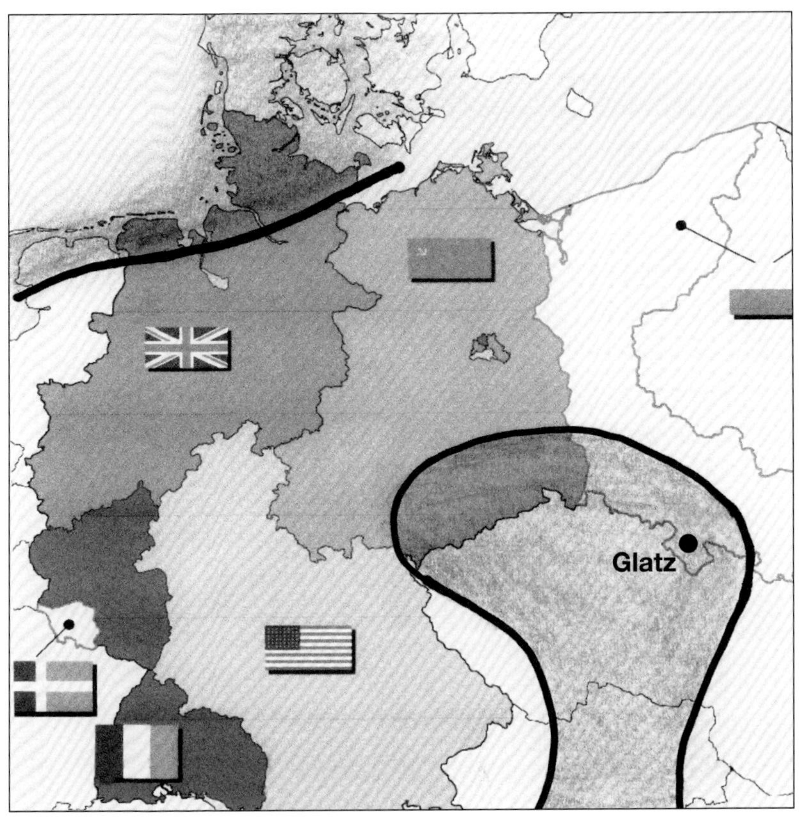

Die grau ausgewiesenen Flächen stellen die am 8. Mai 1945 von den Siegermächten noch nicht besetzten Räume dar.

stützen, vor allem aber um diesen jungen Staat in ihren Herrschaftsbereich zu integrieren. Sie waren bei der für sie gebotenen Eile an Trautenau vorbeigezogen. Nach dem 8. Mai wurden nun sehr schnell Eilbeschlüsse verschiedenster Art auf hektografierten Handzetteln und Anschlägen verbreitet. Unter anderem war darauf zu lesen, dass alle „Reichsdeutschen“ bis zu einem bestimmten Datum (Den Termin habe ich natürlich damals nicht mitbekommen.)

um 12.00 Uhr mittags die tschechische Republik zu verlassen hätten. Bei Zuwiderhandlung drohte Internierung.

Bei der entstehenden Hektik der Mütter, einen möglichst schnellen Aufbruch mit ihren Kindern zu organisieren, muss die noch zur Verfügung stehende Zeit äußerst knapp bemessen gewesen sein. Wie schon erwähnt, hatte der Fluchtweg der Wehrmachts-LKW nun gerade durch Zufall parallel zur Grenze entlang geführt und in Trautenau sein Ende gefunden. Dieser Schlusspunkt erwies sich jetzt als verhältnismäßig günstig. Die waldige Wegstrecke bis zur Grenze im Gebirge betrug nur ungefähr acht Kilometer in nördliche Richtung. Meine Mutter hatte nun mal wieder, wie es so ihre Art war, für sich, Schwester, Schwägerin und die drei Kinder für die wenigen Habseligkeiten einen Handwagen organisiert, und die überstürzte Flucht konnte beginnen.

Für diese Zeit und Strecke fehlt mir in der Erinnerung der geschlossene Zusammenhang bis zur Wiederankunft in Glatz. Jetzt, beim Schreiben dieser Zeilen habe ich auf der Landkarte festgestellt, dass wir den Weg über Landeshut, Waldenburg, Neurode, Glatz zu Fuß über knappe hundert Kilometer zurückgelegt haben müssen.

Einige Erinnerungssplitter seien hier vermerkt.

Die stetig bergan führende Waldstraße war dicht besetzt mit fliehenden Deutschen, die natürlich alle das gleiche Ziel hatten, in schnellster Zeit die wenigen Kilometer bis zur – damals noch – deutschen Grenze zu erreichen. Viele schleppten ihre Habseligkeiten, andere schoben Fahrräder, wieder andere zogen wie wir Handwagen. Je näher wir an den Grenzpass kamen, umso hektischer begann sich dieser lange Bandwurm der Fliehenden zu bewegen. Aus der erinnerlichen Situation heraus muss es wohl tatsächlich kurz vor 12 Uhr an diesem auf den Anschlägen angegebenen Tag gewesen sein, denn kaum hatten wir den dort errichteten Schlagbaum passiert, senkte er sich. Die Davongekommenen ließen sich total erschöpft ins Gras beiderseits der Straße fallen, die Zurückgebliebenen wurden von Bewaffneten zurückgedrängt. Welche Reaktionen sie gezeigt haben mögen, weiß ich nicht zu sagen. Man kann sie sich vielleicht nur denken.

Wir müssen natürlich schon mehrere Tage ungewaschen unterwegs gewesen sein, denn der Weg mit laufenden Kindern hat sicherlich auch um einiges länger gedauert. Den Reden der Erwachsenen konnten wir Kinder entnehmen, dass der Ort, in dem wir nun angekommen waren, den Namen Waldenburg trug. Ich stelle mir dabei einen sehr schönen Mai-Sonntag vor mit vielem Sonnenschein. Wir – meine Mutter und ich – waren in einem kleinen sehr schönen Zimmer untergebracht. Die Betten waren wahre weiße Gebirge, woraus ich wieder zurückdenkend schließen muss, dass wir uns sicherlich auch haben ordentlich waschen dürfen. Dass ich mit meinen kindlichen Sonntagsgefühlen wohl richtig gelegen habe, hat mir heutige Recherche bestätigt. Aussagen meiner Mutter: Wir haben mit den Kindern zu Fuß von Waldenburg nach Glatz eine Woche gebraucht. Und: Am Pfingstsonntag waren wir wieder zu Hause. Also nahe liegender Schluss, was auch der Kalender von 1945 bestätigt: Der 13. Mai 1945 war ein Sonntag.

Glatz hatte die Geflohenen wieder. Ich gehe davon aus, dass all diese *Flüchtlinge*, die sie ja für kurze Zeit waren, der Ansicht waren, die/eine schlimme Zeit ihres Lebens überstanden zu haben, nicht ahnend, was den meisten von ihnen in den kommenden Jahren noch alles als *Vertriebene* bevorstehen würde.

Mit dem Begriffspaar „Flüchtling – Vertriebener“ berühre ich einen Bereich, der meinem Vater sein Leben lang bei der Wiedereingliederung und dem damit verbundenen Sprachgebrauch in der jungen Bundesrepublik Deutschland zugesetzt hat. Alle diese vielen Millionen nach 1945 zu integrierender Deutscher wurden pauschal als Flüchtlinge bezeichnet. Es gab die entsprechenden Flüchtlingsausweise. Diese Zuweisung hat ihn spürbar schmerzlich betroffen, da er zu Recht der Meinung war, dass er nicht aus seiner Heimat geflohen ist, sondern durch die politischen Umstände nach dem Krieg *vertrieben* worden ist.

Erst später, nachdem in dieser schlimmen Zeit etwas Ruhe eingekehrt war, hat man sich wohl die begriffliche Zuweisung bewusst gemacht: Die ankommenden Menschen wurden zunächst in *Flüchtlingslagern* untergebracht. Die politisch orientierten Interessenvertretungen nannten sich später *Vertriebenenverbände*.

4. Anzeichen unabdingbarer Veränderungen

Nach ungefähr drei Wochen waren die Geflohenen wieder in ihrer Heimatstadt angekommen in der Erwartung, einem schlimmen Kriegsende entronnen zu sein, wie sie es sich durch die vorauseilenden Berichte über russische Gräueltaten ausgemalt hatten. Nur war es ihnen selbstverständlich nicht klar, dass durch den plötzlich eingetretenen Frontstillstand am 8. Mai 1945 dieser Bereich Schlesiens von der russischen Armee zunächst noch nicht besetzt worden war. Um – wie schon erwähnt – den *Prager Aufstand* vom 5. Mai 1945 zu unterstützen war ihr nächstes Ziel so schnell wie möglich nach Prag zu kommen, was ihnen am 9. Mai gelungen war. Erst danach erfolgte die Gebietsübernahme der unbesetzten Resträume.

Meine Mutter mit mir, die Tanten und die Vettern erreichten also ihren Ausgangsort genau zu dem Zeitpunkt, als die Sowjetarmee die Stadt Glatz nun endgültig besetzt hatte. Da der Onkel Richard, der Mann der älteren Schwester meiner Mutter, wegen seines Alters in den letzten Kriegstagen nur noch zu einer unbewaffneten und nicht uniformierten Ordnungspolizei abkommandiert war, hat er die Flucht nicht mitgemacht. Der nicht ganz kleine familiäre Wohnbereich war dadurch immerhin unter einer gewissen Aufsicht geblieben. Zivile Plünderer wären dadurch gewiss nicht aufzuhalten gewesen, aber die Situation der völligen sozialen Auflösung in einem solchen *Niemandsland* hat wohl auch aus Sorge um die unmittelbaren eigenen Belange jegliche kriminellen Begehrlichkeiten zum Erliegen gebracht. Vielleicht könnte man diese Situation mit dem bedrohlich ruhigen Zentrum eines Hurrikans vergleichen. Dieses Bild hatte durchaus etwas für sich, denn kaum waren diese Frauen und Kinder unserer Familie und viele andere wohl hunderte Geflohene wieder in ihrer Stadt angekommen, war die Ruhezone vorüber gezogen und der Sturm konnte ungebremst zuschlagen.

Bei all dem, was dieser gerade zu Ende gegangene Zweite Weltkrieg an Furchtbarkeiten und Gräueltaten an allen Fronten und in den zivilen Regionen hat geschehen lassen, sind die Versuche einer irgendwie gearteten Zuordnung an rechtlich Greifbares erbarmungslos zum Scheitern verurteilt. Die noch immer gültige Haager Landkriegsordnung von 1899 wirkt dabei beinahe schon wie ein Märchen aus vergangenen Zeiten. Vergeltung und Vernichtung wurden bestimmend für die eintretenden Ereignisse. In vielen Regionen haben die kommandierenden russischen Truppenführer wegsehend ihren Soldaten eroberte Gebiete für bestimmte Zeit zum willkürlichen Tun überlassen. Plünderung und Vergewaltigung wurden dienstlich nicht wahrgenommen.

Dieses Schicksal mussten die Einwohner der nun besetzten Gebiete Schlesiens erleiden.

Das Restaurant meines Onkels war sofort von einer russischen Militärapotheke besetzt worden und die von außen eigentlich erreichbare private Wohnung war nicht mehr bewohnbar, weil man dort im ersten Stock ein Pferd (!?) aufgestallt hatte. Es wird mir ewig ein Rätsel bleiben, wie es dort hinauf und auch später wieder hinunter gekommen sein mag. Aber angetrunkene Soldaten müssen wohl besondere Fähigkeiten besitzen, so etwas zu vollbringen. Zweiflern sei gesagt: Ich habe das oben stehende Hinterteil und den Pferdemist auf der Treppe noch gut vor meinem Auge.

So quartierten sich die drei Restfamilien in den beiden Wohnungen in der ersten Etage des Mehrfamlienhauses ein, in denen alles so unversehrt war, wie man es verlassen hatte. Die in der ersten Nacht aus der Umgebung wahrnehmbaren Geräusche angetrunkener grölender Soldaten und die Schreie gequälter Frauen veranlasste die drei Schwägerinnen und den Onkel mit den drei Kindern in einer Wohnung zusammenzurücken.

In den folgenden Nächten zog die Bedrohung nach den späteren Erzählungen der Frauen immer engere Kreise um die im Dunkeln sitzenden Verängstigten – während wir Kinder glücklicherweise schliefen. Was zu befürchten war, trat auch ein. Schwere, tappende, suchende Schritte Angetrunkener kamen die Treppe herauf. Das Eintreten der Wohnungstür wäre das Nächste gewesen. In diesem Augenblick haben meine Mutter voran, die Schwägerinnen folgend, uns schlafende Kinder aus den Betten gerissen und – natürlich – ohne Vorwarnung geschlagen. Dieser entstehende Schock der schlaftrunkenen entsetzten Kinder hat uns zu furchtbarem Weinen gebracht. Diese Unfasslichkeit hat uns kleinen Jungen sehr lange Zeit sehr zu schaffen gemacht, denn es war den Müttern ja nicht möglich, acht- bis zehnjährigen Jungen zu erklären, warum diese *Bestrafung* nötig geworden war – und das von den Menschen, die uns in den schon vergangenen schlimmen Zeiten am nächsten waren.

Den ebenfalls weinenden Frauen kam das Folgende wie ein Wunder vor. Die angetrunkenen Soldaten haben sich durch das Weinen von Kindern von ihrer ursprünglichen Absicht abbringen lassen. Ohne jegliche Laute bewegten sich die schweren Schritte mehrerer Männer die Treppe hinunter. Die Frauen sind vor dem Schlimmsten bewahrt worden, meinem Onkel hat das sicherlich das Leben gerettet, denn ein älterer Mann hätte in dieser Situation keine Chance gehabt.

Vielen anderen Frauen ist in diesen Tagen Furchtbares widerfahren. Nach den Erzählungen meiner Mutter musste eine ihrer besten Freundinnen dreizehn angetrunkene Männer über sich ergehen lassen. Da ihr Mann als Leiter eines kriegswichtigen Betriebes nicht an der Front war, musste er sich das alles an einen Stuhl gefesselt – und mit glühenden Zigaretten zum Hinschauen genötigt – mit ansehen.

Betrunkene Sieger-Soldateska ist zu allen Zeiten in allen Kriegen eine grausame Folgeerscheinung für die Wehrlosesten unter den Besiegten gewesen – für die Frauen. Auch wenn sie mit furchtbarster Angst schon ahnen mussten, was hinter einer Front auf sie zukommen würde. Wie Betroffene berichteten, war das Grölen der betrunkenen Peiniger und die erschütternden Schreie der Gequälten schon vorher ein schrecklicher Horror.

Auf uns Kinder hat sich diese Atmosphäre in solchen Nächten wie eine innere Lähmung schwer gelegt, weil wir nur ahnen konnten, dass etwas Furchtbares passiert. Sobald es Tag geworden war, war die Bedrohung zurückgedrängt.

Die dann wieder nüchternen Soldaten trieben mit lauten verbalen Attacken gegenüber den auf den Straßen eventuell sichtbaren Frauen ihr unflätiges Spiel. Allen Frauen – ob alt oder jung, ob Oma oder junges Mädchen – riefen sie nach: „Matka moj, fifka stoj!" (Mein ästhetisches Empfinden verbietet es mir, den für fast jeden übersetzbaren Inhalt auch noch ins Deutsche zu übertragen. – Kenner des Russischen mögen mir nachsehen, dass diese von einem Kind gespeicherten Laute in sicherlich nicht sehr korrekter Weise – auch noch in arabischer und nicht in kyrillischer Schreibung – wiedergegeben worden sind. Dieser Hinweis gilt natürlich auch für einige weitere russische Einsprengsel in dieser Partie)

Wir Kinder haben natürlich den abstoßenden Sinn dieses Ausrufs nicht verstanden. Wir haben das für einen allgemeinen russischen Gruß oder Fluch gehalten. Das nun gelernt zu haben, machte uns gewaltig stolz, und bei jeder beliebigen Gelegenheit zeigten wir unsere Russischkenntnisse und riefen: „Matka moj, fifka stoi!" Äußerst überrascht waren wir, als uns unsere Mütter mit Zornesröte im Gesicht ohne jegliche Erklärung verboten, diese russischen Laute weiterhin von uns zu geben.

Erst jetzt, beim Schreiben dieser Zeilen habe ich die Gelegenheit gesucht, mit meiner ehemaligen Kollegin Frau Dirrkopf, Russischlehrerin am Ullrichsgymnasium, ein Gespräch zu führen. Sie hat mich darüber informiert, dass Matka-Witze in Russland auf dem untersten Niveau einer russischen Subkultur zu finden sind. Sie gelten als tiefste und ordinärste Beleidigung der Frauen (der anderen?).

So liegen oft Furchtbares und makaber-quälende Heiterkeit nebeneinander.

Besonders einprägsam waren die plötzlich in der ganzen Straße in Gärten oder Höfen stattfindenden Bilderverbrennungen. In so einigen Wohnungen hingen über diese Jahre hin Hitlerbilder. Aus welchen Gründen sie dort aufgehängt worden sind, mag undiskutiert bleiben. Die Bandbreite der zu vermutenden Gründe geht da von anfänglicher Begeisterung, Zustimmung bis zu Opportunismus oder Anpassung aus Angst vor Repressionen.

Irgend ein Kind aus unserer Hof-Clique hat zu Hause einen Vers, der zu diesem Zeitpunkt sicherlich nicht mehr für die Öffentlichkeit bestimmt war, mitbekommen und uns anderen – da so schön für einen Singsang geeignet – zum Spielen mitgebracht. Wir haben ihn dann prompt im Kreis hüpfend lautstark von uns gegeben:

Ham'se schon ein Hitlerbild?
Ham'se schon ein Hitlerbild?
Nein, nein wir ham' noch keins,
Ja, ja wir kaufen eins!

Unsere Mütter haben uns dann auch dieses Tun schnellstens verboten, denn in dieser aufgeheizten Stimmung hätte das sehr gefährlich werden können.

Wie dieser von uns strapazierte Vers entstanden ist, ist mir nie ganz klar gewesen. Ob das ein Reimeschmied im Auftrag der Partei war oder ein Andersdenkender durch ironische Verkehrung einen Weg gefunden hat, gegen den man genau genommen aus systemfreundlicher Sicht gar nichts sagen kann.

Für diese Bilder war nun schnellstes Verbrennen angesagt, wenn man nicht sein Leben riskieren wollte, denn während der Plünderungstage hat es sich eine der angetrunkenen Besatzer-Horden zum furchtbaren Sport gemacht, in den deutschen Wohnungen nach Hitlerbildern zu suchen. Fanden sie eins, was sicherlich nicht schwierig war, wurden die Einwohner sofort erschossen. Die Kunde ging rasend schnell durch die ganze Stadt. Schnellstes Verbrennen war oberstes Gebot.

Nachdem diese schrecklichen Pfingsttage vorüber gegangen waren, stellte sich eine Art *Normalisierung* ein.

Wie gegensätzlich sich Menschen auf allen Seiten eines Krieges verhalten können, mag folgende Episode zeigen.

Der große Tanzsaal im Restaurant meines Onkels, in dem wir noch ein halbes Jahr zuvor die mit ihren Freundinnen tanzenden deutschen Soldaten bewundert hatten, war nun das Hauptlager der russischen Militärapotheke. Die leitende Apothekerin wurde von den Soldaten mit großem Respekt behandelt und von uns Kindern bestaunt, da wir noch nie eine russische *Soldatin* gesehen hatten. Auf Grund ihrer mit Sternen besetzten großen Schulterklappen muss sie von hohem militärischem Rang gewesen sein. Heute würde ich sagen: Diese studierte Offizierin sah eher wie eine Babuschka in Uniform aus.

Wie die folgende Episode zeigt, war sie auch eine lebenskluge und gutherzige Frau: Zum Fahrzeugpark der Apotheke gehört kurioserweise ein geschlossener Wagen, der innen als komplette Schlachterei ausgestattet war. (Sicherlich wird das oben erwähnte Pferd auch dort seine Endstation gefunden haben.) Dieses Gefährt wurde an der Rückseite unseres Mehrfamilienhauses auf einer unbebauten Wiese aufgestellt, und es dauerte gar nicht lange, dass eine beachtliche Schweine- und Rinderherde zusammen getrieben war. Die Tiere kamen sicherlich aus den Dörfern des Umlandes. Es wurde auch umgehend mit dem Schlachten begonnen, was wir Kinder mit Staunen beobachten konnten. Armeefahrzeuge holten dann die fertigen Schlachtprodukte ab. Die uniformierte Babuschka war also nicht nur die Herrin der Medikamente, sondern auch die Chefin einer Truppenschlachterei.

Nach den Planvorgaben des sozialistischen Systems war ihr bestimmt die genaue Zahl der zu schlachtenden Tiere vorgegeben. Es muss aber offensichtlich möglich gewesen sein, kranke Tiere außerhalb des Plans extra zu schlachten.

Der Chefin muss bald bewusst geworden sein, dass durch den Zusammenbruch jeglicher Versorgung für die einheimische Bevölkerung Nahrungsmittel kaum noch zu bekommen waren. Am dritten oder vierten Tag sahen wir, wie in der Herde drei Schweine jämmerlich quiekend nur mit Hilfe der Vorderläufe über den Boden krochen. Die Leiterin eilte herbei, rief vernehmlich: „Bol'na! Bol'na!" (Krank!) und befahl den Schlachtersoldaten: „Kolot'!" (Schlachten!) Kurze Zeit darauf erhielten wir verstohlen herumlungernden Kinder unserer Straße Wurst und Schweinefleisch mit der Aufforderung: „Dawaj! Dawaj!"(Weg!Lauf!) Uns Kindern war nur beim Transport der „kranken" Tiere in den Schlachterwagen aufgefallen, dass alle drei Schweine zusammengebundene Hinterläufe hatten.

Da nach dem Kriegsende irgendwelcher Unterricht für all die Kinder gar nicht zu organisieren war und auch andere Probleme der Lebensbewältigung für die Erwachsenen viel wichtiger waren, hatten wir frei von allen Beeinträchtigungen doch ein ziemlich unbegrenztes Leben. Wir gingen ständig – ähnlich, wie schon in Trautenau – auf Entdeckungstouren in der engeren Umgebung unseres Straßenviertels, wobei natürlich klar war, dass ich mit knapp acht Jahren nur zu den oft staunenden Mitläufern zählte. So wurde von dieser Kinderclique eines Tages im hinteren Teil unseres Gartens eine eigenartige Kuhle von ungefähr 1,50 m Tiefe und einer Fläche von 2,00 mal 4,00 m entdeckt. Welches Versteck sich der unbekannte Gräber damit in unserem Garten hatte herstellen wollen, war völlig unerklärlich. Irgendeiner von uns hatte die für Kriegskinder zündende Idee: Daraus bauen wir für uns einen „Bunker“. Nach gar nicht allzu langer Zeit war nach eifrigem Suchen von Ästen, Zweigen alten Brettern eine obere Abdeckung geschaffen. Nun saßen wir da in unserem Loch mit der Gewissheit, einen eigenen, den Eltern – meist ja Müttern – unbekannten Treffpunkt zu haben.

Bei unseren Streifzügen imponierten uns immer wieder die russischen Soldaten, die von einer Zeitung einen länglichen Streifen des sehr dünnen Papiers abrissen, die Hand mit diesem Stück in die Tasche ihrer Pluderhose steckten, in der sie losen Tabak mit sich herumtrugen, und nach wenigen Augenblicken eine fertige Zigarette aus der Hosentasche zogen. Diese eindrucksvolle Fingerfertigkeit konnten wir nur bewundern.

Den Älteren unter uns imponierte aber besonders, auf welch offensichtlich einfachem Weg man an die von ihnen bei den Erwachsenen bewunderte Kunst des Rauchens gelangen konnte. *Nur* der Rohstoff musste beschafft werden. Der geheime Ort – unser Bunker –, um unbemerkt von den Müttern rauchen zu können, war ja vorhanden. Von einem war die Idee bald geboren: Es war inzwischen Herbst geworden. Als Tabak lag genügend trockenes Laub unter Büschen und Bäumen, was zwischen den Händen gerieben für das Vorhaben gut zu verwenden war. Dünnes russisches Zeitungspapier war nicht zu bekommen, deutsche Zeitungen gab es nicht mehr. Also musste Packpapier aus einem Schuppen herhalten, und die Rauchobjekte waren schnell hergestellt. Als Zigarette konnte das nicht bezeichnet werden, Zigarre vielleicht schon eher. Das Abenteuer – rückschauend das Elend – konnte nun beginnen. Wir hockten in unserem Bunker, und es war *Ehrensache*, dass jeder mitrauchen musste, wenn er ein echter Kerl sein wollte. Alle begannen nun vor sich hin zu paffen. An das von uns völlig zugequalmte Loch kann ich mich gerade noch erinnern. Was dann noch hängen geblieben ist, sind mehrere Tage von furchtbarster Übelkeit. Den anderen kleineren Kerlchen ist es wohl genau so ergangen, weil wir naiv den Rauch nicht in die Lunge eingezogen hatten. Drei der älteren Jungen mussten ziemlich umgehend wegen akuter Rauchvergiftungen ins Krankenhaus.

Eine heilsame Wirkung hatte dieses Erlebnis für mich lebenslänglich. Das einige Jahre später ganz gewiss einsetzende Bedürfnis, heimlich zu rauchen, um sich möglichst erwachsen vorzukommen, hat mich nie überkommen. Für mich stand fest: Rauchen ist etwas ganz Schreckliches. Einige meiner damaligen Mitraucher habe ich in den späteren Jahren wieder getroffen. Sie sind alle Nichtraucher geblieben! Noch heute kann ich in geselliger Runde ironisierend von mir behaupten: „Ich habe 1945 das letzte Mal geraucht!“

Bald machten sich schon längst getroffene Entscheidungen der Kriegsgegner Deutschlands aus den Jahren 1943 – 45 in ihren Auswirkungen bei den Bewohnern der sogenannten Ostgebiete bemerkbar. Die deutschen Gebiete jenseits der Flüsse Oder und Lausitzer Neiße wurden zunächst unter polnische Verwaltung gestellt, später dann endgültig Polen zugeschlagen. Polen musste zur Kompensation die Territorien östlich der Curzon-Linie an die Sowjetunion abtreten.

Das Schicksal für Schlesier, Ostpommern und Ostpreußen war von polnischer Seite längst beschlossen. Die dort lebenden Menschen mussten die Gebiete in absehbarer Zeit verlassen. Für die Bewohner der der Sowjetunion zugeschlagenen Räume galt ein Gleiches.

Für die Einwohner von Glatz wurden diese Regelungen schon im Herbst 1945 bemerkbar. Unsere kleinen Familien mussten ihre großzügig geschnittenen Wohnungen in der ersten Etage –die besagte *Beletage* – verlassen und auf den ausgebauten Boden in eine für so viele Menschen recht kleine Personalwohnung ziehen, um aus dem Raum Lemberg in vormals Südostpolen stammenden Vertriebenen Platz zu machen.

Das Verlassen der Wohnungen hatte in kürzester Zeit stattzufinden. Eine Mitnahme selbst bescheidenerer Umzugsgüter war gar nicht möglich. Die erreichbaren Dokumente, wesentliche Wäsche, erforderliches Geschirr und notwendige Kleidung wurden schnell zusammengerafft und nach oben geschafft. Dass dies der erste Schritt für ein endgültiges Verlassen der Heimat sein könnte, lag für diese Menschen außerhalb jeglicher Vorstellung. Selbst meine sonst so klarsichtige clevere Mutter konnte sich vorstellen, dass dieser Umzug auf den Dachboden nur von kurzer Dauer sein könne.

An besondere Beeinträchtigungen meiner bisherigen üppigeren Lebensumstände kann ich mich nicht erinnern. Ich fand es nur besonders spannend, dass sich mein Bett im Flur unter einer Dachschräge hinter einer Holztür befand. Eine ostfriesische Butze in Schlesien? Sollte das bereits ein Omen gewesen sein?

Besonderen kindlichen Schmerz empfand ich, als ich beim Spielen im Hof sah, wie der jetzige polnische Bewohner unserer Wohnung mein inzwischen längst geliebtes Schaukelpferd auf der Schulter davontrug, um es ganz bestimmt auf dem schwarzen Markt zu verkaufen. Es war eine eigenartige Reaktion, denn aus dem Schaukelpferdalter war ich mit acht Jahren doch heraus, und manche anderen *Spielzeuge*, wie Panzerfäuste, Handgranaten, Rauchwerkzeuge im Bunker, waren mir schon vorher begegnet. Vielleicht war es die kindliche Ahnung, dass hier, durch fremde Kräfte bewirkt, etwas endgültig vorbei war.

Bei dem erzwungenen schnellen Aufbruch aus der Wohnung war es gar kein Gedanke, Kinderspielzeug mitzunehmen. (Man

Opas Auto

meinte ja sowieso, man käme bald wieder zurück!) Trotz nun schon mancher trauriger Erlebnisse bin ich ja ein Achtjähriger mit kindlichen Spielbedürfnissen geblieben.

Um doch noch etwas zu finden, was meine Spielfantasie anregen könnte, und ich wirklich nichts mehr hatte, womit ich spielen konnte, zog ich durch die Stadt, und sah mich in den doch zeitbedingt kümmerlichen Auslagen um, um doch noch etwas zu finden, was mir gefallen könnte. In einem Kiosk mit kümmerlichstem Angebot entdeckte ich zwischen Wodkaflaschen, polnischen Zeitungen, Kohlköpfen, Brötchen und Sammeltassen zwei etwa fünf Zentimeter lange Porzellanautos: einen weißgrauen Lkw und einen grünen Omnibus mit nach vorne ausliegendem Motor, wie es ja damals technisch üblich war. Von dem Hersteller waren sie sicherlich nicht als Spielzeug gedacht, eher als eine Art Briefbeschwerer. Auf welchem Weg diese beiden Autos nun zu dieser Zeit gerade in diesen Laden geraten konnten, wird wohl ein Rätsel bleiben. Nachdem ich nun seit Jahren mit allem nur erdenklichen Spielgerät der edelsten Art ausgestattet worden war, erschienen mir diese beiden Autos als das höchste Ziel meiner Wünsche. Wie ich es angestellt habe, kann ich nicht mehr sagen, aber nach einer gewissen Zeit hatte ich schon einige polnische Groschen und Zlotys zusammen. Jeden Tag bin ich mindestens einmal an dem Kiosk vorbei geschlichen, um besorgt nachzusehen, ob die beiden Autos auch wirklich noch da wären. Sie haben wohl auf mich gewartet, oder bei dieser Kundenklientel war ganz gewiss kein Käufer zu befürchten. Endlich reichte das Geld. Ich konnte die Autos kaufen. Da in dieser Zeit an irgendeine Art Verpackung nicht zu denken war, steckte ich sie gerne unverpackt in meine Hosentaschen, damit sie mir keiner wegnehmen konnte. Unverpackt war mir das sowieso viel lieber. So konnte ich auf dem Nachhauseweg beide Hände in den Hosentaschen rechts und links je ein Auto fühlen. Zu Hause angekommen, war nun intensives Spielen angesagt.

Auch in den folgenden Jahren haben sie meine Spiele – besonders während der noch zu schildernden kümmerlichen Verhältnisse während der Vertreibung – immer begleitet. Der LKW ist während der Wirren dieser Jahre irgendwann leider abhandengekommen. Sein Verschwinden hat mich sehr lange geschmerzt. Aber der grüne Omnibus steht noch heute auf meinem Nachttisch, und meine beiden kleinen Enkel bestaunen ihn gebührend. Natürlich würden sie gerne mit ihm spielen. Wenn ich ihnen aber erkläre, wie er dahin gekommen ist, lassen sie ihn bewundernd auf seinem wohlverdienten Ruheplatz stehen: „Opas Auto“ darf nicht kaputt gehen!

5. Reise ohne Rückfahrkarte

Die Kriegsgegner hatten mit dem sich abzeichnenden Untergang Hitlerdeutschlands in Vorkonferenzen längst beschlossen, wie mit dem ehemaligen Reichsgebiet zu verfahren sei: die Territorien würden zunächst bis zu einer endgültigen Regelung in Besatzungszonen der Siegermächte eingeteilt und die deutschen Ostgebiete seien zunächst entlang der Oder-Neiße-Linie unter polnische Verwaltung zu stellen, um sie letztlich als Ausgleich für Territorialverluste jenseits der Curzon-Linie dem polnischen Staatsgebiet zuzuschlagen.

Jedoch schon vor der Potsdamer Konferenz, die vom 17.7. bis 2.8.1945 stattgefunden hat, war willkürlich mit unkontrollierten Vertreibungen begonnen worden. Zu diesem Zusammenhang sei aus dem Sammelband „Flucht und Vertreibung“ aus dem Ellert & Richter Verlag eine Textpassage aus dem Beitrag von Arno Herzig (geb. 1937 in Albendorf, Kreis Glatz) S. 131/132 angeführt: „Die (neue) polnische Regierung hatte aus den ‚wilden' Vertreibungen – also jenen weitgehenden kriminellen Aktionen vor der Potsdamer Konferenz – die Erkenntnis gewonnen, ‚dass nicht planmäßig durchgeführt(e) Aussiedlungsaktionen' zur ‚Verwüstung oder völlige(n) Zerstörung unzählbarer Wirtschaftswerte' geführt hatten. Die Anweisung der Regierung vom 20. August 1945 sah deshalb vor, dass ‚erst bei der Übernahme des ehemals deutschen Eigentums durch den polnischen Ansiedler…die bisherigen Benutzer-Deutschen, unter starker Bewachung, über die Oder oder Neiße hinaus abgeschoben werden' sollten.“ In diesem regierungsamtlichen Zitat erfährt eigentlich jedes einzelne Wort – nicht nur aus der Rückschau – eine unfassliche Gewichtung. Die Formulierung „ die bisherigen Benutzer-Deutschen“ zeugt dabei für mich von einer kaum noch zu steigernden Kaltschnäuzigkeit.

Der damalige amerikanische Außenminister James F. Byrnes berichtet als Teilnehmer der Potsdamer Konferenz, dass Stalin – darauf angesprochen – die (aberwitzige, der Verf.) – Meinung geäußert haben soll, man habe den Polen das Gebiet zur Verwaltung übertragen *müssen, weil alle Deutschen geflohen seien.*

Nach der Potsdamer Konferenz im Juli/August 1945 wurde jedoch bereits sehr intensiv mit der Ausweisung der bodenständigen deutschen Bevölkerung begonnen.

Für das Gebiet der Stadt Glatz weiß meine Mutter sogar von einem Zettel an ihrer Haustür zu berichten, nach dem auf Anweisung des polnischen Militärs im Auftrag der polnischen Regierung alle Glatzer das Stadtgebiet *bis zum 30. Juni (!) 1945, mittags 12 Uhr* zu verlassen hätten. (s.S. 73)

Die dafür nun zuständige neue Regierung Polens vertrat plötzlich eine ganz andere Position und nutzte eine Passage aus dem Protokoll des Potsdamer Abkommens in ihrem – nun also anderen – Sinne. Gleiches galt auch für die neuen Regierungen der Tschechslowakei und Ungarns bei geringeren Flächenanteilen. Dort steht zu lesen, die Regierungen der Siegermächte „erkennen an, dass die Überführung der deutschen Bevölkerung oder Bestandteile derselben, die in Polen, Tschechoslowakei und Ungarn zurückgeblieben sind, nach Deutschland durchgeführt werden muss". Obwohl der Alliierte Kontrollrat sich vorbehalten hat, die Modalitäten für diese Überführung sorgfältig zu überprüfen, ist mit der Ausweisung sehr massiv begonnen worden, da der Begriff „zurückgeblieben" sehr gegensätzlich interpretiert worden ist.

Die drei in Frage kommenden Staaten legten sofort die noch gar nicht von den Siegermächten abschließend geklärte Frage in ihrem Sinne aus und betrachteten alle ihnen zunächst nur zur Verwaltung anvertrauten Gebiete als *ihr Staatsgebiet*, in dem man jegliche Hoheit ausüben könne. *Alle* in diesen Gebieten wohnenden Menschen

Befehl.

Laut Anordnung der Regierung der Republik Polen hat die gesamte deutsche Bevölkerung das polnische Staatsgebiet zu verlassen. Vorgeschrieben ist das deutsche Gebiet über Görlitz an der Neiße. Der Weg geht über Frankenstein—Reichenbach—Schweidnitz—Striegau—Jauer—Goldberg—Löwenberg—Lauban—Görlitz.

Bei Verlassen des polnischen Staatsgebietes dürfen nur 20 kg Gepäck mitgenommen werden.

Alle Personen, welche dieser Aufforderung nicht nachkommen, werden mit Gewalt entfernt.

Diejenigen Personen, die im Besitz einer Bescheinigung des Bevollmächtigten der polnischen Regierung sind, werden vom Verlassen des Gebietes befreit.

Bis zum 30. Juni 1945, mittags 12 Uhr muß der Befehl ausgeführt sein.

Glatz, den 29. Juni 1945.

Der Bevollmächtigte
der Polnischen Regierung
für den Bezirk XXIV
in Glatz

Die Kommandantur
des Polnischen Heeres
in Glatz

Druckerei-Genossenschaft Glatz

Die Potsdamer Konferenz begann erst am 17. Juli 1945. Das Plakat spricht für sich.

wurden als „Zurückgebliebene“ gesehen. Dass damit zunächst nur die nach den Absatzbewegungen der deutschen Wehrmacht außerhalb der Grenzen von 1939 noch tatsächlich aus den unterschiedlichsten Gründen Zurückgebliebenen gemeint sein könnten, wollte man keinesfalls wahrhaben.

Nachdem dies deutlich geworden ist, hat der Alliierte Kontrollrat die drei neuen Regierungen ersucht, „die weitere Ausweisungen der deutschen Bevölkerung einzustellen“. Dieses *Ersuchen*, wie es in Artikel XIII des Protokolls des Potsdamer Abkommens niedergelegt worden ist, ist, wie uns die nachfolgende Entwicklung gezeigt hat, total ignoriert worden. Es muss gar verständlich erscheinen – bei dem furchtbaren Leid, das Deutschland diesen Völkern angetan hat –, dass es zu diesem Zeitpunkt kaum so wohlwollende Anwälte für die Belange der betroffenen deutschen Bevölkerung gegeben haben mag, die auf das Ignorieren dieses Ersuchens des Kontrollrates hingewiesen hätten. Vor dem gesamten politischen Hintergrund dieser Nachkriegsjahre wäre solch eine Intervention nur eine Verzögerung von relativ kurzer Zeit gewesen. Ein erkennbarer Teil der alliierten Siegermächte war in dieser Zeit durchaus der Meinung, die gesamte Bevölkerung dieser Räume zu vertreiben. Hinzu käme noch, dass die betroffenen drei Staaten an später etwa entstehenden Minderheitenproblemen durchaus uninteressiert waren.

Rückschauend ist nicht mehr zu entscheiden, ob die Herausgabe eines *Ersuchens*, („die weitere Ausweisung der deutschen Bevölkerung einzustellen“ s.o.), die protokollarische Aufwertung der Mit-Sieger sein sollte, einfach eine Fehleinschätzung der Situation war oder – wie längst erkannt – sogar gewollt. Eine in dieser Dimension durchgeführte ethnische Vertreibung ist in der Geschichte nicht überliefert: Knapp 12 Millionen Menschen wurden aus den ehemaligen deutschen Ostgebieten vertrieben. An manchen Beispielen wird dieses Ereignis besonders krass deutlich: In einem guten halben Jahrhundert hat in der Großstadt Breslau ein totaler Bevölkerungsaustausch stattgefunden. 1939 lebten in dieser Stadt 629 200 deutsche Einwohner, 1991 wurde sie von 640 600 Polen bewohnt.

Zu diesem Gesamtkomplex sei noch einmal Arno Herzig aus dem bereits erwähnten Beitrag zitiert: „Damit gaben die westlichen Demokratien ihre Zustimmung zu einem der größten Fehler der Politik im 20. Jahrhundert: der ‚ethnischen Säuberung' die im Laufe dieses Jahrhunderts Millionen Menschen das Leben kosten sollte." (S.131) Wie sehr hier Menschen zu seelenlosen Objekten wurden, wird erkennbar, dass die politischen Macher in diesen Zusammenhängen wiederholt von „transferieren" und „repatriieren" sprechen.

Man darf mit Sicherheit annehmen, dass fast alle Betroffenen, vor die Alternative gestellt, eine neue/andere Staatsbürgerschaft anzunehmen oder die Heimat auf immer zu verlassen, sich für die erste Variante entschieden hätten. Da man an dem Raum interessiert war und die darin lebenden Menschen loswerden wollte, durfte ein solcher Gedanke bei den damals zuständigen Stellen nirgendwo aufkommen. Für die Mehrheit der Vertriebenen war es einfach unvorstellbar, dass diese zu beginnende „Reise" eine Reise ohne Wiederkehr sein würde, um mit den Worten der verantwortlichen Betreiber zu sprechen, eine „Repatriierung" sein sollte. Allein die erlaubte Mitnahme von nur wenigem tragbarem Gepäck machte den Gedanken von längerer Abwesenheit unmöglich.

Bei Gesprächen der vergangen Jahre mit einem meiner längst erwachsenen Söhne tauchte die Bemerkung auf: „Die hätten sich einfach alle weigern sollen!" Ganz abgesehen von dem gerade erläuterten „Verfahren" der offensichtlich angewandten Vorspiegelung einer baldigen Wiederkehr ist dieser millionenfache Abschiebungsprozess völkerrechtlich in eine kaum zu lösende Situation gelaufen.

Ohne mir hoffentlich bei kundigen Juristen ein mitleidiges Lächeln einhandeln zu wollen, habe ich hierfür folgendes schlichtes Verständnis: Diese Legion betroffener Menschen besaß die deutsche Staatsbürgerschaft. Der Gedanke, den Weggang zu verweigern und einfach eine neue Staatsbürgerschaft, die polnische, übernehmen zu wollen, ist grundsätzlich seit eh und je unmöglich! In den Beck'schen juristischen Kurzkommentaren Bd. 55 ist sinngemäß zu diesem Thema Folgendes herauszulesen: *Der Staat regelt den Erwerb und Verlust seiner Staatsbürgerschaft.* Und an andere Stelle: *Eine Staatsangehörigkeit kann grundsätzlich nur von einem Staat vermittelt werden.* Das Fazit in dieser Situation war völlig klar. Dieser junge polnische Staat hatte gar kein Interesse daran, diesen Millionen Menschen die polnische Staatsbürgerschaft zuzusprechen. Da dies ja der damaligen Absicht völlig zuwider gelaufen wäre, war das für die entscheidenden Stellen ein – wie oben bereits erwähnt – „undenkbarer Gedanke".

Mit diesem „Prinzip Hoffnung" auf Wiederkehr bei einer Reise mit wenig Gepäck wurden diese Millionen Menschen zu einer willfährigen, leicht zu bewegenden Masse. Sollte auch nur annäherungsweise der Gedanke einer Verweigerung aufgekommen sein, hätte es auch dieser neue Machtapparat geschafft, mit den Mitteln des politischen Übergewichts – eben auch der Gewalt – sein Ziel zu erreichen. Eine solche – wie oben schon erwähnt – ethnische Verschiebung und dazu noch so „geräuschlos" hat es in der Geschichte noch nicht gegeben. So zu verfahren, hatte für das auslösende System noch den Vorteil, dass keinerlei zusätzliche „materiellen Frachten" in den Westen zu transportieren waren. Die Massen der Vertriebenen haben alles selber getragen!

In der Überschrift des Artikels XIII des bereits erwähnten Potsdamer Protokolls ist von einer „Überführung deutscher Bevölkerungsteile" die Rede, und eine „…derartige Überführung …" habe

„...in ordnungsgemäßer und humaner Weise...“ stattzufinden. (Wobei der kritische Leser dieses Protokolls erneut nachdenklich werden müsste, denn „-teile“ sind nicht alle!)

Dieser Situationsverweis über die Art der Durchführung möge am Anfang dieses Kapitels stehen, in dem ich schildern möchte, wie ich als Achtjähriger erlebt habe, was nach dem Ersuchen des Alliierten Kontrollrats *ordnungsgemäß und human* mit Teilen der Bevölkerung stattfinden sollte.

Anfang Januar 1946 wurde schließlich den Bewohnern unserer Straße, der Louisenstraße in Glatz, mitgeteilt, dass sie sich nach einer Woche in Jahreszeit gemäßer Kleidung in der in unserer Straße befindlichen Kasernenturnhalle einzufinden hätten. Jeder dürfe nur so viel Gepäck mitnehmen, wie er tragen könne. Dass dies für meine Mutter und mich, einen Achtjährigen, keine besonders umfangreiche Familienfracht werden konnte, ist leicht vorstellbar. Das unmittelbare Besitztum ist ja in einer ersten Runde für uns schon einmal durch die Ausweisung in die Personalwohnung stark reduziert worden. Allen anderen Personen ging es ja ähnlich. Erwachsene stabile Männer waren kaum zu sehen. Frauen, die Alten und die Kinder trugen das davon, was ihnen geblieben war und was sie an noch Wertvollem mitnehmen wollten und auch tragen konnten.

Beim Zurückdenken wird mir bewusst, mit welcher Gefasstheit und bedrückender Ruhe diese Menschen sich auf den Weg gemacht haben. In den wenigen Äußerungen, die zwischen ihnen zu hören waren, konnte man erkennen, dass sie nicht im Entferntesten auf den Gedanken gekommen wären, dass dies ihr letzter Weg auf dem Boden der Heimat sein sollte. Mit an Gewissheit grenzender Hoffnung war leise zu vernehmen, dass das Ganze wohl nur wenige Tage, höchstens Wochen dauern könne. Mit so wenig Gepäck könne man ja nicht länger weg bleiben, und weit könne diese Reise auch nicht sein. Selbst meine in solchen Situationen intuitiv richtig handelnde Mutter hat sich vom Anschein blenden lassen. Bei dem schnellen Weggang aus unserer Wohnung in die Personalwohnung habe ich sie beobachtet, wie sie eine elfenbeinerne in Silber gefasste Frisiergarnitur mit Kamm, Spiegel und Bürste unter dem Wohnzimmerschrank hinter den breiteren Vorderfüßen versteckt hat, um sie „bald" wieder hervorzuholen.

Eine in der Grundstruktur ähnliche *Maßnahme* meiner Mutter – nur eben etwa drei Jahre früher durchgeführt – hat sie zu einer materialaufwändigeren Sicherung von wertvollem Familiengut an verborgenem Ort gebracht. Ebenfalls sollten hier „später einmal" nach dem Ende der Kriegswirren diese Kostbarkeiten wieder in den Schränken ungefährdet ansehbar und nutzbar sein. Das ganze Unternehmen musste möglichst unbemerkt durchgeführt werden, da solches Tun im Nazi-Staat gar als Schüren von Zweifeln an dem zu diesem Zeitpunkt noch als sicher angenommenen Endsieg ausgelegt werden könnte. Was hat sie denn Schlimmes gemacht? Sie hat einen bekannten Maurer bei guter Bezahlung in einer Nacht in unserer Gartenlaube ein Loch in den hohlen Betonsockel schlagen lassen. In der folgenden Nacht hat sie alle von ihr als besonderen Familienschatz angesehenen Kostbarkeiten versteckt: wesentliche Teile von wertvollen Porzellangeschirren, das ganze Familiensilber von meinen Großeltern, teure Bilder wohl verwahrt in Wachsfolie, Plastiken und so manches andere. In einer weiteren Nacht hat dann der Maurer die aufgestemmte Stelle wieder mit Beton verschlossen. Die Flickstelle war später noch gut zu sehen. Aber weil im Inneren der Laube gelegen, war sie nicht so schnell wahrnehmbar. Und eine solche „Ausbesserung" des Bodens wäre ja auf vielfältige Weise recht harmlos erklärbar gewesen. Es war ganz sicher nicht der Gedanke meiner Mutter – das hat sie mir später auf Nachfrage mehrmals versichert. –, einmal für eine auch noch so kurze Abwesenheit diese Werte für eine Zeit danach zu verstecken. Sie wollte sie nur vor dem begehrlichen Zugriff Mächtigerer in unruhiger Zeit schützen. Wie schon erwähnt, war etwas anderes zu denken gar nicht möglich. Erst Jahrzehnte später sollt dieser Schutz etwa 1974 meiner Mutter und meinen Brüdern begegnen und auch für meine Frau, mich und unseren jüngeren Sohn 1990 noch einmal eine Rolle spielen.

Die Konfrontation mit der bittersten Wahrheit, dass diese nun anzutretende „Reise“ eine Reise an über hunderte, bis gar tausend Kilometer entfernte Zielorte ohne Wiederkehr werden würde, hätte es unmöglich gemacht, dass sich der größte Teil dieser Menschen überhaupt einen Schritt hätte bewegen können. Diese grenzenlose Uninformiertheit gepaart mit der Hoffnung auf Wiederkehr hat es nur möglich gemacht, dass all diese Millionen zu Anfang ihres Weges auf ihren eigenen Füßen aus ihrer Heimat gegangen sind. Das Kalkül der Vertreiber, auf diese Art diese Massen zu bewegen, ist also aufgegangen.

Anfang Januar 1946 wurde es für die Bewohner unserer Straße Ernst. Da um unseren Straßenzug herum schon im November und Dezember 1945 die Bewohner die Aufforderung, sich in der Turnhalle der Holzplan-Kaserne einzufinden, bekommen hatten, war abschätzbar, wann unsere Straße „dran sein“ würde. Ich weiß nur, dass wir in diesem Jahr keinen Tannenbaum und keine Geschenke hatten. Der Absturz vom Lichtermeer noch des vergangenen Jahres 1944, obwohl mein Vater in Griechenland und der Bruder meiner Mutter an der Ostfront war, konnte für eine Kinderseele kaum trauriger sein. Tannenbäume – besonders für die Bewohner der Städte –, Kerzen, Lametta waren für deutsche Familien nicht zu bekommen. Der Tannenbaumständer mit der eingebauten böhmischen Spieluhr drehte sich, wie wir Kinder schon längst ausgekundschaftet hatten, in unserer Wohnung, die von polnischen Bewohnern bezogen worden war. Wir konnten das vom dunklen Hof aus erkennen. Er stand an genau derselben Stelle. Sicherlich betrachteten ihn auch in diesem Jahr strahlende Kinderaugen – nur eben andere! Nur ein Zweig mit ein paar Bändern war die einzige Dekoration auf dem Küchentisch. Was blieb den drei Frauen, dem einzigen Mann und den drei Kindern in ihrer traurigen Ungewissheit anderes übrig, als in den beiden kleinen Personalwohnungen ins Bett zu gehen. In den beiden damals natürlich nur mit wenigem verfügbarem Holz zu beheizenden Wohnungen konnte damit auch Brennstoff gespart werden

Man sah mit großer Besorgnis dem zu erwartenden Abtransport entgegen. Da das gesamte Gelände um den Hauptbahnhof abgesperrt war, kam bei uns nur gerüchteweise an, dass der Transport nicht in regulären Personenwagen von statten gehen würde sondern in Güterwagen.

Wir hatten uns also an einem eiskalten Werktag Ende Januar um 8 Uhr in der Holzplan-Kaserne einzufinden. Wie schon erwähnt, konnte nur das mitgenommen werden, was jede einzelne Person tragen konnte. Ich habe hinterher meine Mutter bewundert, wie es ihr gelungen ist, genau das Richtige an Unterlagen, Vermögensnachweisen, selbst Fotos, bedeutende Briefe und ausreichendes Bargeld mitzunehmen. Einige Bilder dieser Arbeit gehören in diesen geretteten Bestand meiner Mutter. Ein eindrucksvolles Gegenbeispiel ist meine damals schon erwachsene und verheiratete Kusine aus Gleiwitz. Sie hatte zwar mitnehmbare Kleidung eingepackt, aber keinerlei persönliche Dokumente, denn die hatte sie kurz vor der Besetzung Oberschlesiens durch die sowjetische Armee verbrannt, weil auf allen diesen Dokumenten Stempel mit Hakenkreuzen zu sehen waren. Ergebnis: Mein Vetter musste als Diplom-Ingenieur mehrere Jahre im Ruhrgebiet als Bergmann unter Tage arbeiten, bis sein Hochschulabschluss wieder erstellt werden konnte. Ein ganz besonders kostbares Exemplar dieser Vertriebenen aus unserer Straße war ich. Es war damals auch für Jungen im

Winter üblich, dass sie so genannte Leibchen trugen, an denen dann im Winter mit Gummibändern als eine Art Strapse die meist sehr kratzigen langen Wollstrümpfe zu kurzen Hosen getragen wurden. Aus meiner Erinnerung eine schreckliche Konstruktion! In dieses Leibchen hatte nun meine Mutter Taschen in Geldscheingröße eingenäht. Und diese Taschen waren mit – was weiß ich wie vielen Tausend – Reichsmark „ausgepolstert". In der ihr oft eigenen Art einer Intuition hatte sie in dem Gedanken, dass in der nächsten Zeit an einen irgendwie vorstellbaren Geschäftsverkehr nicht mehr zu denken war, alles erreichbare Bargeld aus der Firma herausgezogen und es in diesen Taschen verstaut. Sicherlich sehr clever gedacht, aber auch für ihr Kind nicht ungefährlich. Wärmer als jedes andere Leibchen war es in diesem kalten Winter allemal.

Der traurige Rest-Familien-Tross setzte sich nun noch im Dunkel zu der gar nicht weit entfernten Kaserne in Bewegung. An irgendwelche Straßenbeleuchtung war in diesen ersten Nachkriegsmonaten nicht zu denken. Aus all den anderen Häusern setzten sich ähnliche Familiengruppen in Bewegung: überwiegend Frauen, Alte und Kinder. Bei aller Düsternis fielen doch die weißen Armbinden, die alle zu vertreibenden Personen tragen mussten, auf. Trotz der doch vielen Menschen ist mir eine fast gespenstische Geräuschlosigkeit in Erinnerung. Manchem Älteren musste jetzt schon geholfen werden, da er sich offensichtlich beim Packen überschätzt hatte.

In der Turnhalle der Kaserne fand nun die Registrierung statt. Mancher Alte bemühte sich, von den Uniform tragenden Männern an den Tischen zu erfahren, wann sie denn wieder „nach Hause" kämen, aber es war von ihnen – wie auch anders zu erwarten – keine Antwort zu bekommen. Ob diese Männer wirklich kein Deutsch verstanden, oder ob manch einer von ihnen die eigene Betroffenheit und Unsicherheit hinter dieser Fassade eines vorgegebenen Nichtverstehens verbarg, ist natürlich nicht auszumachen. Sie hatten –

wieder einmal – einem Befehl zu folgen. Ziel dieser Registrierung war es, zunächst schon gleich zu Anfang immer Dreißiger-Gruppen mit einer gleichen Nummer zu versehen. Der gesamte Registrierungsvorgang für die einzelnen Waggongruppen dauerte für die Wartenden übermäßig lange, was ich als Kind nicht so empfunden habe, weil ich nach den Erzählungen meiner Mutter dabei auf den wenigen Habseligkeiten geschlafen habe. Bei meinen späteren Recherchen im Göttinger Institut für Neuere Geschichte habe ich die Liste des Waggons Nr.17 / Transport 41 aus dem Landkreis Waldenburg entdeckt. In diesem Güterwagen sollten 36 Personen untergebracht werden. Die Liste gibt so manchen interessanten Aufschluss. Von den 36 Personen waren 10 Männer – davon sechs über 65 Jahre, der Älteste 78, 16 Frauen – davon fünf über 63 Jahre – und zehn Kinder. Manche anderen Angaben – insbesondere über mitgenommene Lebensmittel – waren von überraschender Genauigkeit – für die einzelnen Personen und die Gesamtmenge, die sich auf folgende Mengen belief: Brot 88 kg, Fleisch 14,25 kg, Fett 30 kg, Zucker 19,5 kg. Auch wenn die Menschen, nicht ahnend, wie lange die Reise nun dauern würde, eine große Hoffnung in die Mitnahme von Grundnahrungsmitteln setzten, kann ich auch heute noch dieser Liste nur mit größter Skepsis begegnen! Diese, man könnte ja beinahe sagen, „preußische“ Genauigkeit machte es später Suchenden möglich, aus diesen in die Millionen gehenden Menschenmassen Anverwandte über den Suchdienst wieder zu finden, wie es meinem Vater schon wenige Wochen nach der Vertreibung beim Auffinden von Frau und Kind gelungen ist.

Einige der Wächter bemühten sich, familiäre Zusammengehörigkeiten zu beachten, andere sagten einfach nach Nummer 30: „Nowy Grupa!“ (Neue Gruppe!) – und fertig. Das war selbst für die älteste schlesische Großmutter, die fast ihr ganzes Leben nichts anderes in ihrem Alltag gesprochen hatte, als eben ihren Heimatdialekt, schnell zu verstehen. Das nächste Kommando für die abgefertigte Gruppe war mit einem Hinweis zur Straße: „Dworzec Glowny! – Hauptbahnhof!" Da wir nicht der erste Straßenzug waren, der durch diese Kontrollstelle gelaufen ist, und die Verwirrung für diese Menschen bei diesem für ihre Ohren völlig unverständlichen Wort zu Anfang groß war, hatte man sich schließlich doch, um die Abwicklung nicht allzu sehr zu verzögern, für ein deutsches Abschiedswort entschieden: „Hauptbahnhof!".

Alles klar! Also hatte sich die Gruppe 3/17, 6/11 oder 8/21 (Ich habe damals natürlich gar nicht mitbekommen, welches unsere Nummer war!) in Richtung Hauptbahnhof in Bewegung zu setzen, unter Aufsicht Uniformierter, ungefähr anderthalb Kilometer, Ende Januar 1946, kalter ostdeutscher Winter: Frauen, Alte und Kinder. Ich kann für mich behaupten, dass mich die meisten körperlichen Strapazen, wie auch in all den folgenden Wochen, weniger belastet haben. Die Erinnerung zeigt mir da nichts Belastendes auf. Aus meiner Erfahrung spielt für Kinder das Atmosphärisch/Seelische die entscheidend größere Rolle.

Nun war ich also mit meiner Familie zu einem Bahnhof unterwegs, an den ich ganz andere Erinnerungen hatte. Oft war ich mit meinem Vater mit dem Auto zu diesem Bahnhof gefahren, um mir die von mir bewunderten prustenden Dampflokomotiven anzusehen, von mir damals in meiner kindlichen Sprache eines Zweijährigen staunend „Puff-Bahn" genannt.

Es war nun schon längst deutlich geworden, dass sich die neue polnische Regierung über das Ersuchen des Alliierten Kontrollrates, „weitere Ausweisungen der deutschen Bevölkerung einzustellen" hinweggesetzt hatte.

Auf den Gleisen standen lange Güterzüge, deren Waggons nicht den neusten Eindruck machten, mit offenen Schiebetüren. In der Mitte befand sich ein gedrungener Kanonenofen mit einer Herdplatte, die einen größeren Durchmesser hatte als die Säule des Ofens. Ein Rohr führte als Abzug durch das Dach nach draußen. Neben dem Ofen lag ein Haufen Briketts. Von den Seitenwangen der Schiebetüren an waren auf beiden Seiten – ich glaube – drei Reihen Sitzbretter eingebaut. Dahinter folgte ein von Sitzreihen freier Bereich, das „Schlafabteil". Der ganze Waggonboden war bis kurz vor den Ofen mit Stroh ausgelegt. In einer der Ecken befand sich ein „Kübel" für die menschlichen Bedürfnisse aller Insassen während der Fahrt. An jeder Seite waren etwa in den oberen Ecken jeweils zwei Klappfenster. Wie man sieht, war an alles gedacht: Reisen, Ruhen, Schlafen, Kochen, Wärme, frische Luft und sanitäre Einrichtungen. Eben: eine *humane* Art und Weise der „Rückführung"!

An dieser Stelle möchte ich einmal einige Überlegungen einschieben, die mir zum Thema *Güterwagen für den Transport von Menschen* in der damaligen Zeit später durch den Kopf gegangen sind. Wobei ich natürlich selbstverständlich einräumen muss, dass diese Gedanken nur für Waggonbestände der alten Reichsbahnakten zu belegen sind, in den mir zugänglichen Archiven habe ich Nachweise hierfür wohl finden können. In den Unterlagen der polnischen Verwaltung der damaligen Zeit würden sich mit an Sicherheit grenzender Wahrscheinlichkeit Belege für meine Gedanken finden lassen. Bei der beabsichtigten in die Millionen gehenden Vertreibung der bodenständigen Bevölkerung in vergleichsweise kurzer Zeit ist doch nichts nahe liegender, als bei der Suche nach geeigneter Transportkapazität auf die vielen schon *vorbereiteten* – quasi bereitstehenden – Waggons aus unmittelbar vorhergehender Zeit zu verwenden: die von der Reichbahn für die KZ-Nachtzüge benutzten Güterwagen zu den Vernichtungslagern. Dies war in doppeltem Sinn von besonderer Bedeutung.

Zum einen waren die Verantwortlichen dieses jungen polnischen Staates gar nicht in der wirtschaftlichen Lage, so schnell für Millionen Menschen solche Wagen bauen zu lassen. Es war ja auch gar nicht nötig, sie standen in riesiger Zahl leer in und vor den Vernichtungslagern des polnischen Verwaltungsgebietes herum. Warum sollte man sie aus „praktischen“ Gründen nicht einsetzen?

Zum anderen gelangten die Waggons zu einer traurig makabren Bedeutung ihrer Funktion. Die Vertriebenen wurden in Zügen aus ihrer Heimat transportiert, die die vorherigen grausamen Machthaber zur Umsetzung ihrer „Endlösung“ bereits „vorgefertigt“ hatten.

Bei meinen Bemühungen, für diese Situation Hinweise in erreichbarem Quellenmaterial zu finden, wurde ich viele Male für den Einsatz der Viehwaggons von den Sammellagern zu den Vernichtungslagern fündig. Ein weit aufgefächertes Quellenmaterial liegt dafür vor. Unterlagen in der deutschen Forschung für die Nutzung dieser Transportkapazitäten in die umgekehrte Richtung mit traurigster Fracht waren von mir nicht aufzuspüren. Dass es auf polnischer Seite in der Landessprache exaktes Material geben könnte, ist anzunehmen, denn wie später noch deutlich wird, haben die agierenden polnischen Stellen durchaus „preußische“ Akribie in der „Vertreibungsbuchhaltung“ bewiesen.

Es ist natürlich kaum anzunehmen, dass diese Wagen schon bei ihrem ersten Einsatz so *komfortabel* mit einem Kanonenofen mit Kochaufsatz, Brennmaterial und Strohlagern ausgestattet waren. Das war sicherlich ein Zugeständnis nach den Vorgaben das Potsdamer Abkommens, dass „…eine derartige Überführung …in ordnungsgemäßer und humaner Weise“ stattzufinden habe.

Mit der Zuweisung der vorher festgelegten Gruppen war auch klar, warum es immer dreißig Leute sein sollten Das waren die Wagenbesatzungen: auf jeder Seite 15. Das sind sicherlich einige weniger, als in den Güterwagen bei ihrem ersten Einsatz. In späteren Gesprächen mit anderen Vertriebenen über diese Zeit wird sogar von bis zu 50 Personen in einem Waggon berichtet.

Da die Züge ja nicht im Bahnsteigsbereich, sondern in mehreren Reihen auf der Rangierfläche standen, sorgte der Wachmann für ein schnelles Auffinden: erste Zahl: Zug; zweite Zahl: Waggon.

In Glatz waren die Anordnungen der zuständigen polnischen Stellen so, dass die „auszuweisenden Personen“ nicht mehr mitnehmen durften, als sie tragen konnten. In anderen Zeitzeugnissen wird davon berichtet, dass es 50 Kilogramm sein konnten. Als ich dies später gelesen habe, stellte ich mir die Frage, wie eine Frau, ein alter Mann, ein Kind das jeweils habe tragen können? Die Glatzer Anordnung war da schon einmal ehrlicher: Was der einzelne tragen konnte. Und daran hat sich meine Mutter gehalten. Davon war auch ihre Auswahl der mitzunehmenden Dinge bestimmt. So schmerzlich ihr dabei so manche Entscheidung gefallen sein mag, sie hatte – wie schon erwähnt – das Gespür für das Richtige. Und die schon erwähnte Vorrunde der Besitzverringerung ist schon erwähnt worden.

Meine Mutter bemerkte wohl, dass es mir auf diesem Weg sehr schwer gefallen ist, diese für einen Achtjährigen recht große Last zu schleppen, was sie mehrmals sagen ließ: „Kind, es ist ja nicht mehr weit!“ Und hinterher war mir klar, dass diese Überfrachtung auf der doch nicht allzu langen Strecke richtig war.

Dass sich dieses Geschleppe für unseren Familienclan gelohnt hatte, wurde schon bald auf dem Glatzer Hauptbahnhof deutlich. Die Kolonnen aus einigen Straßenzügen im Umfeld unsere Straße waren schon vor uns angekommen. Diese waren schon in den Waggons untergebracht, und am Rand des hell erleuchteten Sammelplatzes stand eine kaum überschaubare Menge chaotisch zusammen geschobener Handwagen mit dazwischen wahllos herumliegenden Koffern und verschnürten Kartons – teils noch verschlossen, teil geöffnet, als ob Plünderer darüber hergefallen wären. Die Erklärung ist traurig aber – einfach! Diese Menschen haben sich von gar manchem ihrer Habseligkeiten einfach nicht trennen können und haben im Glauben, dass das wohl gut gehen wird entgegen der in Glatz gültigen Anweisung, so viel in alle möglichen Behältnisse eingepackt, auf Handwagen geladen und zum Bahnhof gekarrt. Auf dem Foto aus dem Bildband von Arno Herzig sind Glatzer Vertriebene, die noch in diesem Glauben von zu Hause aufgebrochen waren, zu sehen. Für das Aufsicht führende polnische Personal wurde dieser Zustand zu einer nicht zu bewältigenden Aufgabe, denn etwa 30 Auszuweisende mit dieser Gepäckfracht waren in einem Güterwagen nicht unterzubringen. Also Kommando: Alles, was man nicht tragen konnte, muss auf dem Sammelplatz des Güterbahnhofs liegen bleiben, wobei die obere Grenze bei 20 Kilogramm festgelegt war. Für einen großen stabilen Mann war das ja noch tragbar, aber ein kleiner Achtjähriger konnte das natürlich nicht leisten, genau wie all die vielen Alten. Da die Ärmsten ja wussten, dass sie so manchen lieb gewonnen Gegenstand in ihren verschiedenen Gepäckstücken untergebracht hatten, begann nun die verzweifelte Suche nach dem, was sie unbedingt mitnehmen wollten. Die dadurch entstehende Panik gepaart mit der Zeitnot, die durch das Drängen der Wachmannschaften ausgelöst wurde, führt dazu, dass dieser Platz so verwüstet aussah. Sich in dieser Situation doch an die Anweisungen zu halten, hat sich vor dem erfahrenen Hintergrund als richtig erwiesen.

Besonders mühselig war es für fast alle mit dem Gepäck, von dem man ja nicht noch etwas verlieren wollte, über den Schotter zu dem uns zugewiesenen Wagen zu gelangen. Besondere Mühsal bereitete es dann bei einer Höhe von ungefähr anderthalb Metern, in die Wagen zu kommen. Der Wächter vor *unserem* Wagen tat uns – wie auch auf dem ganzen Weg – nichts, aber er half auch nicht. Er hatte Wichtigeres zu tun. Er musste in einer Kontrollliste, die man zuvor in der Glatzer Kaserne erstellt hatte, überprüfen, ob auch alle angekommen waren, die in der Liste für diesen Waggon aufgeführt waren.

Nach langem und mühseligem Gekracksle auf dem Schotter und traurigem Geschiebe waren die Menschen und ihr Gepäck in ihrem Waggon. Die äußere Wahrnehmung, an die ich mich gut erinnern kann, war ein betroffenes Herumstehen mit hängenden Schultern. Keiner wusste, was er zu tun hatte. Kein Laut war sonst zu hören. Was man begreifen musste, machte einfach sprachlos. Irgendjemand ist dann ja immer da, der sich etwas Organisation einfallen lässt oder nur einen Impuls setzt. Die beiden Hälften verkrochen sich ungefähr nach Verwandtschaft oder nachbarlicher Bekanntschaft auf die eine oder die andere Seite. Die strohbedeckten Flächen erwiesen sich hinter den eingesetzten Holzbrettern für fünfzehn Personen als viel zu eng, so dass man entschied, die Kinder sollten unter den vorderen Bänken schlafen. Das hatte den Vorteil, dass sie näher am Ofen waren.

Von mir kann ich sagen, dass ich Glück hatte. Wenn man das in dieser Situation so nennen darf. Ich hätte ja durchaus zusammen mit meinen zwei Vettern zu siebenundzwanzig Erwachsenen geraten können. Aber schon im Dunkel bei der Zusammenstellung der Gruppen in der Kaserne hatten wir Kleinen bemerkt, dass der Zufall einen Teil unserer Kinder-Armee des Vorjahres zusammengewürfelt hatte: Mein Vetter Udo, der Unteroffizier, der Peschel-Steber, der Leutnant, die anderen drei Peschel-Brüder – der Kleinste wurde „Briederle“ genannt –, mein Vetter Eberhard und ich.

Da nach dem Verlassen des Hauses in der Louisenstraße in Glatz bis zur Ankunft auf dem Hof Freesemann in Arle-Dresche in Ostfriesland eine Strecke von gut tausend Kilometern zurück gelegt werden musste bei einer Dauer von etwa zwei Wochen, habe ich versucht, hinterher die Wegstrecke auszumachen, die wir etwa gefahren sein müssen. Natürlich gibt es dafür von irgendeiner amtlichen Stelle keinerlei Anhaltspunkte. Aus den Gesprächen der Erwachsenen weiß ich, dass wir in Forst und in Helmstedt gewesen sind. Bei teils längeren Aufenthalten des Zuges auf freier Strecke habe ich von denjenigen Erwachsenen, die es gewagt hatten, auszuschwärmen, den Namen Wittenberg behalten können. Mit ein wenig Phantasie ist dann die ungefähre Fahrstrecke vorstellbar. Für Glatzer Vertriebene mit dem Ziel Ostfriesland sind das zusammen mit dem Niederrhein und der Eifel die weitesten Entfernungen. (s.S. 102)

Da mit dem Besteigen dieser Waggons faktisch für alle Güterzuginsassen für unbestimmte Zeit ein Abgeschnittensein von allen Versorgungssträngen eingetreten war, konnten sie nur von dem gelebt haben, was sie mitgebracht hatten. Die weiter oben schon erwähnte Waggonliste mit den dort aufgeführten Lebensmitteln macht die Tendenz deutlich. Allzu viel war es in unserem Waggon auf jeden Fall nicht, denn ich kann mich für diese „Reise“ an ein eigenartig bohrendes Gefühl, das die Erwachsenen Hunger nannten, wohl erinnern. Es war was für die Kinder da. Was es gewesen sein mag, war wohl egal. Kinder sind da, wenn es nicht anders geht, sehr anspruchslos, aber an manchen Tagen war halt Hungern angesagt. An so etwas Luxuriöses wie einen mitfahrenden Versorgungswagen oder eine begleitende Verpflegung an besonderen Streckenpunkten kann ich mich ebenso wenig erinnern. Es entspräche auch nicht der schon zu Anfang zu beobachtenden Methode, einfach die Menschen schnell loszuwerden: möglichst schnell ohne Widerstand ab in die Waggons und fertig. Dass irgendwann doch der Hunger für die Erwachsenen bemerkbar geworden sein muss, machen die später noch zu erwähnenden „Beschaffungsmaßnahmen“ während der Aufenthalte deutlich.

Nachdem ein Zug voll belegt war, gingen polnische Zivilisten am Zug entlang, schlossen die Türen und ohne auffällige Besonderheiten fuhr ein Zug, fuhr *der* Zug los. Die Bedeutung dieses Ereignisses in seiner erst viel später zu begreifenden Tragweite konnte den Menschen gar nicht bewusst sein. Sie empfanden es als ein Wegsein für eine hoffentlich nicht zu lange dauernde Zeit. Es war für die größere Zahl von ihnen der Weggang aus ihrer Heimat – für immer.

Aus Erzählungen anderer Vertriebener hat sich für mich der Eindruck bestätigt, dass die Züge überwiegend nur nachts gefahren sein müssen. Eine ganz plausible Erklärung ist mir erst während meiner Göttinger Recherchen deutlich geworden: Die Sowjetunion hat gleich nach Kriegsende damit begonnen, als Reparationsanspruch sämtliche zweigleisigen Strecken in ihrer Besatzungszone auf eingleisige Streckenführung zurück zu bauen. Das fand dann am Tage statt. Auf der wieder zusammengeflickten Strecke wurde eben nachts – wenn überhaupt – gefahren. Aufenthalte auf spärlich beleuchteten Bahnhöfen, Rangieren und Geräusche des Zusammenkoppelns scheinen daher auch nur in den Nächten stattgefunden zu haben. Nachdem diese Geschäftigkeiten beendet waren und offensichtlich keine Arbeiten für diesen Zug mehr nötig waren, begann die Reise.

Bei kurzen nächtlichen Aufenthalten auf freien Strecke wurden plötzlich die Türen aufgerissen. Plünderer – meist zwei oder drei Mann – drangen mit lautem Gebrüll in die Wagen ein. Sie nutzten die Verschlafenheit und die Wehrlosigkeit der Insassen aus, um schnelle Beute zu machen. Hinterher war von den sowieso schon bescheidenen Habseligkeiten so manches verschwunden. Wir Kinder hatten uns an die *normalen* Härten, wie da waren: Schlafplatz auf einem mit wenig Stroh bedeckten Bretterboden, Kälte, harte und geräuschvolle Fahrweise der Güterwagen – doch recht schnell gewöhnt, aber diese nächtlichen Überfälle haben uns eine furchtbare Angst eingejagt, sodass wir unter den Bänken liegend wegen der größeren Nähe zum Kanonenofen nun über die Erwachsenen hinweg an der jeweils gegenüberliegenden Wand verschreckt zusammen gekrochen sind. Wir sind dann immer erst sehr viel später begleitet von dem leisen wimmernden Weinen einer älteren Frau wieder eingeschlafen.

Besonders dreist waren zwei Plünderer in russischer Uniform, die mit ihren umgehängten Kalaschnikows herumfuchtelten. Man wusste längst, solche Burschen waren unberechenbar. Also oberstes Gebot: Bloß tun, was die wollten! Im Nachhinein bekommt diese höchst gefährliche Situation durch das wieder einmal sehr taktische Vorausahnen und –planen meiner Mutter, da letztlich alles gut gegangen war, einen heiteren Akzent.

Die Tante Lenchen, die Frau ihres Bruders, hatten ihren gesamten Schmuck recht wertvoller und edelster Art in ihren Handtaschen verstaut. Nur die Art, wie sie ihn verpackt hatte, unterschied sich von dem Vorgehen meiner Mutter sehr. Meine Tante in ihrem recht kultivierten aber auch peniblen Habitus wollte diesen Kostbarkeiten keinen Tort antun und hatte sie in einem feinen weißen Seidentuch in ihrer Tasche verwahrt.

Meine Mutter hingegen – clever wie sie war – hatte all das kostbare Zeug zweigeteilt. Den sicherlich auch noch recht wertvollen Teil hat sie in zwei schmutzige völlig voll geschnäuzte Taschentücher eingewickelt. Ende vom Lied, nachdem einer der beiden Russen kommandiert hatten: „Du Tasche auf!“: Der in Seide gehüllte Schmuck von Tante Lenchen war weg. Dieser Teil des Schmucks meiner Mutter war noch da, denn der selbst für einen hart gesottenen, zu manchem bereiten Plünderer schnelle Griff zu diesen ekelhaften Tüchern war ihm doch nicht so angenehm!

Wo hatte sie die andere viel wertvollere Fracht gelassen? Nach 1900 war es bei vielen damals zeitgenössischen Künstlern Mode geworden, sich zur Inspiration ihres Schaffens die Totenmaske einer jungen Frau, die der Legende nach in der Seine ertrunken sein soll, in ihren Arbeitszimmern oder Ateliers in originaler Größe an die

Die Unbekannte aus der Seine: a) die ursprünglich weiße Vorderansicht, b) die Rückseite, das mit Erfolg gerettete Schmuckversteck meiner Mutter.

Wand zu hängen: „Die Unbekannte aus der Seine". Ihr geheimnisvolles und unergründliches Lächeln sollte wohl ungeahnte Schaffenskräfte mobilisieren. Irgendjemand, der die schwärmerische Begeisterung meiner Mutter für diese gar so schöne Geschichte bemerkt hatte, muss ihr in ihren jungen Jahren eine Miniatur dieser Maske geschenkt haben. Diese Verkleinerung – Höhe 15 cm – musste nun als besonders Versteck für ihren Spitzenschmuck herhalten. Sie legte ihn in die Hohlform des Kopfes und ließ dann die Rückwand mit Gips verschließen, eingeritzte Jahreszahl 1940 – also schon lange zu! Sollte wie ein körperloser Puppenkopf aussehen, tat er auch! Auch der Trick hat geklappt.

Da all die Zuginsassen keine Erfahrung im Reisen in Güterwagen hatten, war nicht klar, ob die recht harten Rangier- und Ankopplungsvorgänge in ihrer Härte technisch notwendig waren, oder ob auch mitunter Absicht des Begleitpersonals dahinter stecken könnte. Während dieser Vorgänge war unbedingt zu beachten, dass man sich möglichst weit von der Kochplatte auf dem Kanonenofen entfernt halten musste. Die harten Stöße hatten gleich zu Anfang zu schmerzlichen Verbrennungen durch das überschwappende Wasser geführt. Daraus ergab sich die eiserne Regel, wegen der in Ofennähe schlafenden Kinder nachts keine Wassertöpfe auf der Herdplatte stehen zu lassen.

Durch die ärmlichen und harten Umstände eines Lebens von dreißig meist älteren Personen – darunter wir acht Kinder – auf engstem Raum war es uns zunächst gar nicht aufgefallen, dass eine ältere Frau – wie oben schon erwähnt – immer wieder weinen musste, bis wir bemerkten, dass der dazugehörige Ehemann nicht bei ihr war. Schließlich musste man uns Kindern sagen, dass er verstorben war. Das erfüllte uns mit einem eigenartigen Gefühl der Ratlosigkeit, denn mit dem Tod in einer solchen Situation konnten wir gar nicht umgehen. Das ging über den Horizont unserer Vorstellungskraft hinaus. Deshalb fragten wir auch nicht weiter. Was sich an Traurigem nach solch einem schlimmen Fall auf all diesen Transporten abgespielt hat, wurde mir erst Jahre später bekannt. Es gab für die Menschen im Zug keine Möglichkeit sich von dem Zug bei irgendeinem Halt zu entfernen, denn es war nie bekannt, wie lange das dauern würde, ob der Zug beim Wiederkommen noch da sein würde. Das Wagnis, besonders während der ersten Zeit, war zu groß. Das Leben stand in diesen unbekannten Räumen bei eisigem Winterwetter und an der Strecke auf den nächsten Halt eines Zuges wartenden Plünderern auf dem Spiel. Was blieb den ärmsten der Angehörigen anderes übrig, als den Verstorbenen neben den Gleisen mit einem in eine Tasche gesteckten Zettel niederzulegen mit dem Wunsch, irgendwelche barmherzigen Menschen würden ihm ein mindestens bescheidenes

Begräbnis bereiten. Über den Verbleib des Angehörigen ist nie etwas zu erfahren gewesen. Da der Raum von einer ungewissen Größe gewesen ist und es Stellen, die diese Ereignisse in dieser Zeit registriert haben könnten, nicht gegeben hat. Meine Familie hat diese furchtbare Erfahrung auf einem Transport aus Oberschlesien einige Zeit später machen müssen. Den älteren Bruder meines Vaters, den Onkel Paul, hat dieses Schicksal ereilt. Obwohl sich später die Kinder intensiv bemüht haben, den Beerdigungsort ihres Vaters zu finden, meine Tante Selma hat über den Verbleib ihres verstorbenen Mannes und Vaters ihrer Kinder nie etwas erfahren.

Da unser Transport nicht der erste war, wohl aber zu den ersten gehörte, hatten sich offenbar schon gewisse Erfahrungen bei den damit betrauten Stellen eingestellt. Anders ist es nicht zu erklären, dass wir nach einigen Tagen auf einem hell erleuchteten Bahnhof den Zug verlassen mussten und in den jeweiligen Waggongruppen zu einer großen Baracke getrieben wurden. Nachdem wir den Raum betreten hatten, wurden wir von Männern in weißen Schutzanzügen mit gasmaskenähnlichen Kopfüberzügen empfangen. Sie jagten uns mit Pulverspritzen in alle nur auffindbaren Öffnungen der Kleidung ein weißes Pulver hinein. Manch einer besonders der Älteren war froh, möglichst bald den Raum hustend und prustend wieder verlassen zu können. Der Staub setzte sich gewaltig in den Atemwegen fest. Diese Maßnahme, bei der wir hinterher aussahen wie die Mitarbeiter einer Bäckerei, war von den vielen Menschen in damals meist üblicher dunkler Winterkleidung besonders schmerzlich empfunden wurde. Das wäre also eine von oben angeordneten Entlausung. Bei unserem Transport war das in unserem Wagen nach Aussagen der Erwachsenen noch nicht nötig gewesen, aber bei Vorgängern hatte man wohl eine Läuseplage beobachten können. Hier konnte meine Mutter dann auf dem Bahnhof das Schild der Station lesen: „Forst“.

Später habe ich mich gefragt, warum diese Maßnahme gerade an dieser Stelle durchgeführt worden ist. Warum nicht in Sorau im nun von Polen verwalteten Gebiet? Warum nicht in Cottbus in der damaligen sowjetischen Besatzungszone? Forst liegt an der Lausitzer Neiße, der nunmehr neuen Grenze. Wollten die Polen keine verlausten Leute abgeben oder die Sowjets keine Verlausten durch ihr Einflussgebiet fahren lassen? Jedenfalls schien man mindestens zu ahnen – wenn nicht gar zu wissen –, dass in den Güterzügen Menschen unterwegs sind, deren hygienischen Verhältnisse nicht gerade den *humanen* Forderungen des Potsdamer Protokolls entsprechen würden. Einige Zeit später könnte man dann in Helmstedt die gleiche Frage noch einmal stellen.

Nach diesem Prozedere ging es unter Antreiben des Wachpersonals wieder in die Waggons und die unwürdige Fahrt ging weiter.

Mit der Zeit wurden egal wie lange Aufenthalte begrüßt, ja herbeigesehnt, denn die hygienische Situation in jeder Hinsicht wurde bemerkbar schlimmer. Allein der körperliche Zustand dieser ungewaschenen nun auch noch voller Entlausungspulver sitzenden Leute, dazu der einzige im Raum befindliche Kübel machte ein Öffnen der Türen zwingend erforderlich, sobald ein Anhalten wahrscheinlich schien. Jeder strebte sofort nach draußen, um frische Luft zu haben und dann draußen seinen menschlichen Bedürfnissen nachgehen zu können. Es war – wie bereits schon erwähnt – stets geboten, sich nicht allzu weit vom Zug zu entfernen, da man nie wusste, wie lange das Halten dauern würde. Mit einer längeren Erholungspause konnte man rechnen, wenn der Lokführer seine Maschine abkoppelte und davonfuhr. Ob nur Kohle und Wasser zu bunkern oder die Übernahme eines anderen Zuges nötig war, war dabei gleichgültig. Inzwischen musste während der Aufenthalte auch für Nachschub an Brennmaterial gesorgt werden, denn das bescheidene Häufchen Kohle des Anfangs war bei den doch recht kalten Nächten längst aufgebraucht. Bei einem zwei Tage dauernden Aufenthalt schnappte ich – wie schon erwähnt – von einem „Mitreisenden“, der in besseren Zeiten wohl schon einmal in dieser Gegend gewesen war, den Hinweis auf die Gegend um Wittenberg auf. Heute sagt mir mein Atlas: Elbniederungen, also eine Region, die schon seit jeher zu den sehr dünn besiedelten Räumen Deutschlands zu zählen war. Diese Kenntnis macht mir rückschauend deutlich, dass das Sammeln (eventuell Klauen) von leichtem Brennholz recht leicht zu bewerkstelligen war.

Schwieriger war es in dieser Gegend schon, an Essbares heranzukommen. Die letzten mitgenommenen Vorräte gingen zu Ende. Wir Kinder bekamen wohl immer noch von dem Wenigen etwas ab. Aber bei den Erwachsenen wurde es knapp. In Trupps aus den einzelnen Waggons schwärmte man aus, um in der Gegend nach Bauernhöfen zu suchen, um über Tausch allerletzter Habseligkeiten, durch Betteln oder gar Stehlen von Hühnern etwas zu bekommen.

Das Problem, das da immer bei diesem Ausschwärmen vorhanden war: man wusste ja nie, wann die nächste Lok kommen würde, um den Zug wieder ein Stück weiter zu transportieren. Also bildete man eine Art Informationskette, um über Rufen die entfernt Hamsternden zu alarmieren. Für den ersten Teil einer solchen Nachrichtenstrecke waren wir Kinder dann ganz gut zu gebrauchen. Da dafür Sorge getragen werden musste, dass wir auf jeden Fall wieder in den Zug gelangen mussten, wurden wir nur am Anfang eingesetzt. Wie ich mitbekommen konnte, hat dieses System bei unserem Zug funktioniert. Keiner musste wegen des plötzlichen Auftauchens einer Lokomotive zurückbleiben. Von anderen Zügen wurde später berichtet, dass es einige nicht geschafft hatten. Wie das ausgegangen ist, haben wir nicht erfahren. Aber aus oben schon erwähnten Gründen stellte solch eine Situation immer eine große Gefahr dar.

Was in solchen Situationen schnell recht unangenehm werden kann, ist der Wassermangel. Aber in diesem sehr schneereichen Winter 1946 war bei den Aufenthalten immer so viel Schnee zu bekommen, dass die Kochtöpfe gefüllt werden konnten. Und hier musste sich der Kreis schließen. Um das nötige Ziel zu erreichen, zu trinkbarem Wasser zu kommen, war Holz für das Abkochen nötig.

Rückschauend wird deutlich, zu welchen zwar bescheidenen logistischen Leistungen doch darin ziemlich unerfahrene Menschen fähig sind, um zu einem Überleben beizutragen.

Die Güterwagen mit ihrer immer elender werdenden menschlichen Fracht rumpelten über die Gleise der sowjetischen Besatzungszone, die heutigen Bundesländer Brandenburg und Sachsen-Anhalt. Mit immer wieder aufspringenden Plünderern war noch zu rechnen. Aber selbst dieser Bodensatz unserer Spezies bemerkte bald, dass von den nun genügend ausgeplünderten Leuten nichts mehr zu holen war. sodass sie ihr „Geschäftsgebiet“ wohl mehr an den Anfang dieser traurigen Unternehmungen gelegt haben.

Nach einer mir unbekannten Zeit erreichte unser Zug Helmstedt. Nach meiner Recherche gab es ein Abkommen der britischen Militärregierung mit der Regierung der Republik Polen, dass erste Vertriebenenzüge in der britischen Besatzungszone aufgenommen werden sollten. Mit Februar 1946 sollte damit begonnen werden. Die ersten sorgfältig geführten Transportlisten sind für das Durchgangslager Mariental bei Helmstedt, einer ehemaligen Fliegerkaserne, über eine dortige Dokumentation auch erst ab Mitte dieses Monats belegt. Somit bestätigt sich die Erinnerung meiner Mutter, dass wir in Helmstedt-Marien*born* gewesen sein müssen. Zum Zeitpunkt der Datierung der dortigen ersten Listen waren wir schon über Aurich-Ellernfeld in Arle als Teil der *wilden* Vertreibungen angekommen.

Auch hier – Marienborn – war Entlausung angesagt nach dem gleichen Muster wie in Forst. Nur wenn es dort mehr aus Verdacht geschah, wurde nun der aufnehmenden Stelle in der britischen Besatzungszone tatsächlich ersichtlich, dass keiner der Ankommenden läusefrei war. Jetzt waren die Betroffenen alle froh, trotz des weißen Pulvers von sehr lästigen Plagegeistern befreit zu werden. Obwohl wir bemerkten, dass die Reise noch nicht zu Ende war, waren Veränderungen bemerkbar. Nach der Entlausung brauchten wir nicht mehr in die Güterwagen einzusteigen. Wir bekamen eine warme Mahlzeit und durften dann in D-Zug-Wagen (!) der Deutschen Reichbahn einsteigen. Ein kaum vorstellbarer Luxus überfiel uns plötzlich: gepolsterte Sitze und in den meisten Wagen kam der Dampfdruck der Lok sogar an und sorgte für beheizte Abteile. Nur konnte sich die ganze Wärme nicht entfalten, da es ein Manko gab. Die Scheiben der Wagen waren wohl durch die Kriegsereignisse alle zu Bruch gegangen, und man hatte die Fensteröffnungen mit Holzklappen versehen, in deren Mitte eine gucklochähnliche Öffnung eingelassen war. Die Wagen waren dadurch immerhin so warm, wie wir es bisher während unserer Vertreibung noch nicht erlebt hatten. Wir acht dreckigen Kinder krochen alle zusammen in ein solches 6er-Abteil und fanden es toll, so komfortabel über die Schienen zu schweben und nicht jede Nacht vor Plünderern Angst haben zu müssen Es war fast wie zu unseren Bunkerzeiten, nur geraucht wurde nicht mehr.

Es gab dabei auch längere Aufenthalte – wahrscheinlich, weil keine geeignete Lokomotive zur Verfügung stand –, aber wenn dies vorher sehr häufig einen ganzen Tag dauern konnte, war nun der Aufenthalt des Zuges nur noch in Stunden zu bemessen.

Von irgendwoher ging plötzlich die Kunde durch den Zug, dass das Ziel „Friesland“ wäre. Wie wenig Weltblick so mancher Bewohner der schlesischen Bergdörfer in seiner heimatlich umschlossenen

Geborgenheit nur haben konnte, machte die Fragen einer schlesischen Bäuerin deutlich. Als sie etwas von Friesland hörte, fragte sie: „Is Priesland ne schiene Schtood?“ (Ist Friesland eine schöne Stadt?)

Durch die Art der Übermittlung ist sicherlich eine Vorsilbe der Zielregion verloren gegangen. Dass Friesland und Ostfriesland doch noch etwas anderes sein könnten, war wohl nur – wenn überhaupt – wenigen Zuginsassen bekannt, aber allen sicherlich auch ziemlich egal, denn endlich Ankommen, Dasein, Waschen, Schlafen in einem festen Bett war wohl der sehnlichste Wunsch.

Für meine kindliche Erinnerung war Aurich der Bahnhof, an dem wir den Zug, der uns ja im Vergleich mit den Güterwagen so wunderschön vorgekommen war, endlich verlassen konnten.

Ganz am Zielort waren wir immer noch nicht angekommen. Die für diesen Bereich Ostfrieslands bestimmten Transporte wurden zunächst in einem Barackenlager am Ellernfeld gesammelt, um dann auf die einzelnen Gemeinden der Region verteilt zu werden.

Die Erwartungen der Angekommenen an eine allmähliche Verbesserung der Situation war durch eine recht angenehme Verpflegung in Helmstedt geweckt worden, doch wie herb war die Enttäuschung bei der Ankunft in diesem Übergangslager in Aurich: Sie bekamen eine warme Suppe, dazu gab es ein Stück Brot. Die zuständigen Stellen waren durch die Massivität der Ereignisse sicherlich überfordert. Das Helmstedter Essen war dagegen ein Festmahl

An welchem der dann folgenden Tage die letzte Etappe zurückgelegt wurde, weiß ich nicht mehr zu sagen. Ich kann mich für diese letzten dreißig Kilometer nur noch an die furchtbare Kälte erinnern: Anfang Februar eines kalten Winters, auf der Ladefläche eines LKW – es müssen etwa zwanzig Menschen gewesen sein –, nur durch eine Plane vor dem Ärgsten geschützt.

Text auf dem Vertriebenendenkmal in Aurich auf dem Ellernfeld:
(alles in Großbuchstaben)

Viele Tausend Deutsche
wurden nach Kriegsende
in Aurich am Ellernfeld
zusammengeführt und von hier
auf Dörfer in ganz Ostfriesland verteilt.
Dieser Gedenkstein soll an die Vertreibung erinnern,
aber auch die Verbundenheit
der Einwohner Aurichs mit den
Menschen deutlich machen,
die Ihre Heimat verloren haben.
Damit verbunden wird die Hoffnung,
dass es nie wieder Krieg und Vertreibung
mit ihren unmenschlichen
Folgen geben möge.

Gasthof Thiem; Zustand 2004. Rechts der Saal, in dem den ersten Vertriebenen Arles Anfang Februar 1946 ein herzlicher Empfang bereitet wurde.

Eine beschwerliche und traurige Reise fand in Arle vor dem Gasthof Thiem ihr Ende. Durch die Dichte der vielen Erlebnisse ist einem großen Teil der davon Betroffenen dieser Weg von Schlesien nach Ostfriesland sehr lange vorgekommen. Meine Mutter hat mir später bestätigt, dass es *nur* dreizehn Tage gewesen sind.

Aus der Sicht der Betroffenen hat hier ein lebensbestimmendes und lebenserschütterndes Ereignis ein vorläufiges Ende gefunden.

Dabei war es für sie gar nicht möglich, das Ausmaß dessen zu erfassen, was da an unvorstellbarer Bewegung in Gang gebracht worden war.

Heute weiß man, dass Ende 1946 allein in Niedersachsen – also nach einem Vertreibungsjahr – 1,6 Millionen Menschen angekommen waren. Eine überschaubare Rechnung mag diesen Vorgang in einer erschreckenden Dimension deutlich machen. Wenn man davon ausgeht, dass jeder Vertriebenengüterzug etwa 35 Waggons lang war und in jedem Waggon 30 Menschen untergebracht waren, ergibt das eine „Transportmenge“ von 1000 Personen pro Zug. Um 1,6 Millionen Menschen mit solchen Zügen innerhalb eines Jahres nach Niedersachsen zu befördern, ergäbe das im Durchschnitt *pro Tag*(!) eine ankommende Kapazität in diesem Bundesland von vier bis fünf Zügen. Nimmt man dabei Bezug auf eine wahrscheinliche Anzahl von knapp 100 000 Ankömmlingen allein für das Jahr 1946 in Ostfriesland ergibt eine überschlägige Berechnung eine Quote von einem Transport von 1000 Personen alle vier Tage. Amtliche statistische Zahlen bestätigen diese Entwicklung: Einwohnerzahlen für das Ende des Jahres 1945: 295 600. Ende 1950 werden 391 570 Einwohner angegeben.

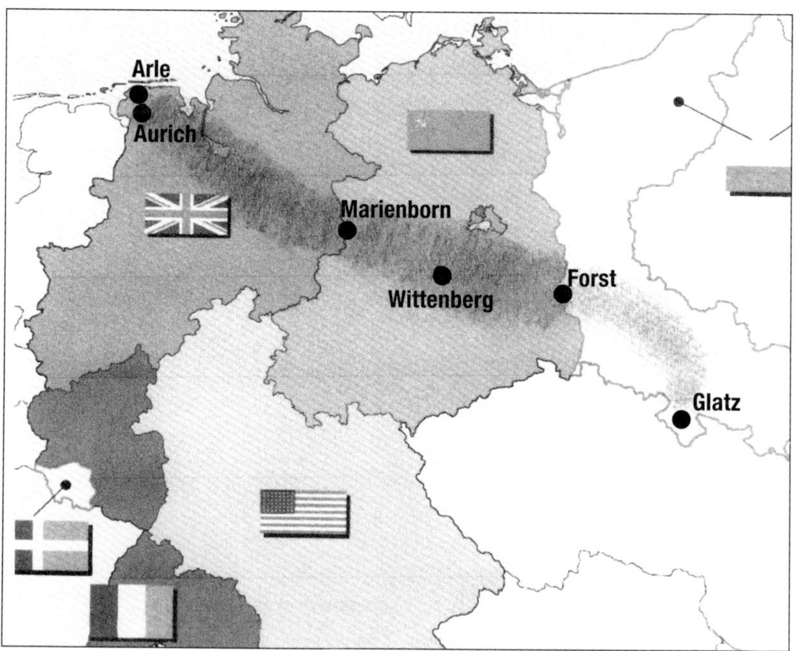

Ca. 1000 km „Reisestrecke“ in Güterwagen und beschädigten Personenwagen. Dem Autor sind über die Erzählungen seiner Mutter gestützt die Namen Forst und Marienborn im Gedächtnis. Der Verlauf der Fahrstrecke bleibt im Dunkeln.

6. Ostfriesland: Endlich an einem Ziel?

Dass die allerletzte Etappe für unsere Gruppe unter diesen Umständen stattgefunden hat, kann nur durch eine bedauerliche Gedankenlosigkeit bei der Planung zu erklären sein.

Verdreckt, hungrig und fast erfroren stand nun dieses kleine Häuflein vor dem Gasthof. Wir wurden in den beheizten Saal geführt, und da keinerlei Anzeichen für eine neuerliche Übernachtung auf einem Strohlager zu erkennen war, konnte von einer schnellen Quartierzuweisung ausgegangen werden. Ob es nun geplant war oder ob unser erbarmungswürdiger Anblick es ausgelöst hat, wir wurden mit heißem ostfriesischem (!) Tee und belegten Broten von äußerst freundlichen Frauen aus der Gemeinde versorgt.

Besonders hinzuweisen ist hierbei darauf, dass es nach Aussagen meiner Mutter tatsächlich ‚Tee' gewesen sein soll. Das kann man dann als ein Signal der äußersten Freundlichkeit ansehen, denn bei der damaligen Teeknappheit kann diese Begrüßung mit Tee gar nicht hoch genug eingeschätzt werden. Die am Ende des letzten Kapitels vorgestellten Zahlen konnten ja keineswegs erahnt werden, sodass man später mit dem Teeausschank ganz sicher vorsichtiger geworden ist, auch um den eigenen sowieso schon bescheidenen Teekonsum nicht zu gefährden.

Die anwesende Amtsperson, von der ich nicht sagen kann, welche Funktion sie damals in diesem Dorf innegehabt hat, begrüßte uns mit freundlichen Worten und stellte die Familiengruppen zusammen, die dann den einzelnen Höfen zugewiesen wurden.

Es ist an dieser Stelle auf jeden Fall notwendig, diese eingetretene Situation ganz grundsätzlich zu beleuchten.

Da leben in Ostfriesland, in Bayern, in der Eifel oder in Schleswig-Holstein die Menschen über lange Zeiten nach einem furchtbaren Krieg, der sie zu großen Teilen selbst hart getroffen hat, in ihrer vertrauten Umgebung und haben die Hoffnung, dass es nun nur noch besser werden kann. Nun wird von ihnen verlangt, dass sie in ihren Häusern oder Wohnungen dort, wo es einer höheren weisungsberechtigten Instanz richtig erscheint, fremde Menschen aufzunehmen, die ihr trauriges Schicksal herein geschoben hat. Die meisten ähnlich verschmutzt und arm, wie wir es in Arle auch gewesen sind. Dass diese Zwangszuweisungen bei den Einheimischen keine Begeisterungsstürme auslösen können, wäre nichts anderes als normal.

Die Vertriebenen hatten keinen sehnlicheren Wunsch, als in ihre Heimat zurückzukehren, aber sie fingen an zu ahnen, dass nach dem Erreichen dieser Zielorte eine Rückkehr in immer unerreichbarere Fernen zu rücken schien.

Dieses Aufeinandertreffen so grundverschiedener Haltungen musste zwangsläufig zu Spannungen und nicht immer problemlosem Umgang führen. Es hat mancherorts zu mehr oder minder gezeigter Ablehnung und Verweigerung der Aufnahme geführt, sodass schriftliche amtliche Zwangseinweisungen erforderlich geworden sind. Dass dies die Beziehungen der betroffenen Menschen nicht geraden positiv befördert hat, war nahe liegend.

Die fünf Personen unserer Zuweisungsgruppe – meine Mutter mit mir, die Schwester meiner Mutter mit Mann und Kind – wurden dem Hof Freesemann in Arle-Dreesche zugewiesen. Der Mann, der bei dieser Aktion das Sagen hatte, wies uns einem Mitarbeiter seines Amtes zu und gab uns zu verstehen – und das sagte er auf Hochdeutsch zu uns, da wir ja „Ausländer“ waren, – dass uns unser Weg am *Gehölz* vorbei führen würde. Ich nehme an, dass er seinen Auftrag in Plattdeutsch erteilt hat und da dann „bi' d Holt“ gesagt hat. Das war für unsere schlesischen Ohren ein auffälliger Begriff – so auffällig, dass ich das ja noch heute erinnere. Wenn man im mittelgebirgigen Schlesien von Wäldern sprach, stellte man sich weite Teile oft bis an die Sichtgrenze reichender zusammenhängender Baumbestände vor. Die gänzlich anders geartete Landschaft der ungeheuren Weite setzte ihre ersten Signale.

Das wenige Gepäck auf einer zweirädrigen Karre nahmen wir mit unserer Begleitperson unseren Weg zu diesem Hof. Die Tochter der Besitzer, Beate Freesemann, nahm uns äußerst freundlich auf und ließ uns – nach meiner kindlichen Erinnerung – nicht merken, dass wir ganz sicherlich nicht gerade freundlich zu erwartende Quartiergäste waren. Dabei ist einiges ganz bestimmt der Einsichtsfähigkeit meiner Mutter zu verdanken, die sich wohl vorstellen konnte, was solch ein Eindringen fremder Menschen aus einer völlig fremden Weltgegend zu bedeuten hatte. Es war natürlich zunächst zu bemerken, dass sich die anderen Familienmitglieder der Hofbesitzer eigentlich situationsgerecht distanzierter verhalten haben. Aber schon nach ein, zwei Tagen ist uns die gesamte Familie Freesemann nur noch mit Herzlichkeit begegnet.

Wir wurden in der „guten Stube“, dem Familienwohnzimmer im Erdgeschoss des Wohnhauses, untergebracht. Da die bevorstehende Einweisungsmaßnahme den Einwohnern von Arle vorher bekannt gegeben worden ist, war dieses Zimmer für zu erwartende Menschen vorbereitet worden. Für ein Wohnzimmer unüblich, waren an den Wänden drei komplette Betten aufgestellt worden, der Ofen war eingeheizt. Hier ist mir zum ersten Mal der Geruch eines Torffeuers in die Nase gekommen, ein Geruch, den ich später bei vielen Gelegenheiten wahrnehmen konnte, der aber immer die Erinnerung an diesen ersten Eindruck in der „guten Stube“ bei Freesemanns wachgerufen hat.

Beate Freesemann hatte zwei große Töpfe mit Wasser heiß gemacht und es wurde uns angeboten, dass wir uns im Karnhuus, so gut es damals eben ging, waschen konnten. Meine Mutter hat mir noch Jahre später von dieser ersten Waschung nach einer langen Zeit, in der das Wasser nur zum Trinken und Kochen da war, als von einer außerordentlichen Wohltat berichtet. Für Kinder mag das wohl nicht so wichtig gewesen sein, denn an ein solches Hochgefühl kann ich mich nicht erinnern. Nach ungefähr vierzehn Tagen in diese für uns eingerichteten sauberen Betten zu kriechen und einmal nicht in allen Kleidern auf am Boden liegendem Stroh schlafen zu müssen, ist für mich noch heute eine nachhaltige Erinnerung.

Wir Kinder belegten mit unseren Müttern die zwei Betten und der Onkel Richard schlief in dem dritten.

Da der Winter 1946 nicht nur in Ostfriesland sehr kalt war und mit Brennstoff sparsam umgegangen werden musste, ging das Torffeuer nachts aus und wurde am nächsten Morgen erst wieder in Gang gebracht.

Während dann die Erwachsenen wegen der morgens nötigen Verrichtungen aus den Betten in die ungemütliche Kälte mussten, habe ich es – ähnlich wie auch wohl mein Vetter Eberhard im Nebenbett – genossen, mit dem Wärmerwerden im Zimmer das zögerliche Wegtauen der Eisblumen an den Fenstern zu erwarten. Meine Hoffnungen, dass sie das schaffen würden, wurden aber nicht erfüllt, denn bei dieser einfachen Verglasung, wie das damals selbstverständlich war, und bei dem strengen Frost dieser Tage, blieben sie uns als bizarre Dekoration die ganze Zeit erhalten. Wir Kinder konnten dann durch Hauchen und Handauflegen einzelne Gucklöcher frei bekommen.

Von ganz besonderem Eindruck war nach dieser ersten Nacht in Arle der gegenseitige Blick in unsere Gesichter. Die Nasenlöcher und die Oberlippe waren bei jedem von uns schwarz verrußt. Wie konnte das passieren? Die Erklärung war bald gefunden. Wegen der Stromersparnis war Ende Januar 1946 in diesem Teil Ostfrieslands abends mitunter der Strom abgeschaltet. Um uns abends auch ein wenig Licht in unserem Zimmer zu ermöglichen, hatten uns die Freesemanns zwei gefüllte Petroleumlampen hingestellt. Wir haben uns darüber sehr gefreut und die Lampen nach dem Dunkelwerden auch benutzt. Die Qualität des damaligen Petroleums war so überwältigend, dass schon die kurze Zeit ausreichte, um unsere Gesichter in dieser interessanten Art zu schminken. Wenn diese sicherlich nicht sehr lang Brenndauer schon ausreichte, um diese Spuren während des Schlafens unter unseren Nasen zu erzeugen, darf man gar nicht darüber nachdenken, was an bedenklichen Rückständen in unsere Lungen gelangt sein mag. Ich kann mich nicht erinnern, wie es weiterging, aber ich gehe davon aus, dass die Erwachsenen an den Abenden mit Stromabschaltung sehr viel sparsamer mit dem Petroleumlicht umgegangen sein werden.

Besonders bestaunt haben wir die auf dem Hof Freesemann übliche Praxis, Teile der Wäsche zu trocknen. Eines Morgens waren ganze Strecken der Hecke des Vordergartens mit nassen Kleidungsstücken belegt. Die Stücke waren triefend nass ausgelegt worden und natürlich wegen des strengen Frostes der vergangenen Nacht steif gefroren. Das hatte zunächst den Vorteil, dass die Teile vom Wind nicht weggeweht werden konnten, und es passierte das, was man sich zunächst gar nicht vorstellen kann: Die Wäsche trocknete trotz des für uns nassen und kalten Wetters, – es dauerte nur etwas länger, vielleicht gar fünf Tage. Wegen der an der Küste saubereren Luft brauchte man eine neuerliche Verschmutzung nicht zu befürchten. Nach dieser Zeit wurden die nur noch klammen Teile jetzt wegen des geringeren Wasseranteils von der Hecke „abgepflückt" und im Haus vor dem Herd aufgehängt und getrocknet. Diese Geschichte habe ich später meinen Schülern am Gymnasium im Klimatologieunterricht als Beleg dafür erzählt, dass Luft auch bei Minusgraden bestrebt ist, sich bis zu ihrem Optimum abzusättigen, also Feuchtigkeit aufnimmt und damit – nicht verwunderlich – die Wäsche „trocknet".

Hier sei anerkennend immerhin festgestellt, dass die Ostfriesen den Schlesiern in der Erkenntnis bestimmter naturwissenschaftlicher Zusammenhänge voraus waren. Was wir bestaunt haben, war für sie eine Selbstverständlichkeit.

Die Toilettenanlagen auf einem Bauernhof der damaligen Zeit befanden sich gleichermaßen für alle Bewohner – ob Besitzer oder Angestellte – am rückwärtigen Ende des Hauses hinter Scheune und Stall. Sie waren so ausgeführt, wie man sich eben ein PC (in Ostfriesland spaßig für „Plumpsklo") auf einem Bauernhof der damaligen Zeit vorzustellen hat: Verschlag, Sitzbank, Loch drin, fertig. Bei Freesemann sahen wir aber etwas Neues. Da die jüngeren Zwillingsschwestern von Beate als kleinere Kinder nicht alleine auf die Toilette gehen wollten, hat ihr Vater kurz entschlossen ein Häuschen mit zwei Löchern gebaut – ein Zwillingsklo –, und schon hat die Sache geklappt.

Da meine Mutter 1947 Zwillinge geboren hat – worauf ich bei der Vorstellung unserer Jahre in Unterfranken noch eingehen werde –, hat sie sich im dafür anstehenden Alter der beiden Kinder wieder an diese Zwillingskonstruktion erinnert. Meine kleinen Brüder waren – wie die Freesemann-Mädchen – von ihren Windeln nicht zu einem anderen Verfahren zu bewegen. Als meine Mutter in den damals noch üblichen Windelgebirgen unterzugehen drohte, sagte sie verzweifelt vor sich hin: „Ach hätten wir doch jetzt ein Freesemann-Klo!"

Da das Aufnahmevermögen in Privatunterkünften durch die ständig heranrollenden Vertriebenenzüge bald ausgeschöpft war, wurde die Mehrzahl der späteren Ankömmlinge in frei gewordenen Wehrmachtsbaracken untergebracht, die bis zum Kriegsende von regulärem Militär und später von den Resten der Hollandarmee belegt waren, die sich in dem Raum nördlich des Ems-Jade-Kanals zu sammeln hatten. (s.S. 55)

Nach 1951 habe ich im damals immer noch von Vertriebenen bewohnten Barackenlager Norden-Tidofeld Freunde gefunden, sodass ich fünf Jahre nach der Vertreibung die dortigen Wohnverhältnisse kennen lernen konnte. Ich werde darüber noch zu erzählen haben. Fast könnte man diese Quartiere als auf den festen Grund gestellte Güterwagen unserer Vertreibungszüge bezeichnen.

In Arle auf den Bauerhöfen begann eigentlich für uns Kinder eine herrliche Zeit. Wir besuchten uns gegenseitig auf den anderen Höfen und fanden dabei schnell Kontakt zu den gleichaltrigen einheimischen Kindern. Obwohl wir uns mit ganz anderen „Sprachen“ begegneten – hier Platt, dort stark schlesisches geprägtes Hochdeutsch, denn wir kamen ja aus der *Stadt* und „Pauersch“ (Bäuerisch), so nannten unsere Eltern das reine Schlesisch, konnten wir nicht, – fanden wir schnell Spaß an allen möglichen Unternehmungen. Wir trieben uns in den Scheunen und Ställen der Höfe herum, krochen in die abgestellten Maschinen, wo überhaupt noch ein Loch zu finden war, „fuhren“ mit großer Phantasie auf den abgestellten Lanz-Bulldogs, versuchten auf den Kälbern zu reiten, kletterten mit Hilfe der Heubodenleiter auf die Pferde zu gelangen, was meisten mit einem glatten Durchrutschen auf die andere Seite beendet war.

Natürlich war mir das Herumtollen auf einem Bauernhof meiner schlesischen Verwandtschaft noch lebhaft in Erinnerung, denn die letzten Besuche lagen ja gerade erst ein Jahr zurück. Aber mit jedem Älterwerden steigt die Abenteuerquote an. Die Arler Unternehmungen waren wieder eine Stufe „besser“.

All das fand unter Anleitung unserer neuen Arler Freunde statt, denn die waren als ostfriesische Hofkinder mit den Gegebenheiten auf solchen Höfen ihrer Heimat noch geübter. Und wie das wohl bei Kindern oft ist, sind die dabei auch möglichen Beschädigungen

– etwa ein Sturz vom Heuboden, ein Tritt von einem Pferd – ausgeblieben. Da wir ja die Neuen waren, haben wir uns gerne in dieser anderen Welt anleiten lassen. Auch ein gemeinsames Einbrechen ins Eis eines Grabens – hier ja nun „Schlot" genannt – hatte keine Folgen: bis zum Bauch im Wasser und dann bei Frost nach Hause und keiner war krank. Natürlich waren unsere kriegerischen Spiele nicht mehr angesagt. Es lag in Arle keine herrenlose Munition herum, und obwohl mein Vetter Udo – unser damaliger Unteroffizier – mit dabei war, hatten wir nun keine Gelüste auf militärische Ränge. Das unbeschwerte Herumtreiben durch die Höfe und das Arler Gehölz war spannend genug.

Besonders gefallen hat mir, dass ich mich völlig frei von Rücksichtnahmen auf meinen schlesischen Sonntagsstaat austoben konnte. Wenn die eine Kluft von uns Vertriebenenkindern nach ein paar Tagen dreckig war, mussten wir einen Tag im Bett bleiben, bis alles wieder gewaschen und am Ofen getrocknet war.

45 Jahre später wurde ich ganz überraschend wieder an diese Zeit erinnert. Eines Tages stand Cornelia Kruse, ein Mädchen der Unterstufe des Ulrichsgymnasiums an der Lehrerzimmertür und wollte mich sprechen. Als ich nun zu ihr kam, sagte sie ungefähr Folgendes zu mir: „Herr Strybny, ich soll Sie von meiner Großtante Beate Freesemann grüßen. Sie war damals, als Sie in Arle als Flüchtlinge angekommen sind, noch auf dem Hof ihrer Eltern. Die haben sich immer sehr amüsiert, wenn Sie im Stall zwischen den Kälbern herumgekrochen sind." Cornelia hatte dann später bei mir Deutsch als Leistungsfach belegt, ist jetzt – 2013 – Referendarin an der Conerus-Schule in Norden, und sie ist mir auch kurz im Vorstand des Norder Heimatvereins begegnet. Manche Erinnerungsstränge werden auf solch eine Art über lange Jahre aufrecht erhalten.

Unsere Arler Spielkameraden beneideten uns Vertriebenenkinder, weil sie an den Vormittagen zur Schule mussten und wir noch frei hatten. Aber die Mühlen einer deutschen Behörde mahlen zwar langsam, aber gerecht! Nach nicht allzu langer Zeit waren wir – von welcher Behörde auch immer – erfasst und unseren Eltern, meist ja Mütter, wurde mitgeteilt, dass auch wir die Schule zu besuchen hätten. Unsere Eltern hatten mit uns mit dem letzten Schulzeugnis an einem angegebenen Tag in der Arler Schule zu erscheinen, damit die Einschulung vorgenommen werden konnte.

Da ich an meine Grundschulzeit in Glatz keine schlechten Erinnerungen hatte, bin ich mit guter Erwartung mit meiner Mutter dort hingegangen, da ich ja davon ausgehen konnte, meine Spielkameraden von draußen hier wieder zu treffen. Aber hier konnte man den wieder auferstandenen korrekten Gang einer deutschen Schulbehörde erfahren. Ich musste auf Grund meines Zeugnisses in eine andere Klasse! Da ich in Glatz Ostern 1943 als knapp Sechsjähriger eingeschult worden bin und ab Oktober 1944 keinen Unterricht mehr hatte, hat man mir mein Halbjahreszeugnis der 2. Klasse – natürlich noch ohne Versetzungsvermerk – nicht anerkannt. Einen derartigen Vermerk hatte ich auf meinem Osterzeugnis für die Versetzung *in* die zweite Klasse. Da in Arle aber im März 1946 das Schuljahr bald zu Ende sein würde und diese Schule wohl nur dreiklassig aufgeteilt war, hat der Rektor mich in die unterste Klasse eingewiesen. So musste ich denn als schon recht groß gewordener knapp Neunjähriger – und in diesem Alter sind drei Jahre Altersunterschied ungeheuer viel – mit den Kleinen etwa Sechs-bis Achtjährigen auf der Wiese vor der Schule Gänseblümchen pflücken. Man muss immerhin bedenken, dass ich in diesen drei Jahren des Älterseins einige Welten von diesen Kindern entfernte teils ähnliche, teils aber auch schreckliche kindliche Lebenserfahrung hinter mir hatte. Und obwohl die Atmosphäre in dieser ersten Klasse völlig friedlich und harmonisch und die Lehrerin eine ganz Liebe war, hat meine bis dahin erlebte erste erlebte Begeisterung einen gewaltigen Dämpfer erfahren. Meine Freizeitkumpel, die mich ja in der höheren Klasse erwartet hatten, versuchten, nachdem sie den Grund erfahren hatten, mich zu trösten nach dem Motto: Mach dir nichts draus! Aber zur Schule bin ich während dieser Zeit zu meinen kleinen Klassenkameraden nicht mehr gerne gegangen. Die totale Unterforderung hat natürlich gähnende Langeweile erzeugt, denn Blümchenzählen mit den Erstklässlern auf dem nebenan liegenden Arler Friedhof war sicherlich nicht das Richtige für einen Neunjährigen.

Diese sehr eigenartige Schulzeit hatte zum Glück schon bald ein Ende. Mein Vater war in den letzten Kriegstagen während seines Einsatzes in Griechenland und im damaligen Jugoslawien in amerikanische Kriegsgefangenschaft geraten, und dort auch bald entlassen worden. Im Gefangenenlager hatten ihm Kameraden abgeraten, als Heimatadresse Glatz in Schlesien anzugeben, denn aus bekannt gewordenen Fällen wusste man, dass die dann in diesen östlichen Heimatorten unter sowjetischem Einfluss ankommenden Männer in ihren abgetakelten Uniformen in sowjetische Gefangenenlager gesteckt wurden und sich ziemlich schnell in sibirischen Lagern jenseits des Ural wieder fanden – meistens für lange Jahre. Also gab er Mittelsinn in Unterfranken, seinen letzten militärischen Standort vor dem Fronteinsatz, als seine Heimatadresse an.

Von dort hat er dann ab Sommer 1945 über den Suchdienst des Roten Kreuzes versucht, den Verbleib seiner Frau und seines Kindes zu ermitteln. Da wir ja noch bis Januar 1946 in Glatz waren, ergab sich nach der Einschätzung des Suchdienstes in dieser chaotisch wirkenden Situation noch keine besondere Veranlassung für eine Suche. Ohne jedoch die von außen betrachteten verschlungenen bis geheimnisvollen Wege der Informationsstränge näher zu durchdenken, erhielt mein Vater ungefähr Mitte Februar 1946 in Unterfranken die Information, dass eine Frau Maria Strybny mit ihrem Sohn Joachim mit einem Vertriebenentransport in „Arloübnoden“ angekommen und auf einem Bauernhof einquartiert worden ist. Da sage doch keiner etwas über die polnischen Vertreibungsdienststellen. Sie haben also mit fast „preußischer" Akribie ihre Listen geführt, was meiner Familie zur baldigen Zusammenführung verholfen hat.

Gar nicht allzu lange Überlegung und die Suche in einem fränkischen Schulatlas haben meinem Vater deutlich gemacht, dass dies nur „Arle über Norden" in Ostfriesland sein könne.

Er hat sich dann auf den ungefähr 600 Kilometer langen Weg gemacht, um zu seiner Familie zu kommen. Nach seinen Erzählungen ist er bei dem nur in kurzen Strecken entwickelten kümmerlichen Bahnverkehr, als Anhalter auf LKW oder manchmal auch für kurze Strecken auf Bauernwagen oder zu Fuß über die Grenzen der Besatzungszonen Anfang April in Arle angekommen.

Er hat meine Mutter und mich dann auf eine ähnlich abenteuerliche Rückreise nach Unterfranken mitgenommen, mit der Absicht, sich dort um den Aufbau einer neuen Existenz zu bemühen.

7. Die fränkische Episode 1. Teil

Die Bahnfahrt von Ostfriesland nach Unterfranken fand über die größeren Strecken (z.B.: bis Oldenburg, bis Bremen, bis Hannover...) in den damals üblichen, mit Holzbänken ausgestatteten Personenwagen statt. An Stellen, an denen durch die Zerstörungen des Krieges Brücken oder Gleisstrecken beschädigt waren, mussten manche Kilometer zu Fuß zurückgelegt werden. Das Gleiche galt auch, als wir auf einer Nebenstrecke irgendwo im Hessischen die Grenze zwischen der britischen und der amerikanische Besatzungszone überqueren mussten.

Dabei war der Ablauf doch kurios. Die Reisenden mussten den Zug auf der letzten Station der britische Seite verlassen, wurden registriert (diesmal nicht entlaust!), mussten zum Bahnhof im nächsten Dorf auf der amerikanische Seite laufen, um dort die Bahnfahrt wieder fortzusetzen. Beim Einsteigen in den bereitstehenden Zug, stellten wir fest, dass es derselbe Zug war, den wir vorher verlassen hatten. Er hatte eben nur leer die wenigen intakten Kilometer zurückgelegt. Ob eine derartige Grenzpassage für deutsche Reisende in den Statuten einer der beiden Zonen so festgeschrieben war oder ob sich das ein kleiner Regionalkommandant hat einfallen lassen, bleibt im Dunkeln. Mein Vater hat das beim Weg in die Gegenrichtung kurze Zeit vorher nicht erfahren können, da er diese Grenze auf einem Holzgas-LKW überquert hatte.

Die wenigen Habseligkeiten, die es an das neue Ziel mitzunehmen galt, mussten bei diesen Fußreisen wieder einmal getragen werden. Währen dieser mühselig langen Strecke musste unterwegs mehrmals übernachtet werden. Das fand immer in ungepflegten, kalten Wartesälen statt.

Nach einigen Tagen erreichten wir Burgsinn im Sinntal zwischen Spessart und Rhön gelegen. So wenige Wochen nach dem Verlassen Schlesiens fand meine Mutter verständlicherweise recht viel Gefallen an dieser sehr angenehmen Mittelgebirgslandschaft. Sie fühlte sich der Heimat näher und sie war ihr tatsächlich ja auch räumlich näher gekommen. Sie mag wohl auch zunächst in der Illusion gelebt haben, dass dieser Weg in größere Heimatnähe auch gar baldigere Rückkehr bedeuten könnte. Aber sie hatte sich bald in ihrer realistischen Art klar gemacht, dass daraus wohl in absehbarer Zeit nichts werden könne.

Mein Vater hatte am Ortsrand im Fellener Weg für seine kleine Familie eine Mansarde aufgetan. Besonders hoch war der Raum nicht, denn ich erinnere mich, dass mein Vater mit seiner Größe von 1,71 m nicht aufrecht darin stehen konnte. Für die Nacht gab es für meine Eltern ein Bett, für mich ein Sofa, gekocht wurde im Vorflur, einem Absatz des Treppenhauses, auf einer einzelnen Elektroplatte. Der nächste Wasserkran für den Gartenschlauch befand sich vor der Haustür. Die angenehme Besonderheit war, dass die Familie nach mehreren Monaten des Gruppenlebens wieder ein winziges Domizil des Alleinseins hatte.

Während mein Vater sich bemühte, für ein Einkommen für seine Familie zu sorgen, war es nun Sache meiner Mutter, sich mit den Gegebenheiten dieser *Wohnung* einzurichten und eine irgendwie mögliche Ernährung anzuschieben. Eine finanzielle Notlage bestand zunächst erstaunlicher-, aber doch erklärlicherweise noch nicht.

Meine Mutter hatte mich ja noch vor unserem Aufbruch in Glatz zu einem wandelnden „Geldschrank“ umfunktioniert. In meinem Spezialleibchen ist das Geld, das sie darin verwahrt hatte, von dessen Höhe ich aber keine Ahnung hatte, über die Vertreibung nach Ostfriesland und von dort nach Unterfranken gelangt. In unserer Arler Zeit war ich zwar „leibchenfrei“, aber für unseren Weg nach Burgsinn wurde ich wieder „eingekleidet“.

Das Problem bestand darin, überhaupt etwas Essbares zu bekommen. Nach der Anmeldung bei der Gemeinde bekamen wir zwar unsere Lebensmittelkarten, aber in den Geschäften waren in diesem Dorf die Regale ziemlich leer. Kontakte zu den Einheimischen hatten wir in dieser ersten Zeit keine, um da mal etwas zu erreichen. Wir waren zu dieser Zeit die einzigen Vertriebenen in diesem abgelegenen Dorf, also eine ziemlich ungewöhnliche, ja beinahe exotische Spezies. Erst einige Wochen später wurden auch hier im Sinntal Vertriebene aus dem Südosten Böhmens, das nun zur Tschechslowakei gehörte, eingewiesen.

In diesem Zusammenhang sei hier ein kleiner Exkurs erlaubt. Meine Mutter fand unter diesen Böhmen bald eine gute Freundin, die ihr später noch eine große Hilfe werden sollte. Für mich als Kind hatte diese Else Fiedler eine interessante Ausdrucksweise. Sie sprach leicht schwingend mit einem ungewohnten Klang der Vokale, wobei man meinen konnte, dass in der Sprache ein Stück Musik mitschwingen würde: das war echter Wiener Klang. Ich habe ihr gerne zugehört. Bei diesen Vertriebenen aus dieser Region ist die historisch-kulturelle Mischung der Bevölkerung Mitteleuropas in dieser Nachkriegszeit über die Phonetik ihrer Sprache erstaunlich gut hörbar. Else Fiedler stammte aus Znaim, einer Stadt, die in den letzten Jahrhunderten zu Österreich gehört hatte, aus dem nun aber durch das gleiche Ignorieren des Potsdamer Abkommens die dort ansässige Bevölkerung ebenfalls nach Westdeutschland – nicht nach Österreich(!) – vertrieben worden ist.

Diese Else Fiedler war genau so arm dran wie wir, nur fehlten ihr zusätzlich auch noch die finanziellen Mittel, wie sie uns mein „Leibchen“ bescherte.

Nur was nützten uns diese finanziellen Möglichkeiten, einen „schwarzen Markt“, auf dem damals für Geld fast alles zu bekommen war, gab es hier nicht, vielleicht in einer der nächsten Städte, wie Gemünden, Lohr oder gar erst in Würzburg.

Es war also bei uns in diesen ersten Monaten in Franken eine wirtschaftlich paradoxe Situation entstanden: Trotz reichlich vorhandenen Geldes – die noch gültige Reichsmark war gutes, akzeptiertes Zahlungsmittel – herrschte trotzdem materielle Not. Ich hatte immer noch nur eine Cordhose und ein Paar hohe Schuhe, von denen ich noch weiß, dass sie mich mit dem unweigerlichen Größerwerden der Füße schon sehr gedrückt haben, und ich empfand es als große Erleichterung, dass ich so wie alle anderen Kinder im Dorf ungefähr ab April barfuß herum laufen konnte. Ich erinnere mich auch, dass es für uns Burgsinner – damals noch – Volksschulkinder bis 1947 normal und selbstverständlich war, ab der gleichen Zeit des Jahres barfuß in die Schule zu gehen. Wenn ich an die Schulbesuche meiner eigenen wohl gekleideten Kinder selbst vor über dreißig Jahren denke, ist das eine frappierende Erinnerung!

Brot und Kartoffeln waren damals nach den Abschnitten der Lebensmittelkarten in begrenzten Mengen zu bekommen. Das ist bei allen anderen Menschen damals überall so gewesen. Nur an Fett, um die Kartoffeln braten zu können, war in den Geschäften nicht heranzukommen. So hat meine Mutter schließlich einmal Bratkartoffeln mit Malzkaffee (damals Muckefuck) gebraten! Wie sie geschmeckt haben, weiß ich nicht mehr, aber wie sie ausgesehen haben, daran kann ich mich noch erinnern: Dunkelbraun kurios!

Als Folge unserer Anmeldung bei der Gemeinde war für mich – ähnlich wie in Arle der Schulbesuch der nächste logische Schritt. In Burgsinn ist die Bevölkerung – und das auch heute noch – in recht gleichmäßigen Teilen katholisch oder evangelisch. Die Schulen waren konfessionell getrennt, und jede Gruppe hatte damals mehrere kleinere, meist einräumige Schulstandorte. Ich wurde also nach meiner Konfession eingeschult. und schon war ich wieder ein Sonderfall. Mein Gastspiel in Arle hatte mir keinen schulisch dokumentierbaren Fortschritt gebracht. Also: bald neun Jahre alt, Zeugnis erstes Halbjahr Klasse 2! „Das haben wir ja noch nie gehabt!“ (Logisch!) Gott sei Dank, bin ich auf einen klugen Rektor gestoßen. Er hat mich altersmäßig *nur* ein Jahr zurückgesetzt, vorausgesetzt ich würde im laufenden Schuljahr die vorhandenen Lücken schließen. Und das waren im Wesentlichen Fertigkeiten im Schreiben und Rechnen. Dank des intensiven Bemühens meiner Eltern habe ich das wohl nach den Anforderungen der Lehrer geschafft. Ansonsten hätte ich noch ein weiteres Jahr zurückgehen müssen. Nur an meiner Handschrift kann der Kundige heute noch erkennen, dass ich wohl keinen so ganz fachgerechten Schreibkurs durchlaufen habe.

Ich habe mich also täglich brav auf den Weg gemacht, was mir damals zunächst nichts auszumachen schien. Im Hinnehmen von immer wieder neuen, oft sehr belastenden Lebensumständen waren wir Vertriebenenkinder hinlänglich geübt.

Während ich in Arle, wohl wegen des noch geringen Zeitabstandes, unbelastet über die Monate gekommen bin, müssen in Burgsinn prägende Spuren eigentlich der letzten zwei Jahre an meiner seelischen Oberfläche angekommen sein. Ob es die judenverachtenden Kinderreime, die Jagd der Tiefflieger auf uns Schulkinder, die Angst einflößenden Sirenen bei Fliegeralarm, der furchtbare Zug der KZ-Häftlinge, ob es die Plünderungen und die nächtlichen Schreie vergewaltigter Frauen in unserer Stadt, die Ausweisung aus der heilen Welt unserer familiären Wohnung mit darin lebenden Fremden – die insbesondere unsere wunderschöne Weihnachtsbaumspieluhr nutzten, (wobei die Wertigkeit eines Kindes besonders interessant ist.) –, oder ob es die Erlebnisse im Güterwagen während der Vertreibung waren, wie das Weinen einer älteren Frau, die den unvorstellbaren Abschied von ihrem verstorbenen Mann nicht fassen konnte, alles hat wohl Signale ausgesandt und doch bleibende Prägungen hinterlassen.

Auch der ständige Orts- und damit auch Schulwechsel haben das Ihre dazu getan, stets war man der Fremde, der Neue, der immer etwas aufzuholen hatte, was für mich, der ich durchaus ein ganz mobiles Kerlchen war, besonders im Sportunterricht zunächst sehr bedrückend war.

Meine damaligen Sportlehrer haben die Jungen meist Fußball spielen lassen, was mir schon mit meinen Arler Kumpels viel Spaß gemacht hat, aber die starken Anführer des Klassenrudels durften nach ihrer Einschätzung die Mannschaften wählen, und nur, wer das schon einmal erlebt hat, weiß, was es heißt, als Neuer immer der Letzte zu sein – insbesondere für ein *immer wieder* fremdes Kind – und erst dann ausgewählt wurde, wenn man sich über längere Zeit „bewährt" hatte und akzeptiert wurde. Besonders förderlich für die Anerkennung waren dabei auch einigermaßen geeignete „Fußballschuhe". Was die großen Cracks da an den Füßen hatten, waren nach den damaligen Maßstäben der Nachkriegszeit schon beachtliche Gebilde. Sie waren fest und sahen Fußballschuhen schon ziemlich ähnlich. Und nun stand ich neues „Würstchen" da herum und hatte nur das an den Füßen, was meine Mutter mir hat kaufen können, ein Paar ballettähnliche Schuhe: dünne Gummisohle, oben schwarzes Tuch, Gummiband als Querriegel. Allein bei diesem Anblick waren schon einige Bemerkungen fällig.

Auch meine „Schultasche" hat bei einigen Mitschülern, die ja massive Tornister ihrer Eltern oder älteren Geschwister vorweisen konnten, Heiterkeit erzeugt: ein blauer Aktendeckel, an den Seiten zugeklebt, oben mit einem durchgezogenen Ripsband zu verschließen.

Zunächst ist mir gar nicht bewusst gewesen – ich war auch viel zu klein –, dass all diese Erlebnisse in so kurzer Zeit meine Seele

„beschrieben“ haben. Ich habe es erleben und hinnehmen müssen, dazwischen haben sich auch unbeschwerte Phasen abgespielt, wie die tollen Erlebnisse mit den Kindern von Arle. Und auch, wie noch zu erzählen sein wird, die Spielfreuden mit den Gleichaltrigen in Burgsinn haben mich sehr ausgefüllt.

Dass ich psychisch nicht unbeschadet durch diese Jahre gegangen bin, konnte man an manchen sehr verängstigten Reaktionen im Alltag ablesen. Ich habe mich zum Beispiel nicht getraut, von unserem Zimmer durch das sehr friedliche Dorf zur Post zu gehen, um dort einen Brief meines Vaters in den Briefkasten zu werfen. In solchen Situationen konnte ich nie erklären, warum das so ist, aber das Gefühl war da, obwohl es keine ersichtlichen Grund dafür gab: ich hatte damals eben Angst. Erst sehr langsam, wie ich aus heutiger Sicht sagen kann, verloren sich diese Angstzustände.

Aber ich glaube, ganz bestimmte Prägungen, die nichts mehr mit Angst zu tun haben, sind geblieben. Die späteren Jahre, zwar ganz allmählich, aber doch nicht zu übersehen, brachten eine Einbindung in die nun sich als normal darstellenden Umstände mit sich. Ich bin also in kein tiefes Loch gefallen und dort geblieben. Diese sehr wichtigen einflussreichen Jahre haben mir aber später auf einer mehr intuitiven Ebene bewusst gemacht, dass ich viele kurzlebige, auch gerade unerfreuliche Erlebnisse schnell als recht bedeutungslos, oberflächlich und „nicht so wichtig“ zuordnen und auch wegstecken konnte. Nachfolgende Entwicklungen haben mir in der Mehrzahl der Fälle Recht gegeben. Und auch wenn es manchmal doch nachhaltig heftiger kam, war das Problem schneller geortet und innerlich möglichst aufgefangen. Meine Lebensumstände dieser Zeit haben mir einen Schutzpanzer gezimmert, den ich heute als besonders positiv empfinde. Nur muss ich sagen, dass dann, wenn es heftiger kam – im Guten, wie im Schlechten –, die Freude oder die Verletzung sehr nachhaltig gewesen ist, manches kann ich dann nie mehr vergessen.

An dieser Stelle frage ich mich, gehört so etwas überhaupt in solch eine Darstellung der jungen Lebensjahre eines Vertriebenenkindes. Nach sorgfältiger Abwägung sage ich mir: Ja! Mir ist daran gelegen, die Abweichungen und deren Auswirkungen vor dem Hintergrund eines zunächst für einen jungen Menschen zu erwartenden Ablaufs darzustellen. Über die psychischen Auswirkungen und ihre zum Teil schlimmen Folgen für die Soldaten der Bundeswehr im Afghanistan-Einsatz ist schon vieles geschrieben worden, größtmögliche Hilfe ist da geboten. Die Erlebnisse der Soldaten aller beteiligten Nationen der beiden furchtbaren Weltkriege sind in sachlichen oder literarischen Dokumentationen dargestellt worden, nach der seelischen Disposition der von diesen Kriegen betroffenen Frauen und Männer ist wenig gefragt worden. Welche Auswirkungen die Vertreibungen auf die Seelenlage der vielen davon betroffenen Kinder und Jugendlichen gehabt haben, ist nach meiner Kenntnis, – wenn dann nur in ganz spezieller Fachliteratur fern von diesen Betroffenen – kaum bedacht und abgehandelt worden. Meine Erfahrungen sind nur ein kleiner Baustein, sie können nur als ein Hinweis darauf dienen, wie es mir ergangen ist und welche Folgen das hatte. Vielen ist es schlimmer ergangen! Die Tagesordnung der – natürlich damals auch noch lange harten – erwachsenen Welt ging bald in den normalen Tritt über. Die Kinder konnten keine Akteure sein, sie mussten einfach mitlaufen. Wie hätte es damals anders gehen können? Diese Notzeit war noch nicht in der Lage, das „Jahrhundert des Kindes" ausrufen zu können.

Da es auch meine Absicht ist, immer wieder reflektierend innezuhalten, wenn sich aus den unterschiedlichsten Regionen und auch Gründen soziale, politische oder auch psychologische Strömungen in den Fortgang der gerade stattfindenden Zeit einzuspielen, möchte ich eine zum Teil für die agierenden und betroffenen Personen unbegreifliche Schulepisode einfügen. Man hat das Gefühl, dass auch für die Zeit nach dem Zweiten Weltkrieg dunkle psychische Signale eines Menschen auftauchen, von denen man meint, sie seien längst vergangen. Dabei ist es erst sechs Jahrzehnte her.

In meiner Volksschulklasse in Burgsinn bemerkte der Lehrer, dessen Alter mir nicht mehr über das Bild seiner Person vor Augen steht, gleich nach Unterrichtsbeginn am Morgen einen sehr auffälligen Uringeruch im Klassenzimmer. Einer der Jungen, über dessen soziale Herkunft mir nichts bekannt war – ich war auch zu wenig lange in dieser Klasse – , hatte sein „Geschäft" vor dem Unterricht in die Griffelrinnen einiger hinterer Bänke erledigt. Da Mädchen noch nicht im Raum waren, wollte er vor den anderen schon anwesenden Jungen sicher ein „Held" sein. Wir, die wir das mitbekommen hatten, sahen der zwingend kommenden Reaktion des Lehrers mit mulmigem Gefühl entgegen. Dass er reagieren musste, war klar. Aber wie er reagierte, ist für mich auch heute noch erschütternd. Er kam herein, roch es, fragte: „Wer war das?", und es kam – natürlich – zunächst keine Reaktion. Dabei blieb es zunächst auch. Da es doch ein unglaubliches Ereignis war, musste jetzt was passieren. Und da setzte etwas ein, was auf das Alter von etwa neunjährigen Kindern bezogen nicht zu fassen ist. „ Alle Jungen der hinteren drei Reihen nach vorne kommen!" So trabte das Häuflein der Angesprochenen, zu denen ich auch gehörte, nach vorne. „Hände vorstrecken!" Nun schlug dieser Lehrer mit voller Wucht jedem mit einem elastischen Stock, den er aus seinem Pult hervorgeholt hatte, über die acht vorderen Fingerkuppen beider Hände. Ich kann mich an den wahnsinnigen Schmerz und die dann über mehrere Tage heißen Schwellungen erinnern. Wir kleinen Kerle weinten alle. Das Weinen seiner Klassenkameraden hat dann den Verursacher bewegt, sich zu melden. Natürlich sind meinen Eltern die Schwellungen an den Händen aufgefallen. Meine Mutter ist dann auch in der Schule gewesen. Was dabei Genaues herausgekommen ist, weiß ich nicht. Es wäre denkbar, dass auch die anderen Eltern etwas unternommen haben, denn unsere Klasse bekam bald darauf bei einem anderen Lehrer Unterricht.

An diesem Ereignis scheint noch einmal die uralte erniedrigende Praktik des Züchtigens an – nicht nur – deutschen Schulen auf. Sonderbare, ja abartige Unterwerfungspraktiken werden da überliefert. In dem Roman von Heinrich Mann „Der Untertan" wird die Schulerfahrung des kleinen Diederich Heßling in den 80-er Jahren des 19. Jahrhunderts geschildert: „Bei Tisch berichtet er: ‚Heute hat der Lehrer Behneke wieder drei durchgehauen.' Und wenn er gefragt ward, wen: ‚Einer war ich!'" Weiter heißt es dort: „Am Geburtstag des Ordinarius bekränzte man Katheder und Tafel. Diederich umwand sogar den Rohrstock." – Welch ähnliche Situation wird von einer Schülerin der Grundschule Berumerfehn aus den 50er Jahren des 20. Jahrhunderts von Helmut Fischer im Ostfriesischen Kurier vom 1. März 2014 berichtet. Am Lehrergeburtstag stand da an der Wandtafel: „Heute darf der Stock nicht schlagen, heut muss er Rosen tragen."

Einen seelischen Schaden habe ich durch diese Züchtigung nicht davon getragen, die furchtbare Erniedrigung in diesem Augenblick macht mich noch heute betroffen, alleine wenn ich daran denke. Widersinnigerweise war ich auf einmal mit meinen fränkischen Klassenkameraden im Kummer gleich, ich war *integriert.* Viel bedeutender ist für mich heute die Frage: „Was geht in solch einem Menschen um?" Ein Mensch, der Volksschullehrer – heute Grundschullehrer – geworden ist, also von dem Umgang mit kleinen dem Leben gegenüber unfertigen Wesen in seinem Berufsbild vorausschauend wissen musste, bedient sich dieser archaisch sadistischen Praktik der körperlichen Züchtigung. Ich nehme an, er hat *nur* den körperlichen Schmerz als pädagogisches Mittel gesehen. Aber die Demütigung der kleinen Seelen war das viel Schlimmere. Aus der Zeitsituation heraus hätte er auch auf die Idee kommen müssen, dass er Kinder vor sich haben kann, die bereits Furchtbares erlebt haben. Welchen Werdegang dieser Mann durch den vergangenen Krieg gehabt hat, ist mir unbekannt geblieben. Kriegselend muss ihm nicht verborgen geblieben sein.

Erst jetzt habe ich mich – neugierig geworden – mit der Rechtslage über die Prügelstrafe in der Bundesrepublik nach 1949 beschäftigt. Man kann es kaum glauben: 1973 wurde in den ersten Bundesländer damit begonnen, sie in den Schulen zu verbieten. Im Freistaat Bayern heißt es noch 1979 in einem Spruch des Obersten Bayerischen Landesgerichts, „...besteht im Gebiet des Freistaates Bayern ein gewohnheitsrechtliches Züchtigungsrecht insoweit, als der Lehrer an Volksschulen die von ihm unterrichteten Kinder körperlich züchtigen darf." Das „Tatzen" – Schläge auf die Finger mit einem Lineal (!), einem Rohrstock oder einer Weidenrute wurde wie alle anderen Praktiken dieser Art erst 1983 (!) in Bayern verboten. Vor diesem Hintergrund war dieser sadistische Lehrer nach gültigem Landesrecht sogar auf der sicheren Seite! Aus heutiger Sicht und einer jahrzehntelangen Berufserfahrung als Lehrer sind das unbegreifliche Ereignisse.

Schauen wir uns noch einmal einen Schritt in der Zeit nach vorne gehend außerhalb der Existenzbemühungen meines Vaters im unmittelbaren privaten Umfeld um. Nachdem sich 1946 unsere Kleinstfamilie in unserer Kleinstwohnung einigermaßen eingenistet hatte, war es besonders das Bedürfnis meines Vaters, sich nach dem Verbleib seiner Verwandten und Freunde umzutun. Mit ähnlicher Hartnäckigkeit wie beim Aufspüren seiner Familie hatte er auch in Süddeutschland einige wieder gefunden. Im Sommer 1946 war auch in der amerikanischen Besatzungszone ein bescheidener

Personenzugverkehr mit ellenlangen Fahrzeiten wieder in Gang gekommen.

Das mitgebrachte „Leibchen"-Geld war ja da, und wahrscheinlich noch eingebunden in die Erinnerungen an vergangene Wohlstandszeiten, meinte er, es könne erst einmal gereist werden.

Die ersten Ziele waren Nürnberg und München. Ich kann mich nur noch an kolossale Ruinenlandschaften erinnern. Die Straßen waren zu Trampelpfaden durch die Schuttkegel geworden. Der Sommer 1946 war heiß und trocken. Mitunter waren diese Wege auch gefährlich, denn es kam auch dann noch vor, dass irgendeine Wand, an der in der Höhe der oberen Stockwerke noch an den erkennbaren Raumwänden Bilder, zerlumpte Vorhänge oder gar Öfen hingen, oder ein hoher Schornstein plötzlich einstürzte. Beißende Mörtelwolken legten sich dann über alles. Orientierung war ungeheuer schwer.

Um von München nach Kulmbach zu kommen, mussten wir eine Nacht in einem barackenähnlichen Wartesaal in Nürnberg übernachten. Es ist eigenartig, was sich im Gedächtnis eines Kindes einprägt. An einem Getränkeausschank war vorne an der Thekenkante eine lange Schiene wie ein Geländer angebracht. An dieser Schiene waren an langen Ketten Trinkbecher, die aus alten Konservendosen hergestellt waren, mit ihren Henkeln befestigt. Man bekam also das so genannte Heißgetränk in diesem Becher an der langen Kette, konnte es trinken und danach den Becher – da es gar nicht anders ging – wieder abgeben. Verschwinden und damit stehlen dieses *kostbaren* Gefäßes war unmöglich. Der Betreiber muss ziemlich schlechte Erfahrungen gemacht haben.

Russische Uniformen mit Blusen- und Pluderhosen ähnlichem Schnitt – man denke daran, wie wir die rasante Zigarettenproduktion bewundert haben –, polnische Uniformen, an denen mir besonders die rechteckigen Dienstmützen in Erinnerung geblieben sind, und britische Besatzungssoldaten mit Helmen, die wie flache Waschschüsseln ausgesehen haben, hatte ich nun nach den Soldaten der deutschen Wehrmacht als in ihrer Freizeit tanzende oder vor den Russen fliehende Mitglieder der Heeresnachrichtenschule, als Panzerfahrer in schwarzen Uniformen bis hin zu den SS-Schergen in meiner heimatliche Straße schon gesehen. Aber uniformierte Amerikaner fehlten mir in meiner kriegs-kindlichen Uniformsammlung noch.

In Burgsinn waren in diesem Sommer 1946 keine amerikanischen Besatzer zu sehen, aber in München und Nürnberg waren sie mit ihren olivgrünen Jeeps oder LKW mit fast kugelförmigen Helmen im Straßenbild sehr auffällig. Das erste Mal in meinem kleinen, schon so ereignisreichen Leben habe ich staunend ausgewachsene Menschen mit dunkler Hautfarbe gesehen. Mir waren ja bisher nur der kleine Mohr in der Glatzer Apotheke und meine eigene Mohrenpuppe begegnet. Sobald diese Soldaten Kinder am Straßenrand stehen sahen, warfen sie denen längliche Päckchen offenbar mit Süßigkeiten zu. Ich stürzte mich natürlich mit den anderen Nürnberger Kindern auf diese verlockenden Geschenke. Sehr zum Leidwesen meiner Mutter. Sie zischte nur: „Wir sind hier nur Besucher! Was da wohl drin ist?“ Aber da war es schon geschehen. Aufmachen und essen war eins. Schmeckte etwas seltsam! Die Freude der Soldaten war riesig. Aber ziemlich umgehend hatten wir begriffen, dass diese sonderbaren Dinger nicht zum Essen, sondern zum Kauen da waren. Das war meine erste Begegnung mit der amerikanischen Kultur!

In den Nürnberger Straßen fielen mir vor der Tristesse grau wirkender Ruinen – und auch Menschen – natürlich neben den amerikanischen Soldaten andere, nicht deutsch sprechende Menschen auf. Sie fuhren in übermäßig großen chromblitzenden Autos daher, die wirkten, als ob sie schwebten. Die durch die Bombenangriffe zerfurchten Straßen schienen ihnen nichts auszumachen. Wenn die

Insassen dann aus ihren eindrucksvollen Fahrzeugen entstiegen, wirkten sie wie gepflegte Zivilisten von einem anderen Stern. Der größere Teil von ihnen trug, für die heiße Jahreszeit außergewöhnlich, dunkle Anzüge. Besonderen Eindruck hinterließen aber bei mir andere, bei denen groß karierten breiten Jacken und meistens rote Lederschuhe mit dicken weißen Sohlen auffielen, die mich damals mit meinen neun Jahren besonders beeindruckten. Einige von ihnen fuhren in Autos, die kein Dach hatten. Mein Vater klärte mich auf, dass das ein „Cabriolet" sei (Er sprach es französisch aus.). Also für mich ein weiteres Signal amerikanischer Kultur. Als Signal Nummer 2!

Die Anwesenheit der dunkel gekleideten Herren findet wohl darin ihre Erklärung, dass in dieser Zeit die Nürnberger Kriegsverbrecherprozesse durchgeführt worden sind. Die leitenden Positionen waren, wie bei einem Militärgericht üblich, von uniformierten Juristen der Siegermächte besetzt. Aber sicherlich werden zum einen zivile juristische Fachleute im begleitenden Tross dabei gewesen sein, zum anderen werden sich bei dem höchsten Interesse an diesem Ereignis zahlreiche Journalisten weltweit bekannter Agenturen in Nürnberg eingefunden haben.

Die „groß karierten" Menschen blieben für mich längere Zeit ungeklärt. Wahrscheinlich waren es Soldaten höherer Ränge, die sich in ihrer dienstfreien Zeit so anzuziehen pflegten. Einige Zeit später haben wir Kinder nach der Schule in Burgsinn, einem ja kleinen Dorf in Unterfranken, ein solches Fahrzeug mit solchen Insassen bestaunen können. Das waren entweder Touristen, denn ihnen war so etwas wie suchende Neugier anzumerken. Oder vielleicht waren es Menschen, die vor nicht allzu langer Zeit noch in Deutschland gelebt hatten. Für den heißen Sommer 1946 im zerstörten Nürnberg ist das nicht unmöglich, aber weniger wahrscheinlich. Einige Zeit später wurde mir bewusst, dass die groß karierten Jacken und die roten Lederschuhe mit den weißen Krepp-Sohlen für mich als heranwachsenden Jungen die weiteren Signale Nummer 3 und Nummer 4 der amerikanischen Kultur waren. Ich kann es jetzt ja gestehen: Ich habe bei meinen Eltern nicht eher Ruhe gegeben, bis sie mir in dieser Zeit eines kurzen äußerst trügerischen Wohlstandes in Würzburg ein Paar solcher Schuhe gekauft haben. Welcher Kontrast: Bratkartoffeln auf Muckefuck-Basis und diese Schuhe! Ich wurde jedenfalls im Dorf von meinen gleichaltrigen – und sogar auch älteren – Kumpeln gebührend bewundert.

Mein Vater hatte als Junge Geigenunterricht, weil meine Oma, mit der ich wunderschöne Kinderspielstunden verbracht hatte und die sich so manches von mir kleinem Knirps hat gefallen lassen müssen, der Meinung war, dass zu einer richtigen Menschwerdung das Erlernen eines Instruments dazu gehöre. Was diese Einschätzung angeht, war mein Vater der gleichen Meinung. Nur über das Instrument dachte er anders. Es müsse eigentlich ein Klavier sein, aber mangels eines Angebotes in dieser Zeit und fehlenden Stellplatzes in unserer Wohnung genannten, niedrigen Dachkammer hatte er eine Zwischenlösung gefunden: Eine über Land reisende Musiklehrerin aus einem Nachbardorf kam in der einen Woche nach Burgsinn, um mir Akkordeonunterricht zu erteilen, in der anderen Woche musste ich mit dem Fahrrad zu ihr kommen, um dort dann Klavierunterricht zu erhalten. Ihr Übungsraum war von außen zugänglich, ihre Schüler hatten einen Schlüssel und konnten dann dort nach einem Zeitplan üben. Mein Vater kaufte in Würzburg ein neues Akkordeon, was damals sicherlich ein Vermögen gekostet hat, meine Mutter besorgte in ihrer lebenspraktischeren Art bei unserer Vermieterin ein altes Fahrrad. An dem Umgang mit diesen materiellen Gütern wird da schon ersichtlich, welche unterschiedlichen Einschätzungen meine Eltern in dieser Zeit für die Bewältigung unserer sozialen Anforderungen hatten.

Dass mein Vater zusätzlich einen so großen Wert darauf legte, dass sein Sohn ein – wie er meinte, vernünftiges – Instrument erlernen sollte, war wohl auf seine Erfahrungen in der amerikanischen Kriegsgefangenschaft zurückzuführen. Er konnte beobachten, dass sich all die Gefangenen, die „vernünftige“ Instrumente spielen konnten und ein gewisses Gespür für Swing mitbrachten, ziemlich umgehend im Club des jeweiligen Standortes zu einer Band zusammenfanden. Das brachte ein besseres Quartier, freie gute Verpflegung und als Bezahlung Zigaretten, eine damals unschätzbare Währung.

Das bekannteste Beispiel in einer solchen Situation war der am 23.September 2013 im Alter von 85 Jahren verstorbenen Jazz-Pianist und Band-Leader, der „Mann am Klavier“, Paul Kuhn.

Mein Vater konnte *nur* Geige spielen und hatte keinen Swing im Blut. Also blieb er, was er war. *Prisoner of War.* Das sollte seinem damals noch einzigen Sohn, sollte er überhaupt noch einmal in eine ähnliche Situation geraten, möglichst erspart bleiben.

In jugendlichen Jahren trägt man seinen Eltern so manches nach, weil ein rebellierendes/pubertierendes – manchmal auch Not leidendes – Kind oft gar nicht anders kann, als seinen Eltern Schuld zuzuweisen. Aber das Älter- und Reiferwerden lässt manches in anderem Licht erscheinen. Auch wenn ich ganz lange während so mancher familiärer Notzeiten nicht einsehen wollte, dass die damalige Anschaffung eines so teuren Instruments nötig gewesen sein sollte, war, wie sich später herausstellen sollte, diese Einschätzung meines Vaters für mich in ähnlicher Situation richtig. Das Musizierenkönnen war mir über lange Jahre eine existentielle Hilfe, ja Basis.

Es ist meine eigene Erfahrung und auch eine später sich bestätigende berufliche Erkenntnis, dass Kinder ungeheuer schnell vorbehaltlos zueinander finden, wenn sie nur nicht mit den sozialen Einschätzungen und Vorbehalten der Erwachsenen oder mit bereits angelegten Systemzwängen befrachtet werden. Die soziale Integration ist umso schneller zu finden, je kleiner die Wohnregion ist. Ein überschaubares Dorf scheint, nach meinen Erfahrungen, hierfür am besten geeignet zu sein.

War ich schon in Burgsinn durch meine inzwischen recht komplizierte Schullaufbahn reichlich vorbelastet, so habe ich ähnlich wie vorher in Ostfriesland zu den fränkischen Kindern – Dorfkindern – schnell unbeschwerten Kontakt gefunden.

Neun- oder zehnjährige Jungen wollen sich bewegen, sich austoben. Da einer von uns von seinem großen Bruder, der noch in Gefangenschaft war, eines Tages einen richtigen Fußball mitbrachte, war klar, was von da an angesagt war: bolzen, bolzen, bolzen. Auf dem Schulhof, nach der Schule bis zum Dunkelwerden. Natürlich musste ich mich bemühen, nicht durch all zu große Nachlässigkeit in der Schule die mir angekündigte weitere Rückstufung einzufangen. Wahrscheinlich durch das von meiner Mutter ererbte pragmatische Naturell ist mir das in Burgsinn geglückt. Aber der Gang meiner „Schulkarriere“ wird zeigen, dass meine Konditionen an anderen Orten nicht so günstig waren. Nun war also möglichst unbeschwertes Kinderleben angesagt. Meine erworbenen Ängste konnte ich offenbar durch diese Einbindung schnell gut abbauen oder ausgleichen.

Als nächste „Sportart“ im sehr strengen Winter 1946/47 entdeckten wir, da wegen des hohen Schnees das Bolzen nicht mehr möglich war, das *Skispringen*. Der Feller Weg begleitete oben am Hang die Aura, einen Nebenfluss der Sinn. Von den Häusern auf der Hang abwärts liegenden Straßenseite fielen die Grundstücke recht steil und in ziemlicher Länge zum Fluss hinunter ab. Diese Fläche war in langen Reihen bis nach unten nur mit Apfelbäumen bestellt.

Mein bester damaliger Freund, Herbert Ulrich, hatte auf dem Schuppenboden ein Paar Uraltskier, noch recht breit mit Riemchenbindung, entdeckt. Die Stöcke waren nicht mehr zu finden.

Die tolle Idee war bald geboren: der Hang war steil genug, Schnee war reichlich gefallen, also bauten wir uns eine Sprungschanze. Bei allen Bemühungen haben wir mit einer langsam ansteigenden Anlaufbahn an der Vorderkante nicht mehr als einen guten Meter Absprunghöhe geschafft. Das schien uns schon ziemlich anspruchsvoll, denn man muss bedenken, dass wir mit neun Jahren kaum größer als 1,50 Meter waren.

So haben dann sechs Nachbarsjungen mit einem Paar alter Skier Wintersport zwischen den Apfelbaumreihen betrieben. Die Mannschaft stand oben und einer war dran. Der wagte dann die Abfahrt und versuchte beim Überfahren der Kante so weit zu springen, wie ihm das möglich war. Das war sicherlich nicht weit, denn die edle Kunst, wie ein Adler die Arme auszubreiten, war uns und wahrscheinlich auch der übrigen Welt noch unbekannt. Wer unten angekommen war, musste dann die Skier für den nächsten nach oben bringen. Ich glaube die meiste Zeit haben wir damit verbracht, die Schanze immer wieder herzurichten. Der eigentliche Höhepunkt, der „Flug“, muss für einen Außenstehenden eher wie das Herunterfallen eines Kartoffelsackes ausgesehen haben. Die geringe Höhe des „Schanzentisches“ hat uns immerhin vor jeglichen Verletzungen bewahrt.

Da mir daran gelegen ist, die besondere Situation eines Vertriebenenkindes und seine Integration in einer fremden/neuen Umgebung aufzuzeigen, kann ich für die erste Zeit in Unterfranken sagen, dass bald eine erfreuliche Einbindung zu bemerken war, was sich auch dadurch bestätigte, dass ich ziemlich umgehend vom sicherlich schlesischen Grundklang, angereichert durch plattdeutsche Elemente mitgebracht aus Arle bald phonetisch klangecht Fränkisch gesprochen habe. Das wurde mir einige Male durch überraschte Reaktionen erwachsener Einheimischer bestätigt: „Ach so, du bist gar nicht von hier!“

Wie sehr alle Eltern – oft noch die Mütter allein – in dieser unmittelbaren Nachkriegszeit mit eigenen Sorgen und Nöten beschäftigt waren und damit oft das Tun ihrer Kinder nicht im Blick behalten konnten, mag die folgende kleine Geschichte deutlich machen.

Eine kirchliche Jugendgruppe plante in den Herbstferien 1947 eine Wanderfahrt auf Waldwegen bis zum Main bei Lohr über Rotenfels durch den Spessart nach Mespelbrunn und von dort wieder zurück nach Burgsinn. Für diese Strecke waren ungefähr zehn Tage vorgesehen, was für uns kleinen Knirpse durchaus machbar schien. Die acht Jungen waren zwischen zehn bis zwölf Jahre alt. Der Gruppenleiter hatte das hohe Alter von 16 Jahren! Damit wir unsere Rucksäcke und Dreieckzeltplanen aus Beständen der ehemaligen Wehrmacht nicht schleppen mussten, hatte unser Leiter einen einfachen Leiterwagen besorgt, auf dem wir dann unser Gepäck unterbringen konnten. Immer vier Mann waren dann mit dem Ziehen und Schieben im Wechsel dran. Der Leiter war ausgenommen, er trug die Verantwortung!

Für uns begann ein tolles Abenteuer, auch wenn es schon beim Abmarsch wie aus Eimern regnete. Bloß keine Schwachheiten zeigen vor den zurückbleibenden Müttern oder Vätern! Einige Male haben wir auch in unseren militärischen Dreieckzelten geschlafen. Meistens aber erbettelte unser Anführer die Erlaubnis, in den im Spessart üblichen Laubscheunen zu übernachten. Die meisten- – nicht alle – Bauern erlaubten uns das, wahrscheinliche aus Mitleid, denn wir müssen nach ganz kurzer Zeit schon sehr erbarmungswürdig ausgesehen haben. Besonders das Schlafen im feuchten und bröseligen Laub, das sehr weich und gemütlich war, war für unser Erscheinungsbild sehr abträglich.

Einen besonderen Akzent bekam diese Unternehmung, als schon am zweiten Tag einer unserer Kumpels krank wurde und zum Laufen zu schwach war. Wir hielten Rat und aus Angst, von unseren Eltern zurückgeholt zu werden, beschlossen wir, das jetzt schon so tolle Unternehmen nicht abzubrechen. Wir dachten: „Das geht schon bald vorüber!". Unser Patient, der im Gesicht schon recht rot aussah und sich sehr warm anfühlte, wurde auf den Leiterwagen gelegt, und die Reise ging weiter: am Main entlang, durch die herbstlichen Wälder des Spessart, von Scheune zu Scheune. Sauberer sind wir dabei nicht geworden. An Handy-Anrufe oder Gespräche über öffentliche Telefonzellen – ausgenommen den Notfall und wir hatten ja keinen – war nicht zu denken, und so kamen wir alle einigermaßen wohlbehalten nach der vorgesehenen Zeit am letzten Tag wieder an unserer Aufbruchstelle gegen Abend in unserem Dorf an. Stolz und zufrieden über dieses Abenteuer. Gesund waren wir alle – wieder! Auch unser Patient hatte das gewagte Unternehmen auf seinem *Liegewagen* gut überstanden und konnte am letzten Tag sogar wieder zu Fuß nach Hause gehen.

Wie ich schon weiter oben erwähnt habe, brachte meine Mutter 1947 Zwillinge zur Welt, meine Brüder Christian und Winfried. Die Wahrnehmungen meiner Mutter und die mangelnden medizinisch-technischen Möglichkeiten eines fränkischen Dorfes in dieser Zeit haben – so ihre Aussagen in späteren Jahren – eine Zwillingsgeburt gar nicht erkennen lassen. Als sich die Geburt anzubahnen begann, bemühte sich mein Vater, die Hebamme zu erreichen, aber die war zu dieser Zeit offensichtlich unerreichbar. Der Arzt hatte seine Praxis im Nachbardorf und war auf Patientenbesuch. Ich wurde weggeschickt. Meine Eltern waren schließlich auf sich selbst gestellt. Nur eine ältere völlig aufgelöste Mitbewohnerin des Hauses, selbst Mutter von drei Kindern, konnte mit geringen Handreichungen helfen. Da mein Vater 1937 bei meiner eigenen Geburt dabei war, was für diese Zeit schon als Sensation anzusehen war, hatte er wohl gewisse Erinnerungen. Es blieb ihm also nichts anderes übrig, als diese Zwillingsgeburt alleine zu bewerkstelligen. Wie der Ausgang bewiesen hat, mit Erfolg, denn Mutter und Kinder haben das freudige Ereignis unbeschadet überlebt. Noch Jahrzehnte später hat er an jedem Geburtstag meiner Brüder mit großem Stolz davon berichtet, wie ihm dies gelungen sei. Mit einem Kind musste er ja nun rechnen, aber als er bemerkte, dass es zwei werden würden, erzählte er jedes Mal an dieser Stelle seiner Heldengeschichte: „Ich denk', ich seh' nicht recht, da kommt ja noch einer!" Man muss schon eingestehen, dass es eine großartige Leistung gewesen ist.

Das nicht vorhandene Angebot an Baby-Artikeln und das schon sehr geschrumpfte *Leibchen*-Geld führten dazu, dass meine Mutter im Vorfeld der zu erwartenden Geburt gerade *eine* Ausstattung für *ein* Kind zusammen bekommen hatte.

Wie ein Lauffeuer verbreitete sich die Kunde, dass die kleine Flüchtlingsfrau Zwillinge bekommen und kaum etwas für ein Kind zur Verfügung hatte. Nun setzte eine unvorstellbare Welle der Hilfsbereitschaft ein. Man mag es kaum glauben, aber meine Mutter hätte nach wenigen Stunden nicht nur zwei Säuglinge versorgen können. Selbst ein Zwillings(!)-Kinderwagen stand vor der Tür.

An solchen Stellen wird mir beim späteren Nachsinnen über diese Zeit immer wieder bewusst, dass stets dann, wenn sich Menschen ohne Vorgaben, Zwänge oder Vorbehalte begegnen, das aufeinander Zukommen am unkompliziertesten abläuft. Erst wenn Rollenzwänge die Menschen befrachten, muss von geringen bis zu unüberbrückbaren Differenzen ausgegangen werden. Am besten funktionieren diese Mechanismen – wie schon erwähnt – bei Kindern in kleinsten bis kleinen Systemen untereinander, am schlechtesten gelingt es in großen, dann stets von Gruppierungen auch noch ideologisch bestimmten Sozialisationen. Hierbei bleiben selbstverständlich die charakterlichen Dispositionen ausgeklammert.

Zeiten großer gesellschaftlicher Umbrüche, eben wie in Deutschland nach 1945, lieferten umfassende Möglichkeiten solcher grundlegender Erfahrungen.

Nachdem ich nun mit entsprechendem Staunen und auch mit Skepsis meine Brüder zur Kenntnis genommen hatte, war es bald meine Aufgabe, mit besagter Zwillingskutsche durch das Dorf zu fahren, um meine Mutter beim Walten in unserem Winzlingszimmer zu entlasten. Begeistert war ich davon schon bald nicht mehr. Hat mich das doch sehr nachhaltig von den Aktivitäten mit meinen Freunden fern gehalten. Um die Langeweile bei diesen Ausfahrten möglichst gering zu halten, kam ich auf die Idee, auf den hügeligen Straßen des Ortes Kinderwagenrennfahrten zu starten, je schneller, umso interessanter. Ab und an kam es dann vor, dass ich mit dem Gefährt im Graben landete. ich hatte immer Glück. Jedes Mal nach einer Landung erscholl prompt ein zweistimmiges Geschrei aus dem Wageninneren. Der Wagen wurde herausgezogen, die Kinder wieder ordentlich zurechtgelegt, und die Abfahrt konnte erneut beginnen. Durch die spätere Entwicklung meiner Geschwister kann nicht davon ausgegangen werden, dass sie durch diese Abfahrten irgendwelchen Schaden an Leib und Seele genommen haben.

Das rückschauende Eintauchen in diese verschiedenen Lebensepisoden befördert mitunter Dinge aus den Tiefen der Erinnerung an die Oberfläche, bei denen man erstaunt ist, dass sie plötzlich wieder da sind. Es handelt sich hierbei um „Spielzeuge", die zum einen zeigen, mit welch erstaunlich bescheidenen Mitteln Kinder zu einem äußerst Phantasie anregenden Spiel kommen konnten und fast schon zu *künstlerische-kreativen* Fähigkeiten zu bewegen waren. Zum anderen will ich deutlich machen, welche aus der heutigen Sicht unvorstellbare moralische Grenzen der „Wohlanständigkeit" an der Tagesordnung waren. In dem einzigen Burgsinner Kramladen , der auch Papierwaren zum Verkauf anbot, waren so genannte „Anziehpuppen“ auf DIN A4-Kartons farbig gedruckt zum Preis von 5 Pfennig zu bekommen. Darauf war eine Person – sittsam in Unterwäsche bekleidet – zu sehen und daneben waren Kleidungsstücke zu einem besonderen Thema in passender Größe zur Figur und Körperhaltung aufgedruckt. Spiel war es nun, die Figuren und die Kleider auszuschneiden. An den Rändern der Kleider befanden sich – ebenfalls aufgedruckt – weiße mit auszuschneidende Laschen. Nach dem sorgfältigen Ausschneiden konnten dann die Figuren „angezogen“ werden Zwei oder drei Figuren konnten wir uns leisten, mehr war nicht drin. Also haben wir auf vorhandenem Papier für unsere Puppen neue Kleider *entworfen* und ausgeschnitten. Preisgekrönte Modeschöpfer der heutigen Zeit waren gar nichts dagegen. Das war nicht etwa nur bei Mädchen in Mode. Nur Jungen und Mädchen hatten natürlich ihre „Schwerpunkte“. Ein schönes Spiel an nassen Wintertagen.

So viel zu Kreativität und Kunst, nun zur Moral. Aus heutiger Sicht ist es unvorstellbar, dass – wie schon erwähnt – die Figuren *darunter* sittsam verhüllt zu sehen waren. Welch unglaubliche moralisierende pädagogische Rückständigkeit! Man könnte ja meinen, dass diese „erste Lage“ nur für bayrische Kinder so hergestellt worden war, aber meine Frau hat mir bestätigt, dass das im fernen weltoffenen Ostfriesland genauso gewesen ist. Ganz davon abgesehen, ist mir diese Sichtweise erst heute bewusst geworden. Wir haben damals daran nichts gefunden. Wir waren ganz sicher auch noch zu klein. Es hat uns sehr viel Spaß gemacht.

Durch die Erweiterung unserer Familie war mein Vater gezwungen, nach einer größeren Bleibe zu suchen. Er fand auch etwas, was immerhin als bescheidene Verbesserung angesehen werden konnte: im Obergeschoss mit normaler Stehhöhe ein Wohn- und Schlafraum (für fünf Personen) und eine kleine Küche. Ich hatte von Anfang an in dieser Wohnung meinen eigenen Schlafplatz auf der Sitzbank in der Küche.

Nach einem einwöchigen Probeunterricht besuchte ich ab Herbst 1948 das einklassige Aufbaugymnasium in Gemünden am Main. Das Schulhaus lag im alten Ortskern des kleinen Städtchens. Rundum waren fast alle Häuser durch Beschuss in den letzten Kriegstagen völlig zerstört.

Der Ort ist bis kurz vor Kriegsende – ähnlich wie Aurich und Jever – ohne Beschädigungen in seiner Bausubstanz erhalten geblieben. Die heranrückenden Truppen der Siegermächte haben von all diesen kleinen Städten verlangt, durch das Hissen von weißen Fahnen erkennen zu geben, dass von ihnen keinerlei kriegerische Aktionen zu befürchten sind, andernfalls drohe Beschuss. In Aurich und in Jever – wie auch sicherlich in anderen Städten Deutschlands – haben es beherzte Männer geschafft, ihrer Städte vor einem solchen Beschuss zu bewahren. Der damalige Ortskommandant von Gemünden hat in seiner völlig verrannten Uneinsichtigkeit diese Forderung abgelehnt. Das Zusammenschießen von zwei Dritteln der Altstadt war die Folge.

Zu sechst fuhren wir nun von Burgsinn mit dem Zug nach Gemünden. Meine Klasse hatte nach einem erhalten gebliebenen Klassenfoto 56 Schüler! Dass da der Unterricht mit ziemlich frontalem Regiment der Lehrer geführt werden musste, war klar, auch wenn zum einen die Kinder in der damaligen Zeit von vielen sozialen Beeinflussungen noch nicht so abgelenkt waren, und zum anderen die Schüler auch schon damals im Bundesland Bayern stärker in einer Art „Furcht des Herrn“ erzogen waren.

Der Unterricht hat bei mir keine bleibenden Eindrücke hinterlassen. Er wird halt normal gewesen sein. Es gab eine Ausnahme: Bei der ersten Fremdsprache hatten wir die Wahl zwischen Latein und Englisch. Mein Vater hat sich dann bei einer angenommenen

Verpflichtung zur klassischen Bildung seines Sohnes dafür entschieden, dass ich als Erstes Latein lernen sollte. Dieser Lateinunterricht war für mich in den späteren Schuljahren von nachhaltiger Wirkung. Die außerordentliche persönliche Lage des Lateinlehrers muss dabei zunächst bedacht werden, um zu verstehen, mit welcher persönlichen Motivation er uns unterrichtet hat. Er war als katholischer Priester in Bayern damals aus dem Amt ausgeschieden, um zu heiraten. Diese sehr ehrliche Konsequenz ist für die damalige Zeit – und dann auch noch im stark katholisch geprägten Unterfranken – zu bewundern. Die Kirche hatte keine anderweitige Einsatzmöglichkeit für ihn und er wurde vom Bundesland Bayern als Lateinlehrer auf Probe eingestellt. Verständlicherweise war er bemüht, seinen Oberen zu beweisen, dass die Schule nun wohl der richtige Platz für ihn sein könnte, um eine feste Anstellung zu erhalten. Er hat uns also stets ordentlich und gerecht, aber sehr konsequent die Anfangsgründe des Lateinischen beigebracht, immer genau nach den Richtlinien des bayrischen Kultusministeriums. Und die waren nicht von Pappe: Vokabeln und Grammatik pauken, schon recht bald Übersetzung lateinischer Texte und insbesondere die Übersetzung deutscher Texte ins Lateinische, was mir in meinen vielen späteren Lateinjahren in Niedersachsen nie mehr begegnet ist.

Dieses Aufbaugymnasium in Gemünden konnte damals aber nicht länger aufrechterhalten werden, so dass diese Schüler nach einer neuen schulischen Bleibe suchen mussten. Das Gymnasium in Lohr am Main lehnte die Aufnahme neuer Schüler ab. So mussten die Burgsinner Kinder auf eine andere, weiter entfernt liegende Schule wechseln – ich zum achten Mal. So fuhren wir mit dem Zug jetzt in die andere Richtung nach Bad Brückenau im nördlich benachbarten Bundesland Hessen. Fahrschüler auf recht kurzer Strecke waren wir ja schon zwei Jahre gewesen, aber nun kam die größere Entfernung bei der Anfahrt massiv zum Tragen. Mit den

Wegen zwischen zu Hause – Bahnhof, Bahnhof – Schule und zurück, dazu dann jeweils eine Stunde Bahnfahrt waren wir insgesamt drei Stunden unterwegs. Das ist aber selbst heute noch für manche Schüler in ländlichen Gegenden nichts Besonderes.

Durch die, wie sich nun herausstellte, für diese Situation gut gemeinte, aber nun falsche Entscheidung meines Vaters verlor ich wiederum ein weiteres Schuljahr. An der Brückenauer Schule wurde nur Englisch als erste Fremdsprache unterrichtet. Meine Burgsinner Klassenkameraden, die alle in Gemünden Englisch gewählt hatten, konnten in die 3.(7.) Klasse weitergehen. ich wurde in die 2.(6.) Klasse eingewiesen. Ein Schuljahr Englisch könne ich ja wohl leicht aufholen, zumal ich doch zwei Jahre älter und damit reifer wäre. Wie nett! Was mich am stärksten betroffen hat, war der Umstand, dass ich wiederum als einzelner in einem – wie ich meinte – „Kindergarten" gelandet war. Das eine Jahr über, das ich dann noch in Brückenau gewesen bin bis zu einem neuerlichen Schulwechsel, bedingt durch einen Wohnortwechsel meiner Eltern, habe ich in dieser Klasse keine weiteren Kontakte gefunden.

Mein Vater hat sich in diesen Jahren natürlich weiter bemüht, den Aufbau seiner Existenz zu sichern. Da die geschäftliche Situation in Schlesien äußerst gut war und auch während der Geschäftsführung meiner Mutter im Krieg noch sehr gut florierte, konnte in Burgsinn – wie schon erwähnt – bald reichlich Ware bezogen werden. Da seine einheimischen fränkischen Kollegen nicht so eindrucksvolle Vorkriegsumsätze gehabt haben, war auch seine Anfangssituation wesentliche besser. Ein Auto musste angeschafft werden, um in dieser Mittelgebirgsregion die Kunden besuchen zu können. Zu diesem Zeitpunkt war für das noch vorhandene Geld ein DKW-Kabrio zu erwerben. Auf so mancher Tour musste ich nun meinen Vater begleiten, damit nicht etwa schräge Gestalten während der Kundenbesuche die Plane aufschneiden würden, um an die damals begehrte Währung Zigaretten heranzukommen. Für einen Jungen meines damaligen Alters, der schon in seiner schulischen Situation nicht gerade mit besonderen Freuden ausgestattet war, bedeutete das doch, dass ich mit meinen ehemaligen Klassenkameraden am Nachmittag nicht mehr spielen konnte. Bei aller ersten versöhnlichen Freude über das Autofahren, waren es auf Dauer keine erfreulichen Unternehmungen, besonders weil die Wartezeiten während der Aufenthalte bei den Kunden sehr langweilig wurden.

Einziger Lichtblick: Um die langen Wartezeiten auszugleichen, ließ mein Vater mich, wohl auch mit etwas schlechtem Gewissen, schon mit zehn Jahren Auto fahren. Ich am Steuer, er neben mir, fuhren wir, nachdem er mir das Anfahren beigebracht hatte, über die doch ziemlich ruhigen Landstraßen im Spessart. Einmal wurde es doch recht brenzlig. Ein bayrischer Landgendarm kam uns mit dem Fahrrad entgegen. Mein Vater griff von unten an den Lenker, setzte mir seinen – viel zu großen – Hut auf und trat von der Seite auf meinem Fuß das Gas durch. Mit einem ziemlichen Schub zogen wir an dem Gesetzeshüter vorbei. Ihm war offensichtlich, da ich mit etwa 1,50 m auch schon recht groß war und einen Hut aufhatte, nichts aufgefallen. Glück gehabt! Trotzdem fielen weitere Übungsfahrten nicht aus.

Aber die geschäftlichen Bemühungen meines Vaters standen offensichtlich unter keinem guten Stern. Wenn man sein Lebensschicksal bedenkt, kann man aus der rückschauenden Sicht eines Erwachsenen durchaus Erklärungen finden. Als Kind und Jugendlicher habe ich das lange ganz anders gesehen.

8. Exkurs: Der Blick über ein Jahrhundert zurück – 1846/1946

Es ist immer wieder erstaunlich, wie einzelne Lebensschicksale mit ihren weit voraus liegenden Wurzeln viel später ihre Wirkung zeigen und wie sie selbst aus der Sicht des 21.Jahrhunderts zur Erklärung über mehr als hundert Jahre zurück angeschaut werden müssen.

Die im Folgenden eingebrachten familiengeschichtlichen Kenntnisse sind mir über Erzählungen meines Vaters und meiner Großmutter zugekommen.

Im Jahr 1846 wurde mein Großvater väterlicherseits Johannes Strzybny (!) geboren. Die Schreibweise verweist auf die schon weiter oben erwähnte Selbstverständlichkeit in diesem deutsch-polnischen Sprachraum hin und wurde von den Sprechern dieser Region nicht als Besonderheit empfunden. Sein Geburtsort ist in den Unterlagen der Familie nicht überliefert, es muss aber im Süden von Kattowitz im Bezirk Pleß / heute Pszczyna gewesen sein. Er diente als Soldat in der preußischen Armee und war als Secondeleutnant im Krieg 1870/71 Teilnehmer der Schlacht bei Sedan und an der Belagerung von Paris beteiligt. Nach diesem Krieg hat er sich in Miedzna (eventuell sein Geburtsort?) niedergelassen und die dortige Gast- und Umspannwirtschaft betrieben. Nach dem Tod seiner ersten Frau hat er für damalige Verhältnisse als alter Mann von sechsundfünfzig Jahren 1902 die dreiunddreißig Jahre alte Martha Trullay, meine Großmutter, geheiratet. Nach den Einschätzungen der damaligen Zeit wurde meine Oma als schon „ziemlich altes Mädchen" angesehen, sodass ihrer überwiegend von honorigen Juristen durchsetzten Familie nichts dringlicher erschien, als sie an einen möglichst gut situierten älteren Herrn zu verheiraten, was damit dann als gelungen angesehen werden konnte. Der Sohn aus erster Ehe, mein Onkel Paul, war zu diesem Zeitpunkt bereits 30 Jahre alt. In der zweiten Ehe hatte dann das Ehepaar Strzybny zwei Kinder, den Sohn Alfred, geboren 1904 und die Tochter Erna, geboren 1906.

Aus den Erzählungen meines Vaters über seine Kindheit wird deutlich, dass die Menschen in dieser Region das Nebeneinander unterschiedlicher – man kann nicht sagen Nationalitäten, eher – kulturell-sprachlicher Bezogenheiten nicht als etwas Besonderes empfunden hätten. Sie lebten friedfertig nachbarschaftlich nebeneinander, kannten sich, waren Freunde, heirateten auch untereinander, waren also verwandt miteinander. Auf Familienfeiern waren meistens drei Sprachen zu hören: Deutsch, Polnisch und Schlonsakisch, während der preußischen Zeit auch als *Wasserpolnisch* bezeichnet. Das Besondere dieser Sprache ist, dass sie – typisch für solch eine Grenzregion – aus dem Altpolnischen hervorgegangen einen beachtlichen Teil an deutschen und auch tschechischen Wörtern assimiliert hat.

Noch heute gibt es eine sich immer stärker artikulierende Minderheit polnischer Staatsbürger mit schlesischen – also deutschen – Vorfahren, die entweder über ihre nähere familiäre Bindung nach 1945 in Polen bleiben durften und sich zur Volksgruppe der Schlonsaken etabliert haben oder als Spätaussiedler in die Bundesrepublik ausgewandert sind. Zentrum dieser Bewegung ist in besonderem Maße die Woiwodschaft Oppeln. Für diese polnischen Schlesier deutscher Abstammung ist das Schlonsakische eine Heimatsprache, für deren offizielle Anerkennung sie sich einsetzen. Dies ist ein Teil ihrer Bemühungen, einen Minderheitenstatus im heutigen Polen zu erlangen. Die Vorfahren der bekannten Fußballspieler Miroslav Klose und Lukas Podolski gehören zu dieser Gruppe.

Mein Vater konnte so wie alle anderen um ihn herum alle drei Sprachen, und besonders bei familiären Zusammenkünften sprach man die Sprache, die von den Anwesenden rein zufällig am meisten gebraucht wurde. Dies konnte er, der für mich als Kind damals ein beeindruckendes erzählerisches Talent besaß, recht anschaulich schildern, da ja in der elterlichen Gastwirtschaft ständig Menschen aus allen erdenklichen Kreisen dieser ländlichen Region zusammentrafen.

Ähnlich gelagerte Eindrücke bekam ich, als ich Jahrzehnte später anlässlich einer Studienfahrt mit einer Gruppe erwachsener Schülerinnen und Schüler aus Norden von einer Fahrt nach Lidice und Theresienstadt wieder nach Prag zurückkehrte. In einem Dorf im Böhmischen Mittelgebirge animierte uns ein dörfliches Fest zu einer kurzen Reisepause. Beim Aussteigen hörten wir eindrucksvolle Blasmusik. Diese Musik entsprach durchaus nicht dem Geschmack unserer Schüler, aber sie war schwungvoll, und prompt kam von irgendeinem: „Mensch, da spielt ja Ernst Mosch mit den Original Egerländern!" Wie wir dann sahen, war der das natürlich nicht. Es waren die tschechischen Schüler der regionalen Musikschule. Dieses Erlebnis wirft ein Schlaglicht darauf, wie das sicherlich über Jahrhunderte gewachsene Kulturgut böhmischer Volksmusik durch das Auseinanderreißen der Dorfgemeinschaften auf verschiedenen Strängen eine eigene nun getrennte Entwicklung genommen hat. Besonders betroffen hat mich in diesem Mischgebiet vieler mitteleuropäischer Völker, somit Sprachgemeinschaften und Kulturen die für mich völlig unerwartete Begegnung mit unserem Familiennamen in seinen Brechungen in den verschiedenen slawischen Sprachen, wie ich das weiter oben erläutert habe. Nach den familiären Recherchen liegt der Bedeutungskern bei den Silberbergleuten aus Joachimsthal. Die wirtschaftliche Situation führte so einige von ihnen dann in das oberschlesische Industrierevier. An der Südabdachung des Erzgebirges (Name!) müssen sich viele von ihnen als qualifizierte Fachleute im dortigen Bergbau ihrer Heimatregion einen besonderen Namen gemacht haben. Auch in Lidice muss sich ein Zweig dieser Familien niedergelassen haben. Bei der Besichtigung der eindrucksvollen Gedenkstätte, in der an den Wänden die Namen aller nach dem Attentat auf Reinhard Heydrich, den stellvertretenden Reichsprotektor von Böhmen und Mähren und den maßgeblichen Organisator des Holocaust, ermordeten 172 Männer aufgeführt waren, hatte ein erheblicher Anteil der Männer diesen Namen in tschechischer Schreibweise: Stribrny.

Bei den familiären Dokumenten, die aus der Zeit der Vertreibung erhalten geblieben sind, und man bedenke dabei, die meine Mutter auch noch mitgenommen hatte, befindet sich eine Grußkarte aus Miedzna etwa aus dem Jahr 1910. Eines der vier Bildchen hat mich als Kind besonders interessiert, weil darauf meine Großeltern und mein Vater als kleiner Junge zu sehen sind. Und ich habe immer wieder von meiner vor dem Kriegsende ja bei uns lebenden Oma wissen wollen, was das für andere Leute in und vor einer dort stehenden Kutsche wohl sein könnten. Sie konnte dann sehr anschaulich erzählen, welche Überredungskünste der Opa aufbringen musste, um die Honoratioren des kleinen Dorfes zu bewegen, sich diese einmalige Gelegenheit der fotografischen Ablichtung nicht entgehen zu lassen. Schließlich waren Apotheker, Förster und Doktor mit Kutscher und Damen bereit, sich in würdevoller Art in der Kutsche und darum herum zu drapieren.

Mein Großvater hatte eine kuriose Sammelleidenschaft. Er sammelte ausgediente Dreh- und Karussellorgeln. Er reparierte sie auch und stellte sie im Saal seines Gasthauses auf und ließ sie auch nach Belieben für die doch zahlreichen Neugierigen spielen. Bei diesen Anlässen wurde natürlich auch die Geschichte von dem vom Kaiser berührten weißen Handschuh zum Besten gegeben.

Meine Großmutter hatte natürlich in dieser damaligen Welt nichts zu vermelden, aber nach ihren späteren Erzählungen behagte ihr, die ja meinte, feinerer Abkunft zu sein und daher auch als „höhere Tochter" Französisch, Nähen und Klavierspielen gelernt hatte, das überhaupt nicht.

1914 starb mein Großvater im Alter von achtundsechzig Jahren. Da er ja Kriegsveteran und Teilnehmer an der Schlacht bei Sedan war, wurde ihm ein feierliches Begräbnis mit militärischen Ehren ausgerichtet. Für meinen Vater, der nun mit zehn Jahren vaterlos mit seiner Mutter und seiner Schwester am Grab stand, ist nur noch das gewaltige Gedonner der bei einer Veteranenbeisetzung üblichen Salutschüsse im Gedächtnis geblieben, denn davon hat er später immer erzählt.

Meine Oma zog dann mit ihren beiden Kindern nach Kattowitz in die Nähe ihrer Verwandten. Von dem Erlös der Strzybny'schen Gast- und Umspannwirtschaft konnte sie bescheiden mit ihren Kindern leben. Mit ihren erlernten Nähkünsten gelang es ihr immerhin, nebenbei ein bescheidenes Zugeld zu verdienen. Die akademische Verwandtschaft war natürlich nicht in der Lage, die Schwester ein wenig zu unterstützen. Es war ihnen offensichtlich doch sehr lästig, der ursprünglich so günstig verheirateten Schwester nun auch noch helfen zu müssen. Wobei man ihnen natürlich vorhalten könnte, dass diese Verheiratung von wenig Weitblick begleitet gewesen ist, denn es war ja vorauszusehen, dass eine soviel jüngere Ehefrau ihren dreiundzwanzig Jahre älteren Ehemann um eine lange Zeit überleben würde. Und ein großes Vermögen würde der ehemalige Secondeleutnant und Gastwirt Johannes Strzybny sicherlich nicht hinterlassen. Sie gaben wohl lieber kluge Ratschläge. Wenn mein Vater ab und an seine Onkel und Tanten in Kattowitz oder Beuthen besuchte, wurden dem Friedel, wie sie ihn nannten, abgetragenen Kleider der eigenen Kinder mitgegeben, mit dem Hinweis: „Sind die nicht noch schön?" Weitere Bitten seiner Mutter, doch wieder mal Besuche zu machen, hat er als Vierzehnjähriger kategorisch abgelehnt, nachdem er einmal mit dem Hinweis auf etwas Essbares mitbekam, wie die – offensichtlich recht dumme – besuchte Tante zu ihrem Mann sagte: „Der Friedel frisst doch alles!“ Man kann sich kaum ausmalen, wie diese unvorstellbare Äußerung einen Jungen dieses Alters bis ins Mark getroffen haben muss.

Da meine Oma in großer Sorge um die Zukunft ihres Sohnes in einer schlechten Zeit war, inzwischen war der Erste Weltkrieg ausgebrochen, kam ihr der Gedanke, den Sohn Lehrer werden zulassen. So wurde er in den letzten Kriegsjahren Seminarist auf einer Präparandenanstalt, auf der er dann begann, viele nützliche Dinge für seinen späteren Beruf zu erlernen – unter anderem auch das Geigenspiel.

Der Erste Weltkrieg war zu Ende und es setzte in diesen Teilen Oberschlesiens auf einmal auch oder gerade bei der bis dahin davon wenig berührten Bevölkerung die Frage nach nationaler Identität ein. Von besonderem Interesse war für meinen Vater vor allem die Einstellung der katholischen Kirche zu der bevorstehenden Abstimmung, wozu nach dem Versailler Vertrag teilweise Gebietsabtretungen des für Polen wichtigen oberschlesischen Industriereviers gehören sollten. Die Bevölkerung sollte abstimmen. Da der überwiegende Teil der gesamten Bevölkerung Oberschlesiens katholisch war, wollte er wissen, welche Position vertritt die katholische Kirche gegenüber den Menschen, die fast alle katholisch sind, nur eben die einen standen ohne böse Hintergedanken nach den frühen kindlichen-jugendlichen Erfahrungen meines Vaters und den Erzählungen meiner Großmutter, der ehemaligen Gastwirtsfrau aus Miedzna, mehr dem deutschen, die anderen mehr dem polnischen Wesen näher. Welcher Rat wird für welche Entscheidung gegeben? Oder wird wegen Ratlosigkeit für Stimmenthaltung gepredigt? Die deutsch/polnisch gemischten verwandten, verschwägerten, befreundeten Gemeinden hatten natürlich nur eine Kirche und einen Pfarrer, der meistens aus der Gegend stammte und die da üblichen Sprachen konnte – wie alle anderen auch!

Da die Gottesdienste in diesen Gegenden in dieser Zeit immer an den Sonntagen sehr gut besucht waren, war es schon seit langem Brauch, dass zwei Gottesdienste abgehalten wurden, um all den Erfordernissen geistlichen Zuspruchs gerecht zu werden. Bei durchgängig lateinischer Liturgie hatten es sich die Pfarrer schon seit langen Zeiten angewöhnt, die gleiche Predigt beim ersten Termin in deutscher, beim zweiten Termin in polnischer Sprache zu halten, damit jeder nach seinen Wünschen Gottes Wort in dem Idiom hören konnte, das ihm von seinem Empfinden am nächsten war. Da kein Gemeindemitglied das Bedürfnis hatte am Sonntag die gleiche Predigt, wie bisher üblich, zweimal, eben nur in einer anderen Sprache zu hören, ging auch niemand am selben Sonntag zweimal in die Kirche.

Und siehe da, was stellte mein Vater nun in der Abstimmungszeit bei seinem zweimaligen Kirchenbesuch fest: In der ersten Predigt bat der Pfarrer den Herrgott darum, dass die Menschen für Deutschland stimmen sollten, in der zweiten Predigt tat derselbe Mann genau das Gegenteil, die Menschen mögen doch mit dem Wirken des Herrn für Polen stimmen! Seit dieser Zeit hat mein Vater die sonntäglichen Kirchenbesuche für sein restliches Leben fast eingestellt. Wenn er es doch noch einmal tat, dann betrat er den Raum nur noch nach der Predigt.

Von politischer Seite wurden plötzlich in einer doch relativ harmonischen Region nationalistische Tendenzen angeschoben, die sich über eine lange Zeit zu traurigsten Konfrontationen hochschaukelten. Mit 16 Jahren schloss sich mein Vater für etwa zwei Jahre sogar einer aus dem Untergrund agierenden Bewegung der Abstimmungsgegner – den Insurgenten – an. Für die damalige Zeit in dieser Gegend schon ziemlich beachtlich! Als er mir das viel später einmal erzählte, überkam mich ein eigenartiges Gefühl undefinierbarer Ver- bzw. gar Bewunderung: Mein Vater ein Widertandskämpfer? Das hätte ich nie gedacht!

All diese Bemühungen haben aber ihm und seinen Mitkämpfern nichts gebracht. Die Abstimmungsergebnisse und ihre Abwicklung danach sprechen ihre eigene Sprache.

Je weiter nach Osten, umso komplizierter war das Abstimmungsverhalten der Leute, zum Teil auch noch in ein und derselben Region unterschieden nach Stadt und Land. Es war eigentlich eine unlösbare Situation entstanden, wenn man nach dem Wunsch der nun inzwischen emotionalisierten Abstimmenden vorgehen wollte.

Auf der Botschafterkonferenz vom 20. Oktober 1921 in Paris entschied man sich dann, den Raum Oberschlesien nach dem prozentualen Gesamtergebnis der Abstimmung aufzuteilen: der westliche Teil 59,4 % zu Deutschland, der östliche Teil 40,6 % zu Polen – ohne Rücksicht auf die sehr unterschiedlichen Ergebnisse in diesen künstlichen Regionen. Da meine Oma mit ihren beiden Kindern schon seit 1914 in der Industriestadt Kattowitz wohnte, seien einmal die Zahlen dieser Region vorgestellt:

Stadt Kattowitz:	85,4 % für Deutschland (ca. 50 000 E)
Landkreis Kattowitz (Stimmkreis)	55,6 % für Polen (einschl. Stadt)

Dieses Gebiet kam nun nach dem Beschluss der Botschafterkonferenz an Polen.

Durch die nun doch entstandene stark politisierte Situation hat es beträchtliche Bevölkerungsbewegungen in beide Richtungen gegeben.

Auch meine Großmutter mit ihren beiden nun schon im jugendlichen Alter befindlichen Kindern wechselte von Kattowitz nach dem nur etwa 30 Kilometer entfernten Gleiwitz – eben nach

Deutschland. Ihre wirtschaftliche Situation war zunehmend schlechter geworden. Sie setzte einen völlig unsinnigen Rat ihrer Familie um, nun den Sohn Alfred – in Kattowitz ja abgemeldet – nicht wieder an der Gleiwitzer Präparandie anzumelden, um seine Lehrerausbildung fortzusetzen. Ein genauso unsinniges Argument: Durch das Wechseln ostoberschlesischer Lehramtsanwärter in den Westteil käme es ganz gewiss zu einer *Lehrerschwämme* im Deutschen Reich. Jeglicher Kommentar erübrigt sich! Nur mein Vater begann dann eben eine kaufmännische Lehre. Damit sind Weichen in einen Beruf hinein gestellt worden, mit dem er rückschauend im Ergebnis nie glücklich geworden ist.

9. Die fränkische Episode 2. Teil

Wie schon erwähnt, war die geschäftliche Anfangssituation meines Vaters in Unterfranken sehr gut, wenn man sie nicht schon als ideal bezeichnen könnte. Bis zum Kriegsende hatte sich die Firma in Schlesien durch eifrigen Einsatz meiner Mutter in den Kriegsjahren zusätzlich blendend entwickelt. Zigaretten sind in solchen Zeiten wohl *die* Währung! In dieser Zeit müssen die Bezugskontingente bei den Rauchwarenproduzenten und –lieferanten für unsere Firma gewaltig gewesen sein. Diese Ergebnisse konnten nach dem Krieg über die bei den Lieferanten erhalten gebliebenen Unterlagen nachgewiesen und im nun bewirtschafteten Versorgungssystem beansprucht werden. Um diese vorgesehenen Anrechte in Ware zu erhalten, bedurfte es nur noch des nötigen Geldes, und das war durch mich als zweibeinigem Tresor aus der schlesischen Firma in den Westen gekommen. Die Zahl der fränkischen Konkurrenten war in dieser Mittelgebirgsregion zwischen Spessart und Rhön klein, deren Umsätze in der Vorkriegszeit ebenfalls. Eigentlich also beste Voraussetzungen für einen 42-jährigen gelernten Kaufmann, der auch noch Ansprüche auf Zahlung von Lastenausgleichmitteln gelten machen konnte.

Diese Einschätzung habe ich lange Jahre als Jugendlicher und junger Erwachsener bis in meine Studienzeit vor dem Hintergrund der erlebten Entwicklung mit mir herumgetragen. Ich konnte und ich wollte auch nicht einsehen, dass es nicht möglich gewesen sein sollte, aus solchen optimalen Gelegenheiten, wenn schon nicht für sich, dann doch mindestens für seine Familie etwas zu machen.

Wir Kriegskinder dieser Zeit waren – wie alle Kinder in allen Kriegen – die schwächsten Objekte der Geschichte. Mit uns wurde umgegangen, wir hatten eigentlich frag- und möglichst klaglos zu funktionieren. Das wird einem im medialen Zeitalter immer wieder über die Nachrichten vor Augen geführt, wenn die Kriegsberichterstatter über ihre Kameras Bilder von aktuellen Kriegsgebieten zeigen. Die jeweiligen gegnerischen Seiten berichten dann nur mit propagandistischer Absicht die Zahl der getöteten Kinder.

Hier zeigen sich nun auf den kindlichen Lebenslauf meines Vaters und auf die Situation seiner Familie Jahrzehnte später bezogen Auswirkungen, die ich über meinen Exkurs in meine „Vorvergangenheit" aufzeigen wollte. Auch mein Vater war in ähnlicher Weise wehrloses Objekt einer Entwicklung, die in ihren Auswirkungen nicht folgenlos an ihm vorüber gegangen ist.

Alle diese Prägungen sind bei ihm gravierend Bestand geworden: zunächst wirtschaftlich wohl situiert, dann der früher Verlust des Vaters, knappste wirtschaftliche Verhältnisse bis an die Grenze der Armut, massive Demütigungen durch sehr arrogante Verwandte, zweimaliger Verlust der vertrauten Umgebung in Oberschlesien – Miedzna – Kattowitz und Kattowitz – Gleiwitz, markante Veränderung der beruflichen Entwicklung zu einem wie deutlich geworden ungeeigneten Beruf. Manch einer – wobei ich mich über eine lange Zeit hin nicht ausschließen kann – mag denken: das sollte man wohl bewältigen können. Aber wenn man das denkt, wird vergessen, dass diese Erlebnisse das Leben einer Kindes und Heranwachsenden getroffen haben, und das kann ewig wirken. Bei meinem Vater kann es nur so gewesen sein.

Erst viele Jahre später wurde mir in Erinnerung an die Erzählungen meiner Eltern und an meine eigenen Erlebnisse mit meinem Vater bewusst, dass er in diesen Jahren seiner jungen Ehe und als junger schlesischer Kaufmann äußerst froh, frei und guter Dinge gewesen sein muss. Er muss in dem Bewusstsein gelebt haben, dass er einen guten neuen Anfang gefunden hatte und die traurigen Kapitel früherer Jahre wohl abgeschlossen waren.

Als er dann nach dem Krieg 1946 wieder in meiner Wahrnehmung auftauchte, kann ich aus späterer Sicht sagen, dass er eigentlich – schwer zu beschreiben – anders geworden war. Während dieser Jahre seiner Abwesenheit als Soldat von etwa Winter 1940 bis zum Frühjahr 1946 muss er Erlebnisse gehabt haben, die für diese Veränderung mit verantwortlich gewesen sein müssen. Über die Anfänge seines Soldatseins ab dem 36. Lebensjahr weiß ich nur noch aus kindlicher Erinnerung und vorhandenen Fotos. Die weiter oben schon einmal begonnene Spur seiner soldatischen „Karriere" will ich hier nun noch einmal aufnehmen, verlängern und in ihren Folgen vertiefen. Zunächst war er also während der ersten Monate in Habelschwerdt – 20 Kilometer von Glatz entfernt – stationiert. Dort war er wohl wegen seines fortgeschrittenen Alters als Schreibstuben-Unteroffizier eingesetzt. Das muss sich aber schon bald geändert haben, denn ab dem Winter 1940 wurde er – wie seine ganze Dienststelle – zunächst zum Holzeinschlag nach Mittelsinn im Spessart als seinem letzten Standort auf deutschem Boden und danach zum Fronteinsatz abkommandiert.

Damit war er, von wenigen Urlauben in den ersten zwei Jahren abgesehen, bis zu seinem schon erwähnten Wiederauftauchen 1946 für die Familie verschwunden. Meiner Mutter, die nun vollends in die Geschäftsführung einsteigen musste, signalisierten nur sporadisch auftauchende Feldpostkarten, in welcher Gegend dieses wahnsinnigen Rundumkrieges er wohl stecken konnte. Genauere Angaben über ihren Verbleib sollen den Soldaten auf solchen Karten verboten gewesen sein. Den Feldpostkontrolleuren müssen wohl zwei Hinweise auf den Karten meines Vaters entgangen sein. Meine Mutter hat dann ihrem Sohn die wenigen Grußzeilen vorgelesen, um bei ihrem Sprössling ein wenig Vaterbeziehung zu erzeugen. Nur zwei für mich damals unerklärliche Wörter, mit denen ich gar nichts anfangen konnte, die mir aber wohl sehr exotisch erschienen sein müssen, habe ich noch behalten. Nämlich: *Bandenbekämpfung* und *Athen.*

Nachdem mein Vater nach dem Krieg wieder mit seiner Familie vereint war und sie in dieser ersten Zeit auch noch größer geworden war, hat er wie alle diese Kriegsteilnehmer von den Erlebnissen dieser Jahre nichts, aber auch gar nichts erzählt. Über dieses Phänomen haben sich ganze Psychologenarmeen Gedanken gemacht. Als ein Erklärungsversuch taucht da auch auf, dass diese Männer und Frauen durch ihr Schweigen verdrängen und Abstand gewinnen wollten. Denn dass vieles, wie in allen Kriegen furchtbar gewesen sein muss, lässt sich aus den Kriegsberichten, überlieferten Dokumenten und auch literarischen Darstellungen erfahren. Als wenige schlaglichtartige Hinweise mögen nur dienen: Erich Maria Remarque „Im Westen nichts Neues“, Wolfgang Borchert „Draußen vor der Tür“, die Folgen der Bombardierung von Dresden oder der Krieg in Afghanistan. Ich weiß nur von einer Äußerung meines zwanzig Jahre älteren Schwagers, der mir auch bald ein guter Freund geworden ist. Anlässlich des Aufbaus der Bundeswehr ab 1956 sagte er als ehemaliger Panzerfahrer Jahrgang 1917 aus tiefster Überzeugung: „Wenn ich da wieder hin müsste, lass' ich mich glatt einsperren!“ Auf meinen eigenen Vater bezogen kann ich nur Ähnliches vermuten, möchte mich aber auf Spekulationen als betroffener Sohn nicht einlassen.

Nur die beiden vom kindlichen Kopf behaltenen Begriffe haben mich veranlasst, die zeitliche und räumliche Situation einzugrenzen: Bandenbekämpfung und Athen.

Nachdem das damalige sehr zentralistisch geführte Königreich Jugoslawien Anfang 1941 das Ansinnen Hitlers, sich dem auf seiner Seite stehenden Dreimächtepakt anzuschließen, abgelehnt hat und auch Griechenland sich gegen Hitler-Deutschland gestellt hatte, hat Hitler bald vollmundig von einer *Bestrafungsaktion* schwadroniert.

Am 6. April 1941 begann er dann mit dem Einmarsch deutscher Truppen den „Balkanfeldzug“, Belgrad und Zagreb wurden von der deutschen Luftwaffe stark zerstört, am 17. April 1941 erfolgte dann die Kapitulation. Ebenfalls am 6. April 1941 wurde auch Griechenland der Krieg erklärt. Da der griechische Widerstand intensiver war, erfolgte eine Kapitulation am 21. April 1941, die deutsche Armee zog dann am 27. April in Athen ein.

Dieser Abriss des Kriegsgeschehens in Verbindung mit den Begriffen *Bandenbekämpfung* und *Athen* machen deutlich, in welchem Umfeld sich mein Vater bewegen musste und lassen erahnen, welchen Erlebnissen er ausgesetzt gewesen sein muss – so nachhaltig, dass er – wie alle anderen Kriegsteilnehmer – geschwiegen hat!

Wie schwer solche Erlebnislasten auf Menschen wirken, die in Kriegsereignisse jeglicher Art eingebunden waren, lässt sich heute im Jahr 2013 erahnen, wenn man erfährt, wie bis ins Innerste getroffene und psychisch mitunter total gewandelt junge Soldaten aller daran beteiligten Nationen aus dem Afghanistan-Krieg wieder nach Hause kommen. Sie werden und allzu oft können sie das Erlebte gar nicht vergessen. Die Zahl von 60 000 traumatischen Selbstmorden US-amerikanischer Vietnamveteranen macht die für sie unlösbare Erschütterung durch die Kriegserlebnisse deutlich. Heute wird versucht, durch Fachleute betroffenen Kriegsteilnehmern psychologische Hilfe zukommen zu lassen. Millionen Menschen in vergangenen Kriegen haben sich durch Schweigen / Verdrängen helfen müssen. Die Härte einer elenden Nachkriegszeit oder lange Gefangenschaften haben sie meistens sofort wieder in den Griff genommen. Das unvorstellbare Jahrzehnte anhaltenden körperliche Dauerleiden derer, die wohl aus Krieg und Gefangenschaft wiedergekommen sind, aber dann lebenslang leiden mussten, ob ihnen im Kessel von Stalingrad die Füße erfroren sind, sie im Panzerkampf beide Beine verloren haben oder ihnen nach überstandenem Krieg in der sibirischen Gefangenschaft bei der Waldarbeit ein Bein in eine Seilwinde geraten ist. In diesen drei mir bekannten Fällen sind die Betroffenen 85, 91 und 84 Jahre alt geworden.

Diese für mich gewonnenen Erkenntnisse haben mich erst sehr spät nachsichtig gemacht. Ich habe bereits erwähnt, dass mein Vater als ein anderer aus dem Krieg wiedergekommen ist. Wie glücklich muss er gewesen sein, wenn er – für die damalige Zeit äußerst ungewöhnlich – bei meiner Geburt zu Hause dabei sein wollte. Da sich dieses Ereignis ausgerechnet gerade am Pfingstsonntag abspielte und er, wie das damals für Kaufleute in einer Kleinstadt selbstverständlich war, Mitglied im Schützenverein war, soll er in seiner Schützenuniform etwa gegen 14.00 Uhr am Ort meiner Geburt erschienen sein. Nachdem ich nun wohlbehalten angekommen war, verschwand er mit größtem Hochgefühl über den gesunden „Stammhalter" zum nun schon laufenden Festumzug seines Vereins und war wegen vieler auszugebender Runden lange nicht mehr gesehen. Nach den Erzählungen meiner Mutter sollen das aus der verständlichen Sicht einer Erstgebärenden zwei Tage gewesen sein, was ich aber aus Gründen der physischen Leistungsfähigkeit bezweifeln möchte. Üppige Spielsachen, liebevoll geschmückte Weihnachtsbäume, die frohen sommerlichen Fahrradfahrten durch die Glatzer Niederungen zur bäuerlichen Verwandtschaft sind schöne Erinnerungsbilder meiner Kindertage. Die Erlebnisse und die Folgen des fränkischen Desasters zeigen zwei verschiedene Menschen. Er hat natürlich auf die sozialen Zwänge reagiert, aber die Vergeblichkeit der Bemühungen war wohl zu erwarten.

Genaueres über diese Zeit sagen zu können, fehlte es mir als erlebendem Kind an Kenntnis der Umstände und vor allem an Reife.

An dieser Stelle muss auch bedacht werden, dass in diese sicherlich ernst gemeinten Anfangsbemühungen meines Vaters mit all dem, was da sowieso schon nicht geklappt hat, die Währungsreform über die drei westlichen Besatzungszonen am 20. Juni 1948 verfügt wurde, für meinen Vater und seine Familie kann man sagen hereinbrach. Auch wenn er schon einen gewissen Firmengrundstock erarbeitet haben sollte, das noch vorhandene „Leibchengeld“ war danach als bares Betriebskapital bei einer Abwertung von 10:1 eine zu vernachlässigende Größe.

Ich kann nur erinnern, dass es recht schnell bergab gegangen sein muss. Seine Geschäftstouren wurden immer länger. Ich brauchte nicht mehr mitzufahren, um auf die Ware aufzupassen. Die Besuche der damals noch reisenden Vertreter der Lieferfirmen wurden immer häufiger, die Herren blieben immer länger und sie gingen mit immer ernsthafteren Gesichtern. Meine weinende Mutter sprach wiederholt von „vertanen Gelegenheiten“ Für mich blieb das damals alles ein Rätsel.

Schließlich war es im Sommer 1951 so weit, dass mein Vater sich entschloss oder besser entschließen musste, das Geschäft aufzugeben. Wie es finanziell gestanden hat, weiß ich natürlich nicht, nur die folgenden Jahre haben mir bewusst gemacht, dass es eine sehr schlimme Situation gewesen ist. Seine Lebensumstände haben ihn offensichtlich so intensiv beeinflusst, dass ihm dieser Versuch trotz der gar nicht so hohen Lebensjahre nicht gelungen ist, einen neuen Start hinzubekommen. Eine beachtlich lange Linie von Ursache und Wirkung fand nun bei unserer Familie eine schmerzliche Verlängerung.

Seine Frau mit den nun drei Kindern ist zunächst in Unterfranken geblieben und er ist mit der Bahn – das Auto war dahin – nach Ostfriesland gefahren, um dort bei der Schwester meiner Mutter in Hage zu wohnen und sich nach einer neuen Existenz umzutun, um bei Erfolg seine Familie nach zu holen.

Da dieser soziale Einbruch im Sommer stattfand und meine Mutter in dem Glauben war, dass es meinem Vater bald gelingen würde, seine Familie zu sich kommen zu lassen, hat sie mich mit dem Ende des Schuljahres 1950/51 am Bad Brückenauer Realgymnasium abgemeldet. Die Wochen und Monate vergingen und der Unterricht hatte überall schon längst begonnen, nur ich war „ohne Arbeit". Der Umzug sollte nach den Erwartungen und Wünschen meine Mutter ständig über die Bühne gehen. Ich blieb also mit inzwischen 14 Jahren *unbeschult* – wie das im Amtsdeutsch heißt. Ob damit ein Straftatbestand eingetreten ist, weiß ich für die damalige Zeit nicht zu sagen. Heute wäre es das auf jeden Fall.

An dieser Stelle sei eingeschoben, dass meine von mir so heiß geliebte, stets nur französisch schimpfende Oma mit ihrem Glatzer Altenwohnheim im Hebst 1946 mit den Mitbewohnern, die diese Strapazen in ihrem hohen Alter überlebt hatten, in Wittmund angekommen war und dort in einem Barackenlager untergebracht worden ist. Besuche waren wegen der knappen finanziellen Mittel nur noch zweimal für meinen Vater möglich. 1949 ist sie dort achtzigjährig gestorben.

Das Geld wurde in diesem Sommer 1951 immer knapper, und selbst das wenige, das ich auf meinem Sparbuch bei der Sparkasse in Gemünden am Main angesammelt hatte, war nicht mehr zu bekommen. Auch wenn meine Mutter dort glaubhaft versichern konnte, dass es wirklich nur mein Geld gewesen ist und mit der Firma nichts zu tun hatte, war es verloren, denn da ich damals noch nicht geschäftsfähig war, musste mein Vater beim Einrichten des Kontos den Vertrag unterschreiben. Und damit war auch mein wahrlich bescheidenes Erspartes futsch!

Finanzielle Mittel für unseren Lebensunterhalt waren kaum noch vorhanden und meine Mutter konnte durch die beiden vierjährigen Kinder gebunden nicht arbeiten gehen. Mein Vater war durch die lange Zeit erfolgloser Bemühungen kaum in der Lage, seine Familie finanziell zu unterstützen.

Ich habe in diesen nicht gerade üppigen Jahren die Erfahrung gemacht, dass Kriegskinder, solange es noch irgendetwas Essbares gibt, keine großen Ansprüche stellen. Wir wurden zwar immer dünner und waren auch ganz gewiss massiv unterernährt. Aber erst wenn es wieder mehr und Besseres gab oder erreichbar schien, haben wir uns erfreut darüber unterhalten. Vor diesem Hintergrund kann es nur zu erklären sein, dass ich bei meinem letzten Wandertag in Bad Brückenau auf die Wasserkuppe in der Rhön mit großem Begehren mitbekommen habe, wie ein Klassenkamerad, ein Schlachtersohn, eine ganze Mettwurst aus seinem Rucksack zog, um sie zu verspeisen. Ich habe ihm das Heiligste, was dazu noch ein Junge in diesem Alter haben kann, mein Taschenmesser, zum Tausch angeboten. Darauf ist er schnellstens eingegangen. Er das Messer, ich die Wurst. Ich habe sie dann aber nicht umgehend verspeist, sondern war darauf aus, mir über den ganzen Tag ein bisschen Freude zu machen. Am Abend war der Genuss schnell vergessen, und ich habe meinem Messer tüchtig nachgetrauert.

In dieser traurigen Zeit gab es zwischen meiner Mutter und mir unausgesprochen das Einverständnis, dass ich bei der Burgsinner Holz verarbeitenden Firma Reitz mit einer Einschlagkolonne als Arbeiter in den Spessart fuhr, um beim Holzeinschlag etwas zu verdienen. Vierzehnjährige Jungen waren damals bei der Waldarbeit durchaus nichts Auffälliges. Für mich bedeutete das nur: Schule (zunächst mal) vorbei, Freunde Ade, denn unsere „Arbeitszeiten“ waren nun nicht mehr zu vereinbaren.

Die Zeit verging und ich war immer noch Waldarbeiter. Als es dann schließlich Herbst wurde, war es nicht mehr zu verantworten, wie an ein vernünftiges Weiterkommen in einer Schule in Ostfriesland bei so langer Unterbrechung und bei meiner sowieso schon sehr eigenartigen Schulkarriere vorstellbar sein könnte. Es musste gehandelt werden. Am Buß- und Bettag 1951 sollte ich von Burgsinn nach Hage kommen, zunächst für die erste Hälfte der Strecke mit der Bahn nach Berleburg im Sauerland und dann mit dem Wagen eines Bekannten die zweite Hälfte.

Da es meinem Vater noch nicht gelungen war, bei seinem fast noch Null-Einkommen eine Wohnung für seine Familie zu mieten, war meine Tante in Hage bereit, mich trotz der beengten Wohnverhältnisse für ihre Familie auch noch aufzunehmen. Schlafplatz war ein altes Sofa in ihrem winzigen Büro.

10. Und wieder in Ostfriesland

Nun war ich also wieder in Ostfriesland angekommen und das fast schon bevorzugt vor dem Rest der Familie, damit der Junge wieder in die Schule gehen sollte, was ja auch nötig an der Zeit war. Damit bekam meine Schullaufbahn einen weiteren kuriosen Akzent. Beim Durchzählen all meiner Schulen, die ich über die Kriegs- und Nachkriegsjahre besuchen *durfte,* konnte meine neue Schule, die ich besuchen sollte, das Ulrichsgymnasium in Norden, die Nummer 9 erhalten.

Es würde zu weit führen, welche „beglückenden" Möglichkeiten sich mir nun auftaten, nachdem ich schon die abenteuerlichsten Dinge erlebt hatte, um bis zu dieser Schule zu gelangen, von der ich annahm, dass es meine letzte schulische Station sein sollte. Wie zutreffend ist doch meine Annahme gewesen, denn aus dieser Schule bin ich 2002 heraus pensioniert worden. Doch bis dahin waren zunächst noch die ersten Hürden auf dem Weg *in diese Schule hinein* zu bewältigen. Was hatte ich anzubieten: bis zum 14. Lebensjahr neun Schulen; 1944 bis 1946 während der Kriegsend- und Polenzeit und 1951 ein halbes Jahr gar keinen Unterricht; ein halbes Jahr Volksschule in Arle; in Gemünden/Main 1. Fremdsprache Latein; in Bad Brückenau 1. Fremdsprache an dieser Schule ab Klasse 5 Englisch, also Englisch aus eigener Kraft irgendwie nachholen, denn zu diesem Zeitpunkt hatten meine Eltern kein Geld mehr für einen Privatlehrer, hier kein Latein mehr; im Hebst 1951 kam ich dann zusätzlich in ein Bundesland, bei dem das Schuljahr zu Ostern wechselt, was in Bayern im Sommer stattfand und vor der Anmeldung für den Unterricht am Ulrichsgymnasium einige „unbeschulte" Monate als Waldarbeiter im Spessart, was der Schulleiter Ehlers offiziell gar nicht wissen durfte. Das war mein Angebot!

Also: Erst versuchsweise in eine höhere Klasse, dann wieder zurück, immer mit der Auflage, den Englischunterricht mehrerer Jahre nachzuholen. Da ich durch meine bisherigen Umstände hinreichend mit gravierenden Ereignissen konfrontiert gewesen bin, hatte sich trotz ständiger Wechsel kein besonderer Groll gegen das Unternehmen Schule entwickelt. Aus späteren Erfahrungen in meinem Beruf ist mir bei Elternsprechtagen bewusst geworden, dass manch einer so schlimme Schulerfahrungen gemacht hat, dass sich traumatische Belastungen fürs ganze Leben eingestellt haben. Bei den mir auferlegten Englischbemühungen habe ich das traurige Tun *eines Lehrers* im Gedächtnis behalten. Um zu beweisen, dass ich doch wohl nicht in diese höhere Klasse gehöre, hat er mich in *jeder* Englischstunde – auf einer nischenähnlichen Fensterbank über der Klasse stehend, die es heute noch gibt, – geprüft, nach der Devise: „Was der Strybny wohl schon gelernt hat?“ Ich habe es nicht vergessen, aber zu einem lang anhaltenden Trauma ist es zum Glück nicht gekommen.

In der zweiten Fremdsprache Latein war ich wegen des zweijährigen Vorsprungs und des fast militärischen Lateinunterrichts in Gemünden dafür der absolute König. Welch ehrlich erhebendes Gefühl überkam meine jugendliche Seele, als Neuer nicht mehr, wie sonst immer üblich, in den vielen neuen Klassen, die mir beschert waren, der Letzte zu sein. Wie schön war es doch, als Neuer einmal als Allererster dazustehen. Durch das viele mir abverlangte Lernen des Englischen mit nur ganz geringer Hilfe von außen habe ich schließlich doch noch so viel in dieser Sprache gelernt, dass es mir möglich geworden ist, mich heute einigermaßen zügig in dieser Sprache zu unterhalten. Das ist doch schon mal was. Am Ende der Klasse 10 wurde dann in meinem Zweig der Schule Englisch nicht mehr verpflichtend. Das hat mich viel Mühe gekostet, war ja aber nicht verloren. Von meinen lateinischen Kenntnissen habe ich dann

– zwar mit abnehmender Tendenz, weil ich mir aufgrund meiner hervorragenden Anfangssituation angewöhnt hatte, nichts mehr zu tun – gezehrt bis zum Abitur. Weitere Zeitverluste sind mir danach nicht mehr beschert worden.

Doch bis dahin war zunächst noch eine ganze Zeitstrecke zurückzulegen, deren Beschreibung zeigen soll, wie es einem inzwischen wahrlich armen Vertriebenenkind bei seinem Weg zur sozialen Integration ergangen ist.

Meinem Vater war es bei den Stationen, die noch folgen sollten, gelungen, als Handelsvertreter auf dem Land in Berumbur die alte Schmiede zu mieten, und ich bin dann bis zu einem Umzug nach Norden einige Jahre mit dem Fahrrad wie viele andere auch zur Schule gefahren. Es fanden auch dort mehrere Wohnungswechsel statt, die die Wohnsituation langsam erträglicher erscheinen ließen.

Besonders interessant sind für mich aus der heutigen Sicht die Veränderungen meiner sprachlichen Varietäten: Als Kind kam ich mit einem phonetisch stark schlesisch eingefärbten Hochdeutsch nach Ostfriesland. (Meine Mutter wollte mir dieses schlesische Idiom, das sie perfekt beherrschte, nicht beibringen. „Pauersch"-„Bäurisch" nannte sie das! Obwohl sie von unsäglicher Heimatliebe bestimmt war, konnte das für ihren hoffnungsvollen Sprössling nicht das Richtige sein.) In Arle war ich in einer für Kinder kaum verwunderlich schnellen Zeit im Plattdeutschen. Mit meiner nun entstandenen Zweisprachigkeit kam ich nach Unterfranken. Auch hier taten Freunde und Schule ihr Übriges. Wohl wegen der zu kurzen Lernphase verdrängte das Fränkische sehr schnell das Plattdeutsche. Diese Zeit hatte auch in meinem Hochdeutsch die schlesische Phonetik total verdrängt. Als ich nun in Norden zum Ulrichsgymnasium kam, galt ich zunächst wegen meiner fränkischen Klänge als ein Exot aus einem fernen Land. Da die norddeutschen Ohren meiner neuen Klassenkameraden an die feinen, gar besonders wichtigen Unterschiede zwischen Bayrisch und

Fränkisch nicht gewöhnt waren, war ich mit dieser Sprachfärbung erst einmal „der Bayer“! Wenn das die Bayern gewusst hätten, dass man in Ostfriesland einen fränkisch sprechenden Schlesier als Bayern bezeichnet! Durch die norddeutsche Klangwelt haben sich aber meine fränkischen Spuren aus meiner Sprache recht bald verabschiedet. Das Wiederauftauchen des Plattdeutschen aus meiner Arler Zeit mag diesen Wandel noch unterstützt haben.

Meine Mutter war es ihr Leben lang gewohnt, die Menschen nicht merken zu lassen, wie es da drinnen aussieht Es wäre ihr unerträglich gewesen, den Menschen da draußen zu zeigen, wenn es ihr wahrlich dreckig gegangen ist. Eine ihrer wesentlichen Maximen war es, das Leben meistern, immer anpacken und einen möglichst pragmatischen Weg zu finden. Klagen hatte möglichst zu unterbleiben.

Es ging uns damals wirklich grottenschlecht! Dass wir knappstens mit Lebensmitteln ausgestattet waren, wobei meine beiden heranwachsenden Brüder selbstverständlich den Vorrang haben mussten, war für mich schon zur Normalität geworden. Die Fülle der Einschränkungen für mich will ich nur an einem Beispiel deutlich machen. In dieser Zeit hatte ich – wie schon einmal in Arle „geübt“ – nur eine einzige Cordhose. Wenn sie gewaschen werden musste, hatte das an einem Abend zu passieren, damit sie über Nacht am Ofen getrocknet werden konnte. Somit war sie am nächsten Morgen wieder „einsatzfähig“. Mit manchem anderen Kleidungsstück wurde ähnlich verfahren. Die Zeit der roten Lederschuhe mit den weißen Krepp-Sohlen war halt vorbei!

Meine Mutter musste nun versuchen, mit den Fähigkeiten, die sie erlernt hatte, zu einem Zusatzeinkommen für ihre Familie zu gelangen. Da waren ihre Voraussetzungen für eine solche Situation äußerst schlecht. Meine ebenfalls sehr lebenspraktische Oma mütterlicherseits – besagte Mama (mit der Betonung auf dem zweiten „a“) – hatte ihren beiden Töchter, wie es wohl der damalige Zeitgeist für das aufstrebende Bürgertum so mit sich brachte, auf ein Lyzeum geschickt und sie dort neben manchem anderen kulturell Wertvollem – ähnlich wie meine Großmutter väterlicherseits, aber ohne Nähen – Französisch und Klavierspielen lernen lassen. Es waren auch Reisen vorgesehen: nach Wien, nach Venedig oder auf die Zugspitze. Aber in der übrigen Zeit war strammes Arbeiten im elterlichen Restaurantbetrieb angesagt. Eine weitere praktische Bewährung war am Kriegsende die Übernahme des eigenen Geschäfts, wobei sie die Umsätze nicht nur konstant gehalten, sondern – wie bereits schon erwähnt – auch noch beachtlich gesteigert hatte.

Eine neuerliche Gründung eines Geschäfts bei den obwaltenden Bedingungen war nicht mehr möglich. Also blieb ihr nichts anderes übrig, als sich im Restaurantgewerbe in Norden und Umgebung als Arbeitskraft anzubieten. Sie ist dann einige Jahre in unserer schlechtesten Zeit abends in Hotels, Gasthöfen und auch bei Zeltfesten im Dienst für ihre Familie gewesen. Die abendliche Beschäftigung hatte den Vorteil, dass sie sich tagsüber um meine damals noch keine zehn Jahre alten Brüder kümmern konnte.

Da mein Vater sich in dieser Zeit immer wieder um neue Beschäftigungen kümmern musste, da so manches nicht von langer Dauer war, habe ich in manchen Situationen die Rolle einer älteren männlichen Bezugsperson im „hohen" Alter von 17 bis 20 Jahren für die beiden Kleinen – wie sie bei uns genannt wurden – übernommen. Die Situation hat sich eigentlich erst nachdem ich schon zum Studieren aus dem Haus war, geändert, da es meinem Vater gelungen war, eine nicht gerade üppig besoldete Stelle bei einer Behörde zu bekommen.

In diesen ersten Nachkriegsjahren war es meiner Familie erspart geblieben, in eines der in Baracken eingerichteten so genannten Flüchtlingslager zu geraten. 1952 konnte ich dann erleben, wie noch sieben Jahre nach dem Krieg in solchen Barackenlagern gewohnt werden musste.

11. Schüler oder Musiker

Im Lager Norden-Tidofeld, dem bereits erwähnten ehemaligen Wehrmachtslager, wohnte auch der örtliche Vorsitzende des Bundes der Vertriebenen. Er war sehr daran interessiert, für seine Mitglieder auch ein Unterhaltungsprogramm zu entwickeln. Auf welchem Weg auch immer hatte er davon erfahren, dass ich altersgemäß Klavier und Akkordeon spielen konnte. Also hat er mich mit einigen anderen Jugendlichen aus dem Lager, die auch irgendein Instrument spielen konnten, in eine Lagerwohnung eingeladen, um mit den anderen dort zu üben.

So konnte ich eine beachtliche Zeit nach dem Kriegsende erfahren, wie dort die Menschen noch 1952 lebten. in dieser „Wohnung" war eigentlich *eine* Familie untergebracht. Eine Kriegerwitwe mit

Blick auf das Barackenlager Norden-Tidofeld Ende der 1950er / Anfang der 1960er Jahre.

ihren beiden Söhnen in meinem Alter, die beide ebenfalls mitmusizierten, lebte dort mit ihren Eltern und einer alten Tante in diesem einen Raum. In der Mitte stand ein langer Esstisch, an der einen Seitenwand befand sich ein Herd, der zugleich als Raumheizung diente. In einer Ecke befand sich eine Waschgelegnheit mit einem Vorhang abgetrennt. Die Bewohner schliefen in Stockwerkbetten. Die vier intimen Schlafbereiche (Mutter, zwei Söhne, Großeltern und Tante) waren mit vorgehängten Decken abgetrennt.

Wir wurden nun um den Esstisch, der so etwas wie das Wohnzimmer darstellte, platziert und übten dann unter der Anleitung des besagten Vertriebenenverbandsvorsitzenden, der in seinem Hauptberuf Lehrer war, vom Blatt spielend einige Stücke der Salon-, Unterhaltungs- und Tanzmusik der 40er Jahre ein. Das Repertoire bewegte sich von „Drunt' in der Lobau“ über „Wenn der weiße Flieder wieder blüht“ bis zu „Heinzelmännchen's Wachtparade“.

Auch der schon einmal erwähnte Paul Kuhn hat im gleichen Alter im Wiesbadener Weinlokal „Eimer“ mit dem Akkordeon solche Weisen zu Gehör gebracht.

Von überwältigender Begeisterung waren wir Jugendlichen natürlich nicht erfasst, aber allein der Ehrgeiz, es schließlich doch noch einigermaßen anhörbar zusammen zu bekommen, bewegte uns. Das Lob unseres „Meisters“ hat uns dann doch gefallen.

Applaudierende Zuhörer hatten wir ebenfalls schon, denn die Bewohner dieser ‚Wohnung‘ sind natürlich dageblieben, um sich den „Kunstgenuss“ nicht entgehen zu lassen. Durch die dünnen Bretterwände wurden auch noch Nachbarn angelockt, sodass mitunter zwischen zehn bis fünfzehn Personen anwesend waren. Eine gewisse freudige Erwartung, gepaart mit nun schon aufkommendem Lampenfieber erfasste uns, als er uns mitteilte, dass wir in den kommenden Wochen bei einigen Vertriebenenfesten im Umland der Stadt Norden abends aufspielen sollten. Besonders das für die damalige Zeit für Jugendliche in Aussicht gestellte fürstliche Honorar von 5 Mark pro Abend – für jeden! – ließ uns jede Beunruhigung vergessen. Dieser Betrag kam uns allen, die wir ja ziemlich arme Schlucker waren, wie ein Vermögen vor.

Einen enorm bedeutenden Akzent bekam die Sache noch, als wir erfuhren, dass der schon vielfach ausgezeichnete Zauberkünstler Melachini – der dem französischen Schauspieler Maurice Chevalier zum Verwechseln ähnlich sah – mit seiner Frau und Assistentin La Beata in diesem Abendprogramm von uns musikalisch umrahmt auftreten würde. Dieser Zauberer Melachini mit La Beata war bis zum Kriegsende zur Truppenbetreuung im Hinterland des westlichen Heeresgebietes eingesetzt. Mit dem Rückfluten der Hollandarmee ist er dann im Lager Tidofeld hängen geblieben. Ganz gewiss hatte er glorreiche Zeiten auf vielen Varieteebühnen Europas kennen gelernt, wovon er uns sehr anschaulich und auch glaubhaft berichten konnte – um aufzuschneiden war er ein viel zu ehrlich scheinender sympathischer älterer Herr –, und an seinem Frackrevers prangten gar viele internationale Magierauszeichnungen, aber den Höhepunkt seiner Karriere hatte er eben schon überschritten.

Erst jetzt hat mich die rückschauende Beschäftigung mit diesem sehr sympathischen Mann dazu gebracht, einmal im Internet recherchierend auf die Suche zu gehen. Ich musste feststellen, dass er tatsächlich eine Berühmtheit in der Magierwelt zwischen den beiden Weltkriegen gewesen ist. Er ist unter dem Künstlernamen Prof. Melachini-Caligari auf fast allen Varietee-Bühnen Europas aufgetreten und hat zum Beispiel vor König Edward VII von England und vor Königin Wilhelmina der Niederlande seine Künste vorgeführt. Für mich bekommt die Erinnerung dadurch einen besonderen positiven Akzent, aber es macht auch deutlich, wie die äußeren Umstände auch einen solch berühmten Künstler zwingen, für den Lebensunterhalt alle nur möglichen Engagements anzunehmen.

Prof. Melachini und seine Frau La Beata.

Wir saßen nun während unserer „Tournee“ durch ostfriesische Landgasthöfe im mittleren Bereich der Bühne und spielten fleißig unsere Melodien. Melachini und La Beata führten ihre Zaubernummern vorne an der Rampe vor. Da wir nach dem ersten Abend ihr Programm kannten und wir ihnen von hinten zuschauen konnten, war es für uns – selbstverständlich ohne das Publikum etwas merken zu lassen – ein besonderer Sport, ihm auf seine trickreichen und gekonnten Schliche zu kommen. So manches haben wir entdeckt, aber vieles ist uns trotz genausten Hinsehens verborgen geblieben. Das haben wir ihm dann hinterher auch erzählt. Dass wir selbst bei wiederholtem Beobachten von hinten nicht alles entdeckt haben, war für ihn das größte Kompliment, und er schmunzelte über sein offenbar immer noch vorhandenes illusionistisches Talent. So konnten wir ein wenig von dem Hauch dieser *großen Welt* mitbekommen. Das Publikum, überwiegend ältere Vertriebene aus Schlesien, war begeistert und dankbar. Für Melachini und La Beata und auch für uns wurden Zugaben herausgeklatscht. Und das großartige Honorar darf nicht vergessen werden. Von der Gage des ersten Abends habe ich mir dann beim Textilhändler Hahnel in Großheide einen – wie ich damals meinte – wunderschönen Schal gekauft: braun-gelb-rot kariert! 2,80 Mark war der stolze Preis! Der Rest war Reserve. Diese „Wintersaison“ mit fünf Veranstaltungen in Hage, Hinte, Greetsiel, Norden und Dornum brachte uns immerhin diese für damalige Verhältnisse gewaltige Summe von 25 Mark.

In diesen Jahren war bei uns Jugendlichen an der Schule die Begeisterung für Swing und Old-Time-Jazz enorm. Diese Musik, die vor allen Dingen durch die amerikanischen und britischen Soldatensender nach Deutschland gekommen war, hatte es uns angetan. Es dauerte eigentlich gar nicht lange, da hatten sich an unserer Schule diejenigen, die entsprechend passende Instrumente spielen konnten, zu mehreren Old-Time-Jazz-Bands zusammengetan. Da alle von ihrer Spieltechnik auf dem gleichen Stand waren und keinerlei fachkundige Beratung stattfinden konnte, haben wir uns langsam, doch mit gewissem von der Begeisterung getragenem Erfolg an diese für uns neue Musik während der Sedenzen – so hießen nun die Proben – herangearbeitet.

Auf mir unbekanntem Weg hat der Leiter einer Tanzkapelle, dem der Pianist abhandengekommen war, von meinen Auftritten an den Vertriebenenabenden erfahren. Er machte mir, dem Fünfzehnjährigen, das Angebot, in seine Kapelle einzusteigen bei einem Stundenhonorar von 2,50 Mark, macht an einem Tanzabend mit normaler Spieldauer von fünf Stunden 12,50 Mark, zuzüglich freier Verpflegung. Diesem für damals atemberaubenden Angebot konnte ich nicht widerstehen. Es musste nur noch die Hürde der Einwilligung meiner Eltern – hier sprich meines Vaters – eingeholt werden, da ich ja von einer Volljährigkeit noch weit entfernt war, die damals noch bei 21 Jahren lag. Da bei uns zu Hause die Not regierte, konnte er zu dieser Einnahmequelle für seinen Sohn trotz Minderjährigkeit nicht Nein sagen. Ganz sicher hätte das auch damals einer rechtlichen Überprüfung nicht standgehalten. Da ich aber in dieser Zeit schon die Körpergröße eines Erwachsenen erreicht hatte, ist das wohl eventuell kritischen Augen unserer Gäste nicht aufgefallen.

So tingelte ich also mit dieser Kapelle durch die Dorfgasthöfe des damaligen Landkreises Norden, und ich habe im Laufe der Zeit alle Säle dieser Region kennen gelernt. Die Anfahrt zu den näheren und mittelmäßig entfernten Spielorten legte ich mit dem Fahrrad zurück. Die 6 Kilometer von Berumbur nach Hagermarsch oder die 7 Kilometer von Berumbur nach Leezdorf waren dabei nichts Besonderes. Aber eine solche Fahrt von Berumbur über Norden nach Leybuchtpolder mit 12 Kilometern – besonders bei der nächtlichen Rückfahrt – war kein Vergnügen mehr. Immer hatte ich ein Akkordeon auf dem Gepäckträger, denn in so manchem Saal gab es kein Klavier oder eine einigermaßen vertretbare Stimmung war auch mit einem mitgebrachten Stimmschlüssel nicht mehr vor Beginn der Veranstaltung wieder herzustellen.

Es kam schon vor, dass über die Tastatur dieser Saalklaviere an manchen angeschlagenen Stellen kein Ton zu hören war, – die dazu gehörigen Saiten waren einfach nicht da! Den Wirt darauf angesprochen, hörten wir: „Nu' weet ik woll, wat de Geerd för sin Traktor söcht het!" Im Saal des Kompaniehauses in Berumerfehn war das Instrument zwar vorhanden und an vorherigen Abenden noch bespielt worden, aber am nächstfolgenden Abend war das nicht möglich, weil eine Katze darin Junge bekommen hatte. In Leezdorf stand damals im Saal ein einziger riesiger Kanonenofen. Der qualmte mitunter so fürchterlich, dass von der Bühne die Saaltür nur noch schlecht zu sehen war.

Trotz dieser materiellen Widrigkeiten gelang es, die Säle nach und nach von Mal zu Mal immer voller zu bekommen. Es ist wohl damit zu erklären, dass die Leute in diesen ersten Jahren nach dem Krieg das Bedürfnis verspürten, viele verpasste Gelegenheiten nachzuholen. Da wir es offensichtlich verstanden, diese Bedürfnisse gut zu befriedigen, stieg unser *Ruhm* in der Region gewaltig, was zur Folge hatte, dass die Geschäfte immer besser, aber die Anfahrtsstrecken immer länger wurden.

Am Ende dieser Erfolgsentwicklung stand, dass sich meine drei – natürlich volljährigen – Kollegen Leichtmotorräder zulegten. So fuhren dann vier Musiker mit allen ihren Instrumenten – darunter ein komplettes Schlagzeug, ein Akkordeon und eine bescheidene Verstärkeranlage für Gesang oder Ansagen – motorisiert zu entfernteren Auftrittsorten. Wie wir das gemeistert haben, ist mir noch heute ein Rätsel, es muss nur abenteuerlich ausgesehen haben. Heil angekommen sind wir immer. Den Vorgaben der Straßenverkehrsordnung hat es sicherlich nicht entsprochen. An einen Pkw war nicht im Entferntesten zu denken.

In dieser Zeit waren wir also in den Landgasthöfen des Norderlandes, wie man heute sagen würde, „In". Es war manchen Gästen ein besonderes Bedürfnis, uns ihre Freude zu zeigen, sie gaben Runden aus. Jeder nach seinem Geschmack. Wir hätten uns also in gar nicht allzu langer Zeit zu unheilbaren Trinkern entwickeln können – Endstation Delirium, von den garantiert furchtbaren Kopfschmerzen des nächste Tages einmal abgesehen. Die Alternative für uns war klar: Entweder weniger Stimmung erzeugen, weniger Veranstaltungen und „trocken", oder Stimmung rauf, mehr Veranstaltungen und Alkoholiker, darunter auch noch ein Minderjähriger. Wir haben uns dann aus fast schon existentieller Not folgende Abwehrtechniken überlegt. Wenn der Spender mit seinem Tablett – meist schon wankend – zu uns ans Podium kam, immer mit fünf Gläsern – eins für ihn selbst – , haben wir schnell hingelangt, das Getränk in ein Bierglas unter unserem Stuhl gekippt und ihm mit vorgehaltenen Fingern zugeprostet. Hat immer geklappt, und er war glücklich! Mit diesem furchtbaren Gebräu unter unserem Stuhl hätte man bestimmt einen Elefanten umbringen können. Bei Klarem und Kognak hatten wir mit dem Wirt eine feinere Technik entwickelt: Der Wirt füllte je nach Auftrag Wasser oder Tee in vier Gläser, das Spenderglas mit dem echten Produkt. Vier Gläser (unecht) standen zusammen und eins (echt) allein, Es war uns dann ein Vergnügen, vor dem wankenden Spender *unser* Glas leer zu trinken. In der Zukunft konnten wir immer dann, wenn wir gefragt wurden, was wir denn gerne trinken würden, antworten: „Klaren oder Kognak!“ Es eilte uns bald als höchste Anerkennung die Kunde voraus: De könn‘ supen! Oder: Die machen ja tolle Musik, aber die saufen auch ganz schön heftig!

Besonders effektiv waren für uns über eine ganze Zeit die Tanzabende im Fischerort Greetsiel und im bäuerlich geprägten Leybuchtpolder. Hier die jungen Fischer, dort die jungen Landwirte. Die jungen Männer besuchten jeweils die Feste der anderen Seite, um sich dort auch unter den Mädchen des anderen Ortes umzuschauen. Aus dieser Situation heraus hatte sich bald ein festes Ritual des Abends entwickelt. Sobald die Stimmung einen Höhepunkt erreichte hatte, gab es aus Eifersüchteleien und Imponiergehabe heraus eine eindrucksvolle Prügelei. Der Gastwirt riss dann stets den Feuerlöscher von der Wand und sorgte auf diese Art für schnelle Abkühlung. Der Tanzabend war somit beendet. Worin bestand nun für uns die besondere Effektivität. Das Honorar für die ganze Länge des Abends wurde von uns vorher festgelegt und musste von dem Wirt vorher entrichtet werden, da die Gesetzmäßigkeit bald erkannt war. Bei Beginn der Prügelei war es gestattet, die teuren Instrumente einzupacken und das Weite zu suchen. Da der Weg durch dieses Chaos gefährlich und zu weit war, spielten wir in diesen ebenerdigen Sälen – in Greetsiel in der Upkamer des „Hohen Hauses", in Leybuchtpolder im Saal des „Siedlerkruges" – stets neben dem Fenster, um auf dem kürzesten Weg ins Freie zu gelangen. – Wir waren also stets bemüht, recht früh die Stimmung auf einen Höhepunkt zu treiben! Die tolle Musik macht's möglich! Ungefähr zwei Stunden spielen – Gage für den ganzen Abend!

Was hatte es mit der tollen Musik auf sich? Es sei vorab gesagt: Tolle Musik war damals Stimmungsmusik jeglicher Art. Unser damals so genannter Kapellmeister und Stehgeiger – zehn Jahre älter als wir –, der mich auch angeheuert hatte, war ebenfalls mit der Hollandarmee in Ostriesland hängen geblieben. Er war kein Militärmusiker, aber er war ein Genie des musikalischen Gedächtnisses. Es gab keinen Schlager der Zeit, keinen Rheinländer, keinen längeren Strauß-Walzer, den er nicht in allen seinen Teilen notensicher auswendig spielen konnte. Bei etwas „swingiger" Tanzmusik tat er sich etwas schwer, aber dafür war das unsere Domäne. Er war auch ein Talent im Erspüren der Publikumswünsche eines jeden Abends. So gesehen schien ja alles zu stimmen, nur…der arme Mann hatte einen grauenvollen Strich auf seiner Geige. Für uns drei anderen klang es zum Steinerweichen. Er verstand es auch, auf einer Hawaii-Gitarre einschmeichelnde Töne von sich zu geben, aber das war ja nur ab und an auf dem ostfriesischen Lande möglich, auch wenn damals Hawaii-Träume a'la „Lebe wohl du schwarze Rose", „Vaya con dios" oder „Capri-Fischer" in der Schlagerwelt weit verbreitet waren. Schließlich haben wir versucht, ihn zu einem Kontrabass zu überreden, aber er blieb bei seiner Geige! Er war der Chef und er besorgte die Geschäfte! Und das Geld brauchten wir alle! Unseren Gästen schien diese *eindrucksvolle* Tonqualität nicht aufzufallen.

Diese Schilderungen enthalten durchaus Elemente einer Milieustudie über die vergnüglichen Seiten des Lebens in den ländlichen Regionen sicherlich nicht nur Ostfrieslands nach dem Zweiten Weltkrieg. Es tut sich aber gleichzeitig für den Leser die Frage auf: Ist der Jüngste in dieser Truppe nicht ein etwa 15- bis 17-jähriger Schüler? Sicherlich hat man in dieser Zeit solchen Überlegungen weniger Platz eingeräumt, und – wie schon erwähnt – muss wohl wegen meiner körperlichen Größe mein noch minderjährige Status nicht aufgefallen sein, was mich aber daran festhalten ließ, war die immer stärker werdende häusliche finanzielle Knappheit. Aber mein *Hauptberuf* Schüler, das Herumtingeln mit der Tanzmusik und die Jazzerei waren doch ein bisschen viel auf einmal. So musste ich mich doch sehr schweren Herzens von den Jazz-Sedenzen, den manchmal aus Spaß lange dauernden Übungsveranstaltungen, verabschieden. Meine Freunde aus diesem Umfeld, ausnahmslos Mitschüler, wollten das nicht so recht einsehen, da die meisten solcherlei finanzielle Sorgen nicht kannten, aber einige mit vielleicht vergleichbar knapper Kasse konnten das sehr gut verstehen und hätten gerne bei einer Tanzkapelle mitgespielt.

Eine wohltuende Abwechslung im regulären „Tanzgeschäft", bei dem die Bandbreite der zu spielenden Titel vom Walzer über den Rheinländer zum Tango gehen konnte, waren die damals im Jahresgang mehrmals stattfindenden Schülerbälle des Ulrichsgymnasiums. Gefeiert wurde in den Sälen des damaligen, jetzt längst abgebrochenen Restaurants Stürenburg am Hafen oder des Hotels Deutsches Haus, heute Stadt Norden. Die von den damaligen Jugendlichen favorisierten Stilrichtungen Swing, Old Time oder Blues waren angesagt. Besonders interessant wurden diese Abende, wenn meist zu späterer Stunde der heute längst über die Grenzen Ostfrieslands hinaus bekannt gewordene Maler Hans Trimborn – eigentlich immer möglichst unauffällig – auf die Bühne kam, um mit

Der über die Grenzen Ostfrieslands hinaus bekannte Maler Hans Trimborn.

uns eine oder auch zwei Stunden zu spielen. Der studierte Mediziner, der im Ersten Weltkrieg als Feldunterarzt in Frontlazaretten operiert und längst große Anerkennung als Maler gefunden hatte, war auch ein brillanter Musiker, der eine lange Zeit auch Leiter des Norderneyer Kurorchesters gewesen ist. Obwohl damals schon 67 Jahre alt, war dies *seine* Musik. Er spielte mit großem Einfühlungsvermögen in der jeweiligen Stilrichtung mit erstaunlicher Perfektion. Daran wird wieder einmal deutlich, dass Jazz nichts mit dem Alter der Interpreten zu tun hat. Genau so unauffällig wie er gekommen war, verschwand er dann mit der Bemerkung. „Bis mal wieder!"

An anderer Stelle waren seine spontanen unangekündigten Besuche weniger beliebt. Da das Haus meiner Eltern an derselben Straße lag, durch die Hans Trimborn seinen Weg zum Haus seiner Schwiegereltern nahm, hörte er oft, dass meine Brüder für den Klavierunterricht übten. Er klingelte, sagte: „Oh, hier ist ein musikalisches Haus! Darf ich reinkommen?“ Und er kam auch schon. Sicherlich hat er auch seinen Namen gesagt. Für meine nicht gerade ungebildete, aber schlesische Mutter hatte der Name Trimborn damals nichts zu bedeuten. Da er es fertig brachte, um 11.00 Uhr zu kommen, mit meinen Brüder einiges am Klavier anstellte, um dann um 14.00 Uhr zu gehen, war das ein fremder Störenfried, der ihre hausfraulichen Regeln intensiv beeinträchtigte. Die ersten Male hat es meinen Brüdern wohl noch gefallen. Aber bald wurde es ihnen auch zu viel. Als wohlerzogene Kinder haben sie sich nicht verweigert, aber sobald er – Musik hörend – auf die Haustür zusteuerte, liefen sie in die Küche zu meiner Mutter und sagten: „Mama, da ist *der Mann* schon wieder!“ Na ja, und da war er wieder in dem „musikalischen Haus“.

Da es in so kleinen Formationen von Vorteil ist, auch mal ein anderes Instrument mit gewissen Grundfertigkeiten spielen zu können, kam mir die Idee, es doch mal mit dem Kontrabass zu versuchen. Aber wie komme ich an ein Instrument zum Lernen und Üben. Geld dafür hatte ich nicht. Mir wurde bewusst, dass die Schule wohl einen Kontrabass besaß, aber im Schülerorchsester nicht gespielt wurde. Da die Musiklehrerin in fast allen Oberstufenklassen, die sie unterrichtete, nur mit der wochenlangen Durchnahme der „Wolfschluchtszene“ aus dem „Freischütz“ von Carl-Maria von Weber beschäftigt war, hatte sie wohl keinen anderen Gedanken, sich um die Besetzung des Kontrabasses zu bemühen. Wenn nötig, schlug sie dann bei Aufführungen die Bässe heftig auf dem Klavier an!

Das war meine Chance. Ich ging zu ihr und bot ihr an, für die Schulmusik das Kontrabassspiel erlernen zu wollen. Ich konnte den Bass mit nach Hause nehmen und übte fleißig in den Grundfertigkeiten. Vom Bassspiel des Klaviers klappte das ganz prima. Nachdem ich genug gelernt hatte, brachte ich ihr den Bass zurück mit dem Hinweis, dass ich mir doch zu viel zugemutet hätte. Sie möge mir im Jenseits die jugendliche *Notlüge* verzeihen. Ihr Kommentar: „Das habe ich mir schon gedacht, Strybny!"

Interessant ist nebenbei die Entwicklung meiner Zeugnisnoten in dieser Zeit. Nur Musikunterricht: ausreichend (s.Freischütz); Musikunterricht plus Chor: befriedigend; Musikunterricht minus Chor plus Kontrabass: gut; Musikunterricht ohne Chor und ohne Kontrabass: ausreichend.

Die Schule wurde in dieser Zeit doch zu einer ziemlichen Nebensache, die Tanzmusik war der Job, der mir das dringend erforderliche Geld brachte. Ich kann im Nachhinein nur staunen, dass ich in dieser Zeit bei so wenig mir möglichem aber auch gewolltem Aufwand so unbeschadet durch die Oberstufe und nicht überwältigend, aber ganz passabel durch das Abitur gekommen bin.

Eine weitere finanzielle und auch musikalische Verbesserung erfuhr meine/unsere Situation recht plötzlich. Unsere Gabe, bei den Gästen Stimmung zu erzeugen und die Säle zu füllen, wurde natürlich auch bei Gastwirten der Region und darüber hinaus bekannt. Der Wirt des Wochenend-Tanzlokals in Aurich-Haxtum, Edgar Weinitz, tauchte bei uns auf und machte uns ein lukratives Angebot: Sonnabend ab 20.00 Uhr Tanzabend, Sonntag 15.00 Uhr Kaffeehausmusik, 16.00 bis 18.00 Uhr Tanztee, 20.00 Uhr Tanzabend; Geld für einen Leihwagen Norden – Aurich-Haxtum; zum Tanz keine „alten Hüte" spielen. Jazz – er sprach es so aus, wie man es schreibt – möchte schon dabei sein. Gage für jeden 50,00 DM.! An allen Feiertagen des Jahres ebenfalls Einsatz.

Er sagte uns noch, dass er uns alle vier engagieren würde, aber als echter Sachse gab er uns noch mit: „ D'r Geischer dorf nischt mehr geisch'n!" Der solle ein anderes Instrument „nähm". „Sonst bleib d'r Geischer fort!" Wir haben daraufhin versucht, unseren geigenden Kollegen noch einmal auf den Kontrabass umzustimmen, was von der Umsetzung her kein allzu großes Problem gewesen sein könnte, aber er wollte sich von seinem geliebten Instrument und der damit für ihn verbundenen Programmvielfalt nicht verabschieden. Mit großem Bedauern und einem über lange Zeit vorhandenen schlechten Gewissen haben wir drei dann den Weg in das Tanzlokal nach Haxtum genommen. Die uns großartig erscheinende Gage hat uns eigentlich keine andere Wahl gelassen. Wie man solch ein Honorar einzuschätzen hatte, mag an einem Luxus deutlich werden, den ich mir an den Sonntagen vor dem Veranstaltungsbeginn am Nachmittag geleistet habe. Ich habe an diesem Tag im Hotel Reichshof in Norden zu Mittag gegessen. Ein normales Mittagessen mit einer Vorsuppe und Nachtisch kostete damals 1,90 DM! Um den Sprung vom Landgasthof in ein *städtisches* Tanzlokal mit Kaffeehaus-Musik und Tanztee deutlich zu machen, sei einmal nur das Stundenhonorar vorgestellt: Bisher pro Stunde und Mann 2,50 DM – bei etwa zehn Stunden Musik in Haxtum nun 5,00 DM pro Stunde. (Aktuelle Aufrechnung aus heutiger Sicht: Menue 1957: 1,90 DM; 5,00 DM pro Stunde also ungefähr zweieinhalb Menues; bei heutiger etwa vergleichbarer Restaurantleistung ergibt das für zweieinhalb Menues etwa einen Stundenlohn von 50,00 (nun) Euro). Für einen recht mittellosen Vertriebenen–Jugendlichen ein beeindruckender Betrag!

Allerdings war vorher noch ein schmerzlicher Aderlass unserer Ersparnisse fällig. Verständliche Bedingung vom Chef des Hauses: „Grauer Anzuch, weißes Hemde, roode Krowodde!“

Da einer unserer Kollegen mit dem Besitzer einer Fahrschule befreundet war, konnten wir einen Fahrschulwagen – einen VW-Käfer – an den Wochenenden mieten, um nach Aurich-Haxtum zu gelangen. Welch luxuriöse Anreise! Im Dezember passierte es dann bei Glatteis und spiegelblanker gewölbter Fahrbahn in Moordorf kurz vor Aurich, dass sich der Wagen einmal um die eigenen Achse drehte und mit der hinteren Stoßstange an einem Baum zum Stehen kam, weil ein Hundefreund mit seinem Liebling unbedingt noch vor uns über die Straße musste. Uns war nichts passiert, der Schaden an der Stoßstange war unbedeutend.

Als wir da so standen, tauchten aus einigen umliegenden Häusern Anwohner auf, die wohl was gehört hatten in dem damals um diese Zeit verschlafen wirkenden Moordorf, denn Fernsehen war in diesen Jahren noch kein „Volkssport" am Samstagabend. Ohne nach dem Verursacher zu suchen, sind wir schnellstens in unser Auto gekrochen und haben uns aus dem Staub gemacht.

Warum? Wir waren Opfer eines damals noch verbreiteten schlimmen Vorurteils: Die furchtbare Not der nach 1765 mit großen Hoffnungen über das Urbarmachungedikt Friedrichs II. (des Großen) in das Moor gelockten und dann sich selbst überlassenen Menschen war so unbeschreiblich, dass manche gezwungen waren, in den nächstliegenden ostfriesischen Städten zum Existenzerhalt die Genehmigung zum Betteln (!) zu beantragen. Um diese „Plage" los zu werden, wurde wohl von den Einwohnern dieser Städte die denunzierende Behauptung verbreitet, die Moordorfer seien entlassene Strafgefangene und Zigeuner. Dieser schlimme Vorwurf brachte dann nach 1933 die Nationalsozialisten auf den Plan: Ein Abstammungsnachweis musste erbracht werden. Und siehe da: Alle Moordorfer sind genauso ehrenwerte Ostfriesen wie alle anderen. Unsere schnelle *Flucht* damals war also ausgelöst durch ein schlimmes Vorurteil gegenüber diesen Menschen.

Der Wechsel in eine ganz andere *berufliche* Umgebung bedeutete für uns auch nahe liegender Weise einen Wechsel in eine *andere Liga*: bessere Jobs, besser bezahlt in besseren Häusern vom Kurhaus auf Juist bis zur Weser-Ems-Halle in Oldenburg. Natürlich waren damals diese mitunter viel größeren Räume nicht mehr mit drei Musikern auszufüllen. Verstärkungen bis zu sechs Mann waren da schon erforderlich.

Oben: Jazzband ca. 1958 in Königs-(damals Suchards-)Hotel auf Norderney. (Autor li.)

Unten: „Bar-Trios“ waren damals sehr gefragt: 1961 in der Kurhausbar auf Juist. (Autor li.)

Ein interessantes Engagement ergab sich für uns über einen Besucher des Haxtumer Hofes. Er war an einem Abend mit seiner Frau zum Tanz dorthin gekommen. Unsere Musik hat ihm wohl so gut gefallen, dass er uns für eine Veranstaltung im „Club zum guten Endzweck“ in Emden verpflichten wollte. Herr Eissing war damals in einer leitenden Funktion auch in einer Vereinigung der Emder Kaufmannschaft tätig. Er war ein begeisterter Fan amerikanischen Swings. Das war für uns Aufforderung zu einem besonderen Programm in dieser Stilrichtung. Historisch interessant in der jüngeren Emder Stadtgeschichte war auch dieser Veranstaltungsort. Die Bürger der Stadt Emden haben sich 1802 zu einer Klubgesellschaft zusammengeschlossen. Es würde zu weit vom Weg abführen, um etwas über diesen Spiegel der Sozialgeschichte des frühen 19. Jahrhunderts der Stadt Emden zu berichten, aber wir empfanden es damals als etwas Besonderes an diesem Ort zu spielen. Ein kurzer Auszug aus der Satzung der Klubgesellschaft mag Zeugnis genug sein. Zweck dieser Neugründung war es, „anständige Vergnügungen mit dem Ziel einer gesellschaftliche Erholung von den Berufsgeschäften, aber auch nützliche Einflüsse auf die Kultur des Geistes und eine Bildung der Sitten“. Ich hoffe wir sind dieser Forderung zu Genüge nachgekommen.

In dieser Zeit konnte man im Ortsteil Norddeich die Ansätze eines bescheidenen Reisetourismus beobachten. Die Reisegesellschaft Scharnow hatte den damals touristisch noch bescheiden ausgestatteten „Deichstrich“ in sein Programm aufgenommen. Ein örtlicher Reiseleiter, Herr Manal, hatte sein Büro im ehemaligen Central-Hotel (heute Kaufhaus Ceka) in Norden und er bemühte sich, erste touristische Strukturen zu entwickeln. Gleich hinter dem Deich – dort, wo heute das Hotel Regina Maris steht – befand sich in einem kleinen Einfamilienhaus das („Stuben“-)Eiskaffe Friese. In zwei vormals kleinen Zimmern a’ 15 qm war nach einem Mauerdurchbruch das Kaffee entstanden. In diesem Raum organisierte dann Herr Manal seinen Scharnow-Begrüßungsabend. Er engagierte uns mit der Vorgabe, auf kleinstem Raum zurecht zu kommen. Mit Akkordeon, Gitarre und Bass haben wir dann bei angehaltener Luft aus einer Ecke heraus die ungefähr sieben Gäste musikalisch unterhalten. Einige Jahre später war es dann nötig vor doch beachtlicheren Urlauberzahlen mit fünf Mann im Saal des Hotels „Deutsches Haus“ an diesen Scharnow-Abenden für die Gäste zu spielen. Wir können für uns durchaus beanspruchen, dass wir den Fremdenverkehr im heute boomenden Nordseeheilbad Norden-Norddeich mit angeschoben haben.

Dieses Einkommen machte es mir möglich, meine persönliche Situation zu verbessern und auch schon etwas für eine spätere Zeit zu sparen, und die finanziellen Verhältnisse meiner Familie begannen, sich ein wenig positiver zu verändern. Mein Vater hatte nun eine bescheidene Stelle beim Kreiswehrersatzamt in Aurich gefunden. Meine Mutter verdiente weiterhin durch ihre Arbeit in Restaurants und an Zeltfesttheken einiges dazu. So konnte man schon von einem kümmerlichen, aber sicheren Einkommen reden. Es galt ja immerhin, eine fünfköpfige Familie mindestens zu ernähren. Heute – versöhnlicher gestimmt – kann ich sagen, dass unser Vater unter dieser sozialen Situation ebenfalls besonders gelitten haben muss, was natürlich zu einer manchmal enormen stimmungsmäßigen, manchmal schwer zu ertragenden Belastung für meine Mutter und uns Kinder wurde. Besonders schwierig war auch die Wohnraumsituation. Nachdem auch ein in Berumbur begonnener Existenzstart gescheitert war, fand ein Wohnungswechsel nach Norden statt. Die Quartiere mussten nur billig sein, entsprechend dürftig waren auch die Konditionen. Ein ständiges Herumziehen – von Umziehen konnte keine Rede sein – war in kurzen Abständen immer wieder nötig. Es war ganz kunterbunt. Mal schlief ich in einem Abstellraum, mal in der Küche, ein andermal hatte ich ein Zimmer ohne Waschgelegenheit auf der anderen Straßenseite. Das hätte für einen Jungen meines Alters eigentlich ein Ideal sein müssen, aber das familiäre Abgekoppeltsein habe ich zunächst noch stärker empfunden.

Erst sehr viel später war es meinen Eltern gelungen, nach einer bescheidenen finanziellen Sicherung ein Haus in Norden zu erwerben, das ich aber – wegen des Studiums schon meist ortsabwesend – eigentlich nicht mehr als Zuhause empfunden habe.

Mit dem allmählichen Älterwerden hat sich das Erleben meiner eigenen Situation in dem Zwiespalt befunden, einerseits die totale wirtschaftliche Katastrophe mit all ihren Begleiterscheinungen wahrnehmen zu müssen, deren letztliche Ursachen ich damals noch gar nicht wahrnehmen konnte und sicherlich auch hätte gar nicht wahrnehmen wollen, und andererseits die immer schwieriger werdende Einstellung meines Vaters zu erfahren. Im Vergleich mit meinen damals 19jährigen Alterskameraden habe ich ihm unsere Situation furchtbar übel genommen. Die Auseinandersetzungen waren sehr belastend. In dieser Situation habe ich eigentlich alles hinschmeißen wollen. Abgehen von der Schule, weg von Norden, Lehre sind Überlegungen gewesen, die mir durch den Kopf gegangen sind. Wie ich das auch noch alles realisieren wollte, habe ich natürlich nicht bedacht.

Ein erster geeigneter Gesprächspartner schien mir mein damaliger Deutschlehrer zu sein. Nur neun Jahre älter als ich. Ich meinte, solch ein *Pädagoge* wäre fast noch meine Altersklasse, der müsste einen doch verstehen. Aber weit gefehlt. Sein Kommentar war nur: „Na ja! Generationenkonflikt! Werden Sie schon klar kommen!“ Damit war ich entlassen – und wahrlich auch verlassen.

Durch meine damalige neue Freundin – meine heutige Frau –, von der ich durch unsere innige herzliche Beziehung eine großartige Stütze in dieser für mich trüben Zeit erfahren habe, lernte ich deren Vater, meinen späteren Schwiegervater, kennen. Er hatte natürlich von meinen Sorgen gehört. Seiner sensiblen, einfühlsamen und klugen Art habe ich es zu verdanken, dass ich mich zu einer Kurzschlussreaktion nicht habe hinreißen lassen. Ohne überhaupt jemanden zu verletzen, hat er mir deutlich gemacht, dass der einzige Weg nur sein kann, das Abitur zu machen, um von da aus zu einer Änderung meiner sozialen Situation zu gelangen. Sein vorsichtiger Appell, vielleicht doch ein wenig Verständnis für die Situation meines Vaters zu entwickeln, fiel damals noch auf keinen fruchtbaren Boden. Ich blieb, der Zorn aber auch.

Dass so mancher vertriebene Jugendliche sozial „außen vor" bleiben musste, war alleine durch die bei ihnen durchgängig zu beobachtende finanzielle „Bodenhaftung" begründet. Es war nur ganz wenigen möglich, sich in den Umgebungsräumen einheimischer Gleichaltriger umzutun. Ganz ohne Emotion muss festgestellt werden, wer da nicht mithalten konnte, blieb eben draußen. Ein gutes Beispiel für eine solche Situation ist die Gründung des Norder Tennisclubs Blau-Gelb. Da die Aufnahmegebühr – für die Gründungsphase doch recht entgegenkommend –, die Grundausstattung und die Ausrüstung für die bescheidenen Portmonees der meisten Vertriebenenfamilien zu hoch waren, konnten deren Kinder in diesen Verein damals nicht eintreten. Tennis war also für sie kein möglicher Sport.

Ein besonders schönes Erlebnis hatte ich immerhin in dieser Zeit auch, ich konnte in den Sommerferien verreisen – bis in die Schweiz. Da ich für ein kleines Entgelt die Übungs- und Auftrittsabende der Volkstanzgruppe des Schwimmvereins mit dem Akkordeon begleitete, bin ich natürlich mit dem Verein im Bus nach Oberhofen am Thuner See zu einer Begegnung mit einer Schweizer Volkstanzgruppe gefahren. Schön war's!

Während meiner Oberstufenzeit in den Jahrgängen 11 bis 13 waren für mich die sozialen Umstände in meiner Klasse besonders günstig. Der Zufall hat es mit sich gebracht, dass die persönlichen Werdegänge der da zusammengeführten Schülerinnen und Schüler ähnliche Entwicklungen aufzuweisen hatten. Durch ihr Kriegskinderschicksal hatte ein größerer Teil durch ganz verschiedene Ursachen Schulzeit verloren. Während in den Parallelklassen das Durchschnittsalter im 13. Jahrgang normal – also 19 Jahre – war, lagen wir bei einem Schnitt von 21 Jahren (unser Jüngster war weit abgeschlagen noch 18). Nicht wenige Klassenkameraden wurden im Abiturjahr noch 22. Dies hieß nicht, dass wir von außerordentlicher *Weisheit* erfüllt waren, aber in diesem Alter beim Übergang in die Zwanziger sind zwei Jahre Lebensalter sowieso mehr Vorsprung als auf anderen Stufen, und es ist ja auch von ganz besondere Wichtigkeit gewesen, mit welchen oft sehr traurigen Erfahrungen diese Jahre gefüllt waren, und wie auch die sich daraus ergebenden Umstände noch immer bestimmend waren. Es gab für viele noch ein anderes Band der Gemeinsamkeit: Sie kamen als Fahrschüler vom Land. Diese Situation hatte ich selbst in den vorauf gegangenen Jahren auf alle möglichen Arten erlebt. Diese doch schwierigeren Umstände gegenüber den Stadtschülern schafft Solidarisierung. Ältersein und andere meist härtere Lebenserfahrung schon in ganz jungen Jahren verbinden. In dieser Umgebung war es nicht von Bedeutung, welche häuslichen sozialen Gegebenheiten einen trotz gerade vergangener Kriegszeiten begleiteten, sondern wer und wie man war. Sowohl der Beruf des Vaters als auch der Status Vertriebener waren uninteressant. Die kleinstädtische Bezogenheit wurde also hier nicht eingespielt

Durch drei Klassenfahrten – geleitet von einem bewundernswerten und von uns sehr verehrten Klassenlehrer Janssen – wuchsen wir zu einer verschworenen Gemeinschaft zusammen. Die Größe dieses Mannes lag darin, dass er uns immer mit angemessener Wertschätzung eben unserem Alter entsprechend behandelte. Damals war es noch selbstverständlich an der Schule, dass der Lehrer eines Gymnasiums in seiner dienstlichen Funktion angeredet wurde, also hier nun: „Herr Studienrat!“ Da er den Vornamen Theodor hatte, wurde er von uns Schülern in unseren Gesprächen als „Theo!“ bezeichnet. Das sollte aber damals der Betroffene möglichst nicht hören. Das wäre doch zu despektierlich gewesen. Als meine Frau und ich 1964 heirateten, bekamen wir einen prächtigen Rosenstrauß geschickt. Auf der anliegenden Karte stand nur: „TO“! Das macht in meinen Augen einen guten Lehrer aus.

Aus dem Blickwinkel meiner Erfahrung kann ich sagen, dass es bei keinem meiner ebenfalls vertriebenen Klassenkameraden ein Etikett Vertriebener oder Flüchtling – gleich sozial ganz unten – gab. Man war in dieser Klasse nicht ein „Anderer“. Da jeder für sich immer wieder anders war, waren wir letztlich wieder alle erfreulich gleich und untereinander akzeptiert. Das war für uns davon Betroffene sehr angenehm und sollte eigentlich doch normal sein.

In den späten Fünfziger-Jahren war das in anderen Klassen im gleichen Jahrgang oder auch darunter oder darüber noch keineswegs der Fall. Die gemeinhin alle pauschal als „Flüchtlinge“ bezeichneten Menschen, obwohl die überwiegende Zahl in Ostfriesland *Vertriebene* waren, hatten in den Schulklassen immer noch eine feste Platzierung: fremd, unten oder arm – oder alles zusammen. Wenn dann auch noch im Klassenbuch als Wohnort Lager Tidofeld eingetragen wurde, war ein nachhaltiger Stempel drauf. Das hat es auch noch eine ganze Strecke über meine Schülerzeit am Ulrichsgymnasium in Norden gegeben. Johann Haddinga berichtet in seinem Buch „Bewegte Zeiten in Norden“ auf S. 177: „Die letzte hölzerne Unterkunft stand in der Nähe der Gnadenkirche und wurde im Sommer 1968 beseitigt.“ Durch den Weg meiner Familie über den Bauernhof in Arle, den Aufenthalt in Unterfranken und die verschiedenen Wohnungen in Norden war ich da ein wenig besser dran.

Unabhängig von meinem Vertriebenenstatus an sich habe ich ja – wie schon beschrieben – durch die ständigen Wohnortswechsel meiner Familie die Rolle des „Neuen“ in der Schule weidlich auskosten können.

Meine Erfahrung als Vertriebener war es, dass dann, wenn ein Kind oder Jugendlicher unter Gleichaltrigen durch den sozialen Status des Elternhauses, einer besonderen Schulgemeinschaft oder einen Verein definiert war, die Platzzuweisung stattfand. Die sich oft als besser einschätzende Gruppe oder gar Nische, das sind *wir*. Die sozialen Einbindungen geben den Halt, bestimmt den Corpsgeist. Erst wenn sich die sozialen Vorurteile so weit abbauen, dass der Einzelne ein Gleicher wird, bei voller Akzeptanz der Eigenarten des anderen, hat Integration stattgefunden.

Meine Oberstufenklasse in Norden, meine Freunde in Unterfranken und auf dem Bauernhof in Arle sind Beispiele für gelungene Integration. Die festen sozialen Gruppierungen erweisen das Beharrungsvermögen, um noch lange auf den zeigen zu können, der draußen bleiben muss, nicht integriert ist oder – noch (?) – nicht integriert werden kann.

Meistens wird bei solchen Konstellationen zwischen hier Einheimischen und da „Flüchtlingen“ vergessen, dass jetzt arme *Underdogs* auf gleichen Sozialniveaus anzusiedeln sind und nur die traurige Ungunst der politisch-historischen Situation dazu geführt hat, dass die einen zufällig auf der einen Seite und die anderen auf der anderen Seite stehen. Um dieses Denken aus den Köpfen heraus zu bekommen, bedarf es mindestens einer Generation (oder gar mehr). Die Bereitschaft hierzu muss auf beiden Seiten vorhanden sein.

Anlässlich eines Ministerbesuches der Dokumentationsstätte in der Gnadenkirche in Tidofeld schreibt der „Ostfriesische Kurier“ am 24. Mai 2012: „Im früheren Barackenlager in Tidofeld seien von 1945 bis 1960 mehrere Tausend Menschen aufgenommen worden. Die schulisch und handwerklich oft gut ausgebildeten Menschen hätten einen großen Anteil am wirtschaftlichen Aufschwung Ostfrieslands gehabt.“

Auch die Vertriebenen sollten bedenken, dass den hier heimischen Menschen zum Teil Unvorstellbares zugemutet worden ist. Nach der Einweisung der total ausgebombten Emder in den Städten Ostfrieslands kam in einer nächsten Phase die amtliche Zuweisung der vielen Vertriebenen in als überzählig eingeschätzten Wohnräumen und eben in den schon erwähnten Barackenlagern. Um mir das einmal bewusst zu machen, stelle ich mir immer mal vor, wie das wohl wäre, wenn in meinem geräumigen Haus oder in den Häusern meiner Kinder oder Freunde vier oder gar sechs fremde Personen eingewiesen würden – vor allem bei gleich bleibender Sanitärsituation – besonders noch ohne Waschmaschine!

12. Exkurs: Ist der Weg einer sozialen Eingliederung schon zu Ende?

Aus der heutigen Situation könnte man sich rückschauend natürlich fragen, haben die folgenden Erlebnisse und Ereignisse des studentischen Lebens noch etwas mit der Sonderrolle eines Vertriebenen zu tun?

Im Abgleich der Situation vertriebener und nicht vertriebener Studierender sind aber durchaus noch gut erkennbare Unterschiede auszumachen gewesen.

Hierfür muss einiges Grundsätzliche, eigentlich längst Bekannte vorgestellt werden.

Für Bildungsimpulse und sich daraus ergebende Bildungsprozesse muss der Blick auf das soziale Milieu eigentlich eines jeden Heranwachsenden gerichtet werden, und der Anfang, die Keimzelle liegt hierfür im Elternhaus.

Erste Voraussetzung: Der Weg der Kinder in eine bessere soziale Situation beginnt mit dem Bewusstsein und der Überzeugung der Eltern, den Kindern eine soweit wie möglich beste Bildung zukommen zu lassen, weil sie dadurch die Lebenschancen ihrer Kinder fortschreitend verbessern wollen. Bildungsnähe / Bildungsferne sind hier die entscheidenden Eckpfeiler für die kulturelle Entwicklung der eigenen Kinder.

Zweite Voraussetzung: Durch die allgemeine Schulpflicht ist die öffentliche Grundlagenbildung in Deutschland nach dem Zweiten Weltkrieg allmählich nach oben ansteigend – abgesehen von einer längeren Leistung der Lebenshaltungskosten für die Kinder – kostenfrei. Mit dem Einstieg in ein Studium gab es von 1945 bis 1957 keinerlei finanzielle Unterstützung für Studierwillige. Die Anfangszahlungen der ab 1957 möglichen Zuwendungen durch das dann eingeführte Honnefer Modell für materiell schwache Studenten waren so bescheiden, dass sie wohl als eine Zusatzhilfe angesehen werden konnten, aber ohne eventuelle Hilfe entbehrungswilliger Eltern oder durch massiven eigenen Verdienst während des Studiums und vorrangig in den Semesterferien war ein unbelastetes Studieren nicht möglich. Auch bei den über das Lastenausgleichsgesetz geförderten Studenten war es ähnlich.

Während meiner Oberstufenzeit am Gymnasium und meiner ersten Studienzeit ab 1959 umgaben mich etwa folgende sozialen Umfelder junger Leute nach ihrer Herkunft: Mitschüler und Studenten des Ulrichsgymnasiums Norden oder anderer niedersächsischer Gymnasien, Studenten aus anderen Bundesländern, Kollegen der Musikerszene in Norden und, wie noch zu berichten sein wird, in Göttingen, Kollegen auf den verschiedenen Arbeitsstellen, Verwandte.

Diese verschiedenen sozialen Gruppen nun vor den Hintergrund des beschriebenen Spannungsfeldes der Bildungsbereitschaft/Studierwilligkeit und der materiellen Möglichkeiten für die Umsetzung gestellt, macht mir für mein Göttinger Beobachtungsfeld in diesen Jahren Interessantes bewusst.

Der überwiegende Teil der damals Studierenden kam aus gut bis besser gestellten bildungsnahen Elternhäusern. Die dort vertretenen Berufe der Eltern brauchen nicht erst aufgezählt zu werden. Grundsätzliches oder zusätzliches Geldverdienen war bei den meisten nicht angesagt.

Begabte Kinder bildungsfernerer Eltern mit gar zusätzlich geringerem Einkommen hatten damals nur ganz geringe Chancen einen solchen Weg zu beschreiten. Sie waren abwesend!

Kindern aus bildungsnahen Elternhäusern mit einem Zeugnis über den Hochschulzugang bei ebenfalls fehlenden Möglichkeiten der finanziellen Hilfe war ein Studium nicht möglich, es sei denn, diese Studentinnen und Studenten sahen selber zu, wie sie ihren Weg finanzieren konnten. Hier sind nun die Vertriebenen- und Flüchtlingskinder zu suchen, die in meiner Lage gewesen sind. Ich habe bewusst „suchen" geschrieben, denn mir ist in meiner Göttinger Zeit kein „Artgenosse" begegnet.

Insofern soll über diesen Exkurs deutlich werden, dass von abgeschlossener Integration noch nicht die Rede sein kann.

Der Einblick in diese Studienzeit und in das eher bescheidene studentische Leben auch der nichtvertriebenen Studenten dieser Jahre zeigt auch manches an bereits wieder oder noch Etabliertem einer politischen Entwicklung. Der aus meiner Einschätzung kardinalste politische, soziale und kulturelle Wandel im Umfeld des Jahres 1968 warf seine Schatten schon voraus.

Noch immer möchte ich zu bedenken geben, dass ich – wie im Vorwort bereits erwähnt – ein „Geschichtsbuch von unten" schreiben möchte.

13. Studium bei finanzieller Nulloption?

Das Abitur kam allmählich immer näher, und meine Freundin in ihrer sehr strebsamen gewissenhaften Art konnte mir plausibel machen, dass ein wenig mehr Einsatz in der Schule für eine Verbesserung des Abschlusses durchaus nicht schlecht wäre. Natürlich habe ich in Mathematik und Latein immer schön brav meine Hausaufgaben gemacht. Aber alles andere habe ich ganz schön links liegen gelassen. Diese Fächer wurden von mir eigentlich nur an den Vormittagen während der Unterrichtsstunden bemerkt. So habe ich mich immerhin dann doch von ihr dazu breitschlagen lassen, die uns diktierten Geschichtszahlen zu lernen. Sie hat sie mich auf unseren Spaziergängen im Lütetsburger Park dann abgefragt. Ich hätte anderes viel lieber getan. Die anderen Fächer wurden auch mit ein bisschen mehr Aufmerksamkeit bedacht. Aber mit ihrer Gewissenhaftigkeit hatte sie, wie sich doch bald herausstellen sollte, durchaus Recht, dass ein manchmal besseres Zeugnis durchaus hilfreich sein kann.

Nun galt es zunächst einmal, über einige Fragen nachzudenken, die für mich in unmittelbarer Beziehung zueinander stehen mussten. Was willst du studieren? Kannst du studieren? Kannst du das überhaupt finanziell bewältigen? In welcher Zeit? Willst du und kannst du überhaupt studieren?

Studieren wollte ich schon. Also: Wunschberuf? Ein länger angedachtes Ziel – recht weit vor dem Abitur – wäre Arzt gewesen. Aber mit dem Näherkommen des Abschlusses war mir klar, dass das bei meiner finanziellen Lage ein utopischer Gedanke sein musste, da mir zwölf Semester vorausschauend bei bescheidenen Musikerersparnissen, plus weiteres Musizieren, plus Werkstudent absolut unerreichbar erschienen.

Natürlich habe ich mich mit dem Eintritt in die Oberstufe 1956 erkundigt, welche anderen finanziellen Möglichkeiten für einen wie mich bestünden, aber öffentliche Förderprogramme, wie heute etwa Bafög, waren noch nicht „erfunden". „Aber Sie sind doch *Flüchtling*? Stehen Ihnen da nicht Mittel nach dem Lastenausgleichsgesetz zu? Wie Sie die wirtschaftliche Lage Ihrer Eltern vor dem Krieg beschreiben?"

Na ja! Da hatte mich wieder einmal die wirtschaftliche Vergangenheit meiner Familie am Wickel. Da die Bemühungen meines Vaters, in Unterfranken ein Geschäft zu gründen, restlos – im wahrsten Sinne dieses Wortes – gescheitert waren, hatte ich keinen Anspruch auf Unterstützung mehr, wurde mir amtlicherseits korrekt mitgeteilt. War alles fein dokumentiert, konnte man mir vorlesen.

Welche anderen Neigungen hatte der junge Mann denn dann? Was war eine andere – nicht zweite – Wahl?

Umgang mit Menschen? Dann wohl Lehrer! Wie sieht es da denn mit der Dauer und damit mit den Finanzen aus? Grundschullehrer: damals an der Pädagogischen Hochschule 4 Semester. Finanziell wohl zu bewältigen, aber die „ganz kleinen Mäuse" konnte ich mir nicht so vorstellen. Also Realschullehrer: 6 Semester Universität / 2 Semester Pädagogische Hochschule. Das schien mir umsetzbar.

Ein Wort zur Studienfachwahl: Aus inzwischen vierzigjähriger Berufserfahrung weiß ich, dass natürlich eine Neigungsentscheidung im Vordergrund stehen sollte. Wenn dem die Finanzierbarkeit einen Riegel vorschiebt, wie das früher oft vorgekommen ist – meine eigene Erfahrung ist in diesem Augenblick ja gerade zum Tragen gekommen –, muss nach einem anderen Weg gesucht werden. Sie sollte nicht mit dem Gefühl der zweiten Wahl befrachtet sein. Eine überzeugende innere Beziehung zu einem Studienfach ist fast immer Erfolg versprechend. Bei aller Anerkennung des allgemein bildenden Anspruchs der Abiturprüfungen in Deutschland sollte es auch ein Ziel im Training der Studiertechniken sein, für die Studierwilligen und –fähigen eine Brücke anzulegen, die dann von der anderen Seite vervollständigt wird. Das war – wie ich aus Gesprächen mit Kommilitonen insbesondere der Geisteswissenschaften bestätigt bekam – 1959 noch kaum der Fall.

Mit meinem Deutschlehrer in der Oberstufe, der mich gar nicht so lange vorher mit dem „Generationenkonflikt" abgeschmettert hatte, war ich, was die Motivation für ein Fach angeht, bestens bedient. Also: Hauptfach Deutsch. Weitere mögliche Fächer: Geographie, Geschichte, Sport. Nachdem ich mir im Sportinstitut der Universität Göttingen die Leistungsbedingungen für die Anfangssemester angesehen hatte, habe ich mich davon abschrecken lassen und nicht auf die Stimme der Neigung gehört. Ich habe es abgehakt. Ehrlicherweise war doch ein zwar überbrückbarer Trainingsrückstand erkennbar, was ein mobiler und leistungsbereiter junger Mensch hätte rantrainieren können, aber es hätte mich mehr Zeit gekostet, als ich mir zugestehen wollte. Bis zum Ende des 12. Jahrgangs wurden wir von einem Sportlehrer unterrichtet, der Sport wohl als unbedeutendes Nebenfach angesehen hatte, stets nur mit Anzug und Krawatte, wie damals im Fachunterricht üblich, auch im Sportunterricht auftrat, als einziges Attribut, um als Sportlehrer erkennbar zu sein, sich einen Schal um den Hals wickelte, wegen der Hallenordnung Turnschuhe anzog und eine Trillerpfeife in den Mund steckte, und wenn er sie mal raus nahm, uns von seinem Dienst als Hauptmann „im Felde" oder „im Kriege" erzählte.

Wie unsagbar groß war unser Erwachen, als wir im 13. Schuljahr bei einem „echten" Sportlehrer Unterricht bekamen. Selbst als Student sehr erfolgreich im Leistungssport, drahtig, freundlich und anspruchsvoll. Er merkte bald, dass mit diesen „vielen älteren Herren“ kein großer Staat mehr zu machen war. Aber immerhin hat er uns so weit gebracht, dass wir das damals noch für alle verbindliche Sportabitur bestanden haben. Es war sein Ehrgeiz, selbst uns „lahme Enten“ mit einer Zwei oder Drei durch die Prüfung zu bekommen. Auch der Unsportlichste schaffte ein Ausreichend.

Also dann los mit zwei Klassenkameraden nach Göttingen, was damals in Niedersachsen die einzige Landesuniversität und eigentlich immer für die „Landeskinder“ erste Anlaufstelle war. Zimmersuche, Uni-Sekretariat, AStA. Im Haus eines Juraprofessors in der Gervinusstraße am Hainberg, in dem er und seine Frau mit sechs Kindern gelebt hat, fanden wir für 60,00 DM ein Dreierzimmer mit einer Gemeinschaftsküche für acht weitere Studenten (jeder 20,00 DM! Sehr schön!). Der Herr des Hauses war 1945 zwangsbeurlaubt worden, da er an den Kommentaren der Nürnberger Rassegesetze mitgearbeitet hatte. Bis zu einem „erhofften Wiedereinstellungsverfahren“ (so seine Frau) saß er – 1959 immer noch – im Keller seines Hauses und mangelte die Gardinen. Kommentar seiner Frau: „Das kann er ruhig tun. er schaut ja im Augenblick durch sie die meiste Zeit nach draußen!“ Im Nebenhaus wohnte Otto Hahn! Vielleicht lässt sich von daher erschließen, zu welcher Zeit dieses Wohngebiet Göttingens wohl bebaut worden ist?

Beim AStA erhielt ich die wahrlich frohe Kunde, dass ich über das bereits 1956 eingerichtete Förderungsprogramm nach dem Honnefer Modell Zuwendungen erhalten könnte: für das 1. Semester über mein Abiturzeugnis (Siehe da, das Drängen meiner Freundin hatte sich gelohnt!), für die dann folgenden drei Semester 90,00 DM im Semestermonat und für weitere vier Semester 120,00 DM jeden Monat als Stipendium, für die darauf folgenden Semester als zinsloses Darlehen.

(Wenn man heute mitunter mit jüngeren Leuten darüber spricht, kommt sehr schnell das Argument: Na ja, das war ja damals noch viel mehr wert! Um dem ein wenig zu begegnen, kann ich nur darauf hinweisen, dass eine „normale“ Studentenbude ohne viel Schnickschnack schon mit 90,00 bis 100,00 DM monatlich – über das ganze Jahr – bezahlt werden musste.)

Mit dieser erfreulichen Nachricht nach der Immatrikulation dann schnell wieder nach Haus!

Für die verbleibenden Wochen – wie auch während der Semesterferien der folgenden zwei Jahre – habe ich dann bei verschiedenen Norder Firmen gejobbt.

Bei der Kornbrennerei Doornkaat in der „Kolonne“ als Springer, d.h. alle anliegenden Arbeiten auf der untersten Ebene des Systems mussten erledigt werden: Koks schippen, Kartons von niederländischen Lieferanten abladen, Brennkessel reinigen bei ca. 30 Grad Innentemperatur, Kupferrohre putzen, am Fließband Flaschen einstecken, Betriebsgelände fegen und vieles andere mehr. Eine besonders erholsame Betätigung meinte ich gefunden zu haben auf einem Kontrollplatz vor der Abfüllanlage. Am Anfang des Weges der Doornkaatflaschen hatte ich ja schon am Fließband stehend mit dem Einstecken der Flaschen in ihre Laufposition den Anfang dieses Produktionsprozesses kennengelernt. Nun hatte ich in Vertretung eines kranken, vom Krieg her beinamputierten Kollegen vor einem Leuchtkasten zu sitzen und nur darauf zu achten, ob nicht bei einer der vorbeilaufenden in die Tausende gehenden Flaschen eine nicht ordnungsgemäß gegossen war. Stundenlang waren alle in Ordnung, aber irgendwann könnte oder gar konnte ja mal eine vorbeikommen, die eben nicht formvollendet war. Diese hatte der dann dort sitzende Arbeiter herauszunehmen, denn nach dem Einlauf in das Abfüllkarussell hätte diese eine Flasche einen ungeheuren Schaden anrichten können. Die hoch verantwortungsvolle Aufgabe war es nun, diesen Fall zu verhindern. Selbstverständlich hätte man schon damals ein Kontrollgerät entwickeln können, aber die dort eingesetzte menschliche Arbeitskraft war über viele Jahre billiger. Schon nach der ersten Schicht von acht Stunden des fast unnützen Schauens bei totaler körperliche Untätigkeit war ich abends unvorstellbar belastet. Ab dem zweiten Tag konnte ich kaum noch vernünftig schlafen. Ich sah nur noch Flaschen an mir vorbeilaufen. Nach einer Woche stellte sich ein kaum beschreibbarer Stumpfsinn ein. Nach den vorgesehenen vierzehn Tagen war ich heilfroh, wieder Koks schippen zu können. Das schiere Gegenteil dieser Arbeit war es, auf dem sogenannten Kartonboden eingesetzt zu sein. Man saß dort oft sehr lange herum, um auf die aus den Niederlanden angelieferten und über ein Fließband für den Versand angelieferten Kartongebinde zu stapeln. In den Wartepausen haben wir uns dann darangemacht, aus den dort herumliegenden Verpackungsdrähten Figuren von Menschen und Tieren zu biegen. Man könnte solche Produkte durchaus als eine Art „Arbeiterkunst“ bezeichnen.

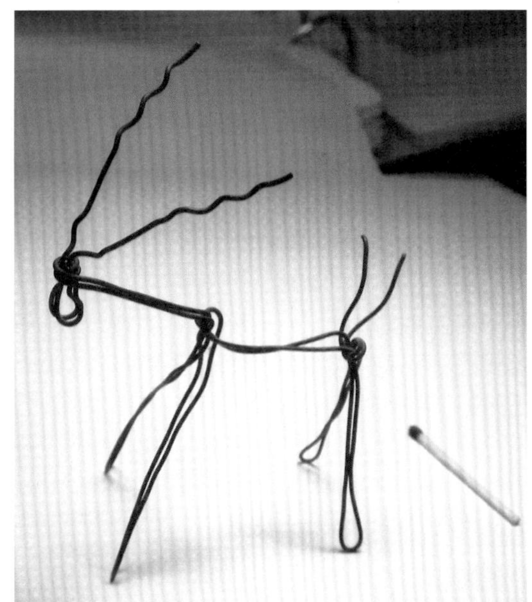

Während der Wartezeiten auf dem Kartonboden, auf dem die Lieferungen aus den Niederlanden gelagert wurden, war für Arbeiter die Gelegenheit, aus den nicht mehr benötigten Verpackungsdrähten solche und ähnliche „Arbeiterkunstwerke“ herzustellen.

Zehn Jahre später habe ich bei einer Werksbesichtigung mit meinem Kollegium den armen Mann am Kontrollkasten immer noch dort sitzen sehen. Wir haben uns kollegial zugewinkt. Ich wusste nicht, ob ich ihn bedauern oder bewundern sollte?

Eine ganze Zeit habe ich dann bei der Straßenbaufirma Tell Arbeit gefunden. Damals musste es schon mit dem Wetter sehr heftig zugehen, bis man „auf schlecht Wetter" gehen konnte. So manches Mal ist uns der Regen vom Kragen bis zu den Schuhen gelaufen. Aber eigenartiger- oder erfreulicherweise sind wir nie krank geworden. Interessant für mich heute ist es, dass ich immer wieder mit dem Lager Tidofeld zu tun hatte. In diesen Jahren sind im Rahmen größerer Sanierungspläne in Hauptstraßennähe bereits Baracken abgerissen worden, und die Firma Tell hatte den Auftrag, dort neue Betonsteinstraßen zu bauen. Meine Kolonne war dort im Einsatz.

Ein für mich besonderer Auftrag war es, mit zwei Kollegen – ebenfalls jobbende Studenten – einen Ringgraben für einen Blitzableiter um die gar nicht so kleine Ludgerikirche in Norden auszuheben und nach Verlegung durch eine Fachfirma nach einigen Tagen wieder zu schließen. Was haben wir unerfahrenen Straßenbauhilfsarbeiter gemacht? Wir haben nach der Verlegung die Grabenstrecken wieder mit dem Aushub verfüllt und mit dem Gewicht unserer Körper festgetreten. Wir sind keineswegs darauf gekommen, das gesamte Material mit einer Ramme zu verdichten. Die Oberfläche wurde auf gleichem Niveau planiert und die abgehobenen Klinker wieder in den Lücken verlegt. Was – natürlich – übrig sein musste, haben wir auf einen Hänger geschaufelt und abfahren lassen. Es kam, was kommen musste. Schon nach kurzer Zeit war durch das nur mit dem Körpergewicht vorgenommene Verdichten des von uns aufgefüllten Bodens eine sichtbare Absenkung auf der gesamten Strecke zu beobachten. Es war nicht viel, aber wir drei Verursacher haben über Jahrzehnte mit „Stolz“ das Ergebnis unserer Arbeit als umlaufend erkennbare Absenkung bewundern können.

Das erste Semester konnte also vor dem entstandenen finanziellen Hintergrund mit einer gewissen Beruhigung begonnen werden. Nur sollte eine böse selbstverschuldete Überraschung bald folgen. Was damals anders war bei der Zahlung von Förderung, war eben der Nachweis von Leistung. Heute bekommt der Bafög-Stipendiat über seinen normal dokumentierten Studiengang sein Geld. Damals musste für den Erhalt der Förderung eine zusätzliche Leistungsprüfung pro Semester nachgewiesen werden, was nicht von staatlicher Seite alimentierte Studierende nicht brauchten. Die betroffenen Studenten mussten sich also vor Semesterende in ausgehängten Listen der einzelnen Dozenten für diese Prüfungen eintragen. So haben sich dann mein Klassenkamerad, nun Mitstudent der Germanistik und – eigentlich lebenslanger – bester Freund Joachim Kummer, der eine LAG-Förderung erhielt, die Listen angesehen, und festgestellt, dass sie alle schon sehr lang geraten waren, so zwischen dreißig bis sechzig Eintragungen. Das schien ja eine lange Wartezeit zu bedeuten. Nur eine Liste war überraschend kurz. Beim damaligen Papst der Germanistik Wolfgang Kayser, dem Verfasser des großartigen „Sprachlichen Kunstwerks“, war nur eine Dame auf der Liste zu sehen. Wir, unter völliger Überschätzung unserer Talente als Erstsemester nach dem Motto „Wir haben Abitur!“, haben uns als Nummer 2 und 3 in die Liste eingetragen, in der Erwartung, dass das keine langen Wartezeiten bedeuten könne.

Das hatten wir auch richtig eingeschätzt. Nach einer Woche hatten wir unseren Termin. Wir wurden im Dienstzimmer des Professors in tiefen Ledersesseln versinkend geprüft. Wolfgang Kayser, ein äußerst freundlicher und höflicher Mann, behandelte uns beinahe wie Kollegen. Er stellte seine Fragen immer reihum in einer Art KO-System. Wenn einer eine Frage nicht zu beantworten wusste, wurde er beim nächsten Mal überschlagen. Mein Freund Kummer und ich drucksten schon bald ziemlich jämmerlich herum, wie das eben bei Erstsemestern in einem gelehrten Gespräch mit einem solch hochkarätigen Mann gar nicht anders sein konnte. Schon bald führte der Professor nur noch ein Fachgespräch mit der Studentin, die ganz offensichtlich ein höheres Semester gewesen sein musste. Wobei er uns immer wieder freundlich kollegial anlächelte. Nach der vorgesehenen Zeit wurden wir mit guten Wünschen für die kommenden Semesterferien und einem Dank, dass er uns kennen gelernt hatte, höflich entlassen.

Uns wurde umgehend klar, dass wir keinen besonderen Eindruck hinterlassen haben konnten. Das musste so sein, bei so viel Selbstüberschätzung!

Das Ergebnis bekamen wir auch nach den ersten Tagen des zweiten Semesters schriftlich zugestellt: Nicht bestanden! Hieß für uns beide: Kein Geld aus dem Fördertopf im nächsten Semester.

Warum erzähle ich hier eine Episode, die eigentlich nichts Vertriebenen-Typisches an sich hat? Könnte ja jedem anderen Studenten mit ähnlicher jugendlicher Selbstüberschätzung ebenfalls passiert sein!

Nur für mich hatte das verheerende Folgen. Also Kassensturz: Vorhandenes Geld vom Job bei der Baufirma plus Gespartes von der Musikerei, minus Studiengebühren, minus Fahrkarte vor Weihnachten nach Hause, minus davor einmal Friseur.

So weit so schlecht genug! Nun kam noch hinzu, dass ich mit dem Führerschein begonnen hatte. Die Fahrschule Rogler in Göttingen hatte damals für Studenten ein besonders, auch für die damalige Zeit attraktives Angebot: Normal anzunehmende Fahrstundenzahl plus Prüfungsgebühr für die Klassen I und III ungefähr 120,00 DM! Dieser Preis und der Umstand, dass ich schon mit Fahrstunden begonnen und diese auch schon bezahlt hatte, ergaben für mich, dass ich das Unternehmen auf keinen Fall abbrechen konnte.

Den dann noch verbleibenden „Rest" geteilt durch die noch kommenden Semestertage machte einen Tagessatz von 1,17 DM!!

Davon kann man aber gar nicht viel kaufen. Das Mensaessen kostete damals eine Mark, ein Pudding 10 Pfennig. Also habe ich mir meistens drei Puddings geleistet, der Rest war dann für alle anderen *Lebensmittel.*

In den vergangenen Jahren unserer „Wanderung durch Deutschland" habe ich immer wieder einmal mit meiner Familie zu wenig zu essen gehabt. Diese Phasen waren mir als wirtschaftlich knapp in Erinnerung und eine Art plötzlicher Heißhunger auf irgend ein ganz besonders Essen konnte mich als Kind schon überfallen, wie das bei dem Tausch Taschenmesser gegen Mettwurst deutlich geworden ist, aber an eine längere Strecke intensiven Hungergefühls als Kind kann ich mich nicht erinnern. In diesem Semester habe ich das in Göttingen als junger Erwachsener hinlänglich erfahren können!

Mein Stolz, aber auch meine Scham über so viel Dämlichkeit haben mich dazu gebracht, zu Hause niemandem etwas davon zu erzählen. Meine Freundin, deren Eltern und auch deren Familie, zu denen ich ein hervorragendes Verhältnis hatte, hätten mir ganz gewiss gerne umgehend aus dieser Klemme geholfen. Das wollte ich nicht, und dabei ist es auch geblieben. Über Weihnachten konnte ich mich ja wieder ein wenig satt futtern. Da meine beiden Mitbewohner – Joachim Kummer und Karl Smidt, ein weiterer Klassenkamerad – Landwirtssöhne waren, und von meiner Knappheit wussten, habe ich doch immer wieder von ihren heimatlichen „Fresspaketen" etwas abbekommen.

Mir war klar: Das passiert dir nie wieder!

Trotz eigentlich danach immer besserer Situation habe ich manchmal auch schon bei besserem Tagessatz mittags die Drei-

Pudding-Variante vorgezogen, denn das Essen in der Göttinger Hauptmensa am Wilhelmsplatz machte nicht immer den allerbesten Eindruck. Da die Mensaküche und die Anatomie der medizinischen Fakultät aneinander grenzten, kam bald das Gerücht auf, es gäbe dort eine Durchreiche. Sicherlich kann das dahingestellt bleiben. Aber Geschmack und Aussehen der Gerichte waren oft recht abenteuerlich. Krönung war das wöchentlich angebotene Persische Bohnengericht. Da der frühere Reichskanzler Bismarck nicht nur durch seine längeren Aufenthalte im Göttinger Karzer bekannt geworden ist, hat man ihm von studentischer Seite späte Anerkennung zollen wollen, indem man dieses Gericht als „Bismarcks letzten Husten" bekannt gemacht hat.

Nachdem wir Norder zwei Semester in dieser Mischung aus privatem „Studentenwohnheim" und WG verbracht hatten, war uns deutlich geworden, dass in einer solch unruhigen Umgebung vernünftiges Arbeiten nicht möglich war.

Wir gingen auf Budensuche. Ich fand dann nach langer Suche, weil für mich das meiste auf dem Göttinger „Budenmarkt" zu teuer war, ein sehr preiswertes „Zimmer". Es war nichts anderes vorher gewesen als ein Stück Flur: ein Fenster an der einen Wand, an jeder anderen Wand eine Tür, eine zur Küche der Wirtin, die andere zu ihrem Schlafzimmer, in dem sie mit ihrer erwachsenen Tochter heftig schnarchte, die dritte Tür war der Zugang des Mieters. Der Schlafzimmerzugang war zur Geräuschdämmung mit einer Wolldecke verhängt. Ein Kanonenofen sollte als Heizung dienen, diesen habe ich nur an den Sonntagen im Winter eingeheizt. An den Werktagen habe ich in den Instituten oder in der Universitätsbibliothek gearbeitet. Waschgelegenheit waren tatsächlich Schüssel und Krug aus Emaile. Der Wasserhahn war erreichbar in der Küche der Wirtin, wenn sie da war – aber meistens war sie da. Toilette eine halbe Treppe tiefer. Das Ganze für 30,00 DM im Monat meiner Anwesenheit. Erschreckt von meiner gerade erfahrenen finanziellen Bruchlandung habe ich natürlich sofort gemietet. Diesem Zimmer bin ich dann bis zu meinem Examen treu geblieben. Als ich meinem zehn Jahre jüngeren Bruder, der später ebenfalls in Göttingen studierte, bei einem Besuch bei meiner Wirtin das Zimmer zeigte, sagte er: „In so ein Loch wäre ich nie eingezogen!“ Schon zehn Jahre später aus derselben Familie kommend zeigt doch den Wandel der Ansprüche.

Interessante soziale Erfahrung in dieser Zeit, es war noch vor 1968. Als meine Norder Freundin mich in Göttingen besuchen kam, bot mir meine Wirtin an, dass sie in meinem Zimmer schlafen könne. Na sowas! „Aber Sie gehen zu ihrem Freund, Herrn Kummer!“ Ach so!

Ganz aufschlussreich mag auch sein, mit welch „technischer“ Ausstattung man als Student einer Besucherin eine recht *komfortable* Bewirtung bieten konnte. Als einzige Geräte hatte ich eine Kochplatte mit einem Dreistufenschalter und einen 2 l- Aluminiumtopf von meiner Mutter. Wie habe ich nun die Beköstigungsreihenfolge abgewickelt? Zunächst langsames Ankochen der zwei Eier, bis sie hart gekocht sein könnten. (Langsam, damit die Schale nicht vorher springt.). Danach die Würstchen sieben Minuten in diesem Wasser heiß werden lassen – dabei möglichst darauf achten, dass sie nicht platzen – , nun die Würstchen raus und in einem Küchentuch unter das Kopfkissen. Mit dem gleichen Wasser wurde der vorbereitete Tee in der Kanne aufgegossen.

Ich hielt das für eine gelungene Rationalität bei der Ausnutzung begrenzter Ressourcen. Meine zum Essen eingeladene Freundin fand – wie sie mir erst später sagte – Tee mit Fettaugen ein wenig befremdlich!

Meine vorherige gute Einnahmequelle aus Schülertagen, die „Musikerei“, war ja mit dem Ortswechsel zunächst einmal unterbrochen. Aber bald nach meiner Notzeit lief das *Geschäft* wieder. Da es ja üblich war, dass die niedersächsischen Landeskinder zunächst die einzige Landesuniversität in Göttingen besuchten, kamen dort sehr viele Norder aus meinem und den darüber liegenden Jahrgängen zusammen. Darunter natürlich eine beachtlich hohe Zahl an Jazzern unserer Schule, mit denen ich ja zusammen gespielt hatte. Da es nun unter studentischen Bedingungen für jeden ganz angenehm war, zusätzlich Geld zu verdienen, war das Interesse an dieser doch gut bezahlten studentischen Arbeit, da ja gelernte „Facharbeit", sehr groß.

In Göttingen hatte sich einige Semester vor mir eine Art „Musikerbörse" aufgetan. Aktive Jazzer hatten in Rosdorf eine alte Kegelbahn angemietet und dort einen Jazz-Club gegründet. Sie spielten dort mit Gleichgesinnten an den Wochenenden. Der Zulauf war bei der Beliebtheit dieser Musik bei den Studierenden schon bald sehr groß. Auch der Kreis der interessierten Aktiven wurde größer. In dieser Zeit stieß ich dann als Studienanfänger zu diesem Kreis.

Es sprach sich sehr schnell bei anderen Veranstaltern, die an damals allgemein selbstverständlicher Live-Musik interessiert waren, herum, dass in diesem „Centre" genannten Lokal – besonders vornehme Studenten sprachen es französisch aus – Musiker in Formationen und Besetzungen unterschiedlichster Art zu verpflichten waren – vom Alleinunterhalter am Klavier bei der Hochzeit der Tochter eines Professors im Nobelhotel „Zur Sonne" über ein Trio bei einem Abtanzball bis zur Sechs-Mann-Combo bei einer Betriebsfeier oder einem Fakultätsball. Total vom „Center" bedient wurde der im Wintersemester stattfindende Faschingsball der Fachbereiche Literatur und Kunst im „Rohns", einem oberhalb von Göttingen am Hainberg gelegenen Restaurant und Ausflugslokal. In allen Sälen wurde bis zum Morgengrauen live musiziert. Das L.u.K.- Fest (Es soll tatsächlich Menschen gegeben haben, die

L.u.K. mit Lutsch und Knutsch übersetzt haben!) war der Höhepunkt des Wintersemesters.

Durch das weitere Bekannterwerden der „Centre"-Mannschaft dehnte sich unser Aktionsrahmen immer weiter aus. Clausthal-Zellerfeld, Hannover, Bremen, Oldenburg, Norderney und Juist geben die äußeren Grenzen unserer damaligen Spielorte an.

Besonders lukrativ waren für uns die Semesterbälle oder Stiftungsfeste der Göttinger studentischen Verbindungen. In den westdeutschen Traditionsuniversitäten war nach dem Zweiten Weltkrieg nach der Verbotszeit durch die Nationalsozialisten das Verbindungswesen wieder in Gang gekommen. In den zum Teil sehr eindrucksvollen Verbindungshäusern der Burschenschaften und Corps fanden wieder die unterschiedlichsten Aktivitäten statt. Die Räumlichkeiten in diesen Burgen ähnelnden Häusern waren so groß ausgelegt, dass die Feste mit großen Besucherzahlen dort durchgeführt werden konnten.

Mit fünf Leuten waren wir beim Stiftungsfest des Corps Hannovera in der Bürgerstraße engagiert. Beginn: 17.00 Uhr am Sonnabend, Ende am Sonntag um 11.00 Uhr. Wie kommt's? Zunächst ungefähr vier Stunden „Semestertanz". Die Semester der Anwesenden wurden vom Studienbeginn an bis zum Zeitpunkt dieses Stiftungsfestes weitergezählt. Wer also als *Alter Herr* von 85 Jahren anwesend war, ist 1875 geboren und hat etwa 1894 mit dem Studium begonnen. Bei konsequenter Weiterzählung der Semester war der dann ein 132. Semester! Diese Paare waren dann die Ersten, die tanzen mussten: „Kaiser von Rom", Rheinländer, Polka oder Wiener Walzer. Manche der zu spielenden Melodien so vergangener Zeiten waren uns völlig unbekannt. Wir haben uns dann das, was etwa kommen würde, in den Pausen von Kundigen leise vorsingen lassen und versucht, das Beste daraus zu machen. Hat eigentlich immer gut geklappt, einer von uns hatte immer die richtige Ahnung. So ging das dann munter weiter bis zu den aktiven Jahrgängen hin. Alle zehn Semester musste immer von allen Gästen „Gaudeamus igitur“ gesungen werden. Anschließens war dann zeitgemäße Tanzmusik bis in die frühen Vormittagsstunden angesagt. Abschließen fand dann noch eine Polonaise mit den letzten noch Gehfähigen und den schon wieder aufgestandenen Nüchterngewordenen um die Blumenbeete des Gartens statt.

Solch ein Marathon-Unternehmen war schon eine ganz schön belastende Angelegenheit, und wir sind dann am Sonntagmittag ins Bett gefallen und erst am Montagmorgen wieder aufgewacht, aber die Kasse hat gestimmt. Durch die intensive finanzielle Unterstützung der *Alten Herren* war es den jeweiligen Planern in den Verbindungen möglich, solche Leistungen auch großzügig zu entlohnen. Vertraglich abgeschlossen waren 10,00 DM pro Mann pro Stunde, also für jeden 180,00 DM! Und das 1960! Solch eine Sternstunde studentischen Einkommens habe ich natürlich nie wieder erlebt!

Einige Male – zwischen 1960 und 1963 – haben mich auch Signale von der „musikalischen Heimatfront“ erreicht. Der Besitzer von Schloss Nordeck in Berum, Carl-Edzard Schelten-Petersen, Sohn einer alten angesehenen ostfriesischen Familie und Kaufmann mit vielfältigen Unternehmungen, hatte es sich zu einer geschäftlichen Verpflichtung gemacht, zahlreiche Geschäftsfreunde einmal im Jahr zu einem gediegenen Fest in sein Haus, das Schloss Nordeck, einzuladen. Er erzählte mir auf Nachfrage, dass dies nach seinen Erfahrungen eine hervorragende Möglichkeit wäre, über persönliches Kennenlernen geschäftliche Beziehungen zu vertiefen.

Sämtliche Räume im oberen Bereich des Schlosses waren dafür hergerichtet. Man gab sich ein Stelldichein. Auf dem Kalten Büfett fehlte es an nichts und wir wurden mit vier Mann engagiert, um mit swingiger Musik für Unterhaltung und Tanz zu sorgen. Aus unserer Sicht ein gelungenes Fest mit bester Bezahlung. Wir Norder Studenten kamen also aus unseren verschiedenen Studienorten oder aus den Bundeswehrstandorten zusammen und sorgten für die gewünschte Akustik.

Der für mich heute interessante Aspekt als sozialer Spiegel der damaligen Zeit kam erst zum Schluss. Der äußerst freundliche Herr Schelten-Petersen brachte jeden von uns mit unseren Instrumenten persönlich mit seinem Wagen in den nun schon frühen Morgenstunden bis vor unsere Haustür. Dabei erzählte er uns etwa Folgendes: „Dieses Fest veranstalte ich nun schon seit 1946. Sie hätten das Kalte Büfett von damals zum Ende hin betrachten sollen. Es war nichts mehr da. Ich habe sogar Leute beobachtet, die in mitgebrachten Papiertüten sich klammheimlich etwas mitgenommen haben. Wurden sie von mir gar mehr am Rande wahrgenommen, sagte sie – meist peinlich berührt: ‚Für den Hund!' Haben Sie das Büfett heute am Ende gesehen? Überall ein wenig geknabbert, wirkt wie unberührt. Ich hoffe, Sie haben sich gut satt gegessen." Konnten wir ihm alle vier bestätigen. Sein Kommentar: „Na wenigstens schon einmal ein wahrnehmbarer erfreulicher Erfolg!"

Nach solchen Einnahmen und „Beköstigungsmöglichkeiten" habe ich eigentlich nicht die Bodenhaftung verloren, denn die Erinnerung an 1,17 Mark pro Tag war noch sehr frisch, und ich bin unter der Woche nicht immer vor „Bismarcks letztem Husten" in der Hauptmensa zurückgeschreckt. Aber ich habe mich auch manchmal an die Luxusanfälle während meiner Norder Zeit erinnert und bin – edel gewandet – in das damals sehr noble Hotel „Gebhard" gegangen und habe mir dann schon immerhin für 4,20 DM feine Speisen servieren lassen.

In dem damals noch recht provinziell wirkenden Göttingen wäre es durchaus für einen musizierenden Studenten möglich gewesen, an fünf von sieben Abenden zu spielen. Zumal es die Auftragslage mit sich brachte, dass Termine – wie schon erwähnt – in Kassel,

Clausthal-Zellerfeld, Hannover oder gar Bremen im Angebot waren. Eine Versuchung durch das dabei recht ordentliche Geldverdienen, der manch einer meiner damaligen Kollegen erlegen ist. Die Konsequenz war klar, ein Studium fand nicht mehr statt. Der schon einmal weiter oben beschrieben leichte Zugang zum Stimulans Alkohol kam noch dazu. Mein zehn Jahre jüngerer Bruder, der ebenfalls in Göttingen studiert und in dieser Szene musiziert hat, ließ mich – längst im Beruf – ungefähr 1970 von einem Kollegen meiner Göttinger Jahre grüßen. Dem war natürlich der nicht ganz alltägliche Familienname aufgefallen. Er tingelte noch immer mit über dreißig Jahren ohne Abschluss als *Student* durch die Keller Göttingens.

Günstige Zufälle brachten es mit sich, dass sich im Center-Umfeld vier weitere Kommilitonen fanden, denen daran gelegen war, mit der Musik Geld zu verdienen, aber einen ordentlichen Gang des Studiums voranzutreiben. Wir hatten uns vorgenommen, in dieser Besetzung nur an Wochenenden oder besonderen Feiertagen zu spielen.

Mir war selbstverständlich klar, dass es ein Nebenbei-Erledigen eines Studiums, wie das in der Schule möglich gewesen ist, ohne schmerzlichen Zeitverlust nicht geben kann. Das inhaltliche und zeitliche Ziel war mir klar: Realschullehrer in acht Semestern.

Rückschauend wird mir klar, dass bei den Planungsüberlegungen sicherlich das von meiner Mutter geerbte pragmatische Naturell sehr hilfreich gewesen ist. Schwerpunktfächer beim Universitätspart sollten Germanistik und Geographie sein. Für die Realschulstudenten waren einige Bereiche des kompletten Universitätsstudiums nicht verlangt. Trotzdem habe ich sie mit der in mir aufkeimenden Hoffnung, eventuell auch den längeren Weg doch finanziell hinzubekommen, in der vollen Breite und den damit verbundenen weiteren Anforderungen belegt. Dass die Entscheidung richtig war, hat sich bald herausgestellt. Da ich merkte, dass ich wohl die finanzielle Puste haben würde, um das Staatsexamen für das Höhere Lehramt bei insgesamt zwei Semestern mehr zu erreichen, hatte ich durch die volle Anlage des Studiengangs keine Verluste nachzuarbeiten.

Ganz zu Beginn meines Studiums war mir auch noch in den Sinn gekommen, ob es nicht reizvoll sein könnte, eine Laufbahn an der Hochschule zu versuchen. Da ein solcher Weg nur über eine Promotion begangen werden konnte und es damals noch – anders als heute – nur mit drei eigenständigen Studienbereichen möglich war, belegte ich noch zusätzlich Geschichte. Aus heutiger Sicht würde ich als Ratgeber eines Abiturienten sagen: Ganz schön verrückt und ziemlich aussichtslos!

Die Bewältigung meiner eigenen Lebenssituation in dieser Zeit macht mir deutlich, dass schon einiges machbar ist: Realistische Einschätzung der Möglichkeiten, ein solides Gespür für Zeitmanagement und pragmatisches Arbeiten können manchen guten Erfolg hervorbringen. Nach zehn Semestern hatte ich im Frühjahr 1964 mein 1. Staatsexamen für das höhere Lehramt hinter mir.

Bis zum Beginn der Referendarzeit in Niedersachsen am 1.Oktober 1964 habe ich über meinen Geographie-Professor Hans Poser eine Stelle als wissenschaftlicher Assistent am Institut für geomorphologische Kartographie der Universität bekommen.

In diesen Monaten stand ich wieder einmal an einem Scheideweg: Ist die Schule für dich das Richtige, oder solltest du doch den Weg an der Hochschule probieren. Erschwert wurden dies Überlegungen noch dadurch, dass mir mein Chef vorschlug, meine Staatsarbeit als Promotion weiterzuführen. Für die erforderliche Zeit habe er für mich ein VW-Stipendium gewissermaßen im Telefonhörer, wobei die Hand schon auf dem Hörer lag. Ich erbat mir Bedenkzeit. Bei einem Assistentenkollegen, der gerade nach abgeschlossener Referendarzeit an das Institut zurückgekommen war, fand ich überzeugenden Rat.

Er sagte mir etwa Folgendes: Wenn du jetzt auf diesem Weg bleibst, befindest du dich weiterhin in einer Abhängigkeit zu einer großen Hierarchie. Wenn es Umstände gibt, wie Streichungen von staatlichen Mitteln für die Hochschulen oder der Weggang eines dir zugetanen Chefs oder irgendetwas anderes, hängst du immer älter werdend ohne einen anerkannten Berufsabschluss in der Luft und musst eventuell mit 35 Jahren über einen ministeriellen Sondererlass noch Referendar spielen. Keine günstige Perspektive! Gehe erst in die Schule, werde Referendar und mache das 2. Staatsexamen. Dann bist du Assessor mit einer anerkannten beruflichen Qualifikation und du konntest feststellen, ob das der richtige Beruf für dich ist. Willst du dann immer noch in die Hochschule, kannst du das mit dem beruhigenden Gefühl tun, eine berufliche Plattform unter dir zu haben.

Ich habe mich für den Weg in die Schule entschieden und im Nachhinein kann ich sagen, dass es der richtige Weg für mich gewesen ist. Meinem Chef, Professor Poser, habe ich diese Entscheidung mit meiner Begründung mitgeteilt. Er hat es verstanden und akzeptiert. Über viele Jahrzehnte ist er mir bis zu seinem Tod herzlich verbunden geblieben.

14. Schlaglichter „studentischen Lebens“

Nach dem bis hierhin aufgezeigten Weg erhebt sich die Frage, welche Möglichkeiten „studentischen Lebens“ sich zwischen den Positionen des ordentlichen effektiven Studierens und dem Erfordernis für dessen Finanzierung überhaupt noch ergeben konnten.

Bescheiden war es für mich schon, aber die Lebenssituation der damals Studierenden war über viele Ereignisse von größter Interessantheit. Eingebunden in die sozialen Umstände war uns das als beteiligte handelnde und „gehandelte“ Personen gar nicht bewusst. Aber aus der Rückschau mit dem Fokus auf die späten 50er / frühen 60er Jahre wird deutlich, dass sich in dieser Zeit damals nicht zu ahnende sozio-kulturelle Bewegungen wieder etablierten, neu auftaten, einander begegneten und auch miteinander in Konflikt gerieten.

Die von mir hier aufgeführten Erlebnisse lassen sich als Signale, als Vorboten so mancher gravierender Ereignisse und Veränderungen zuordnen.

Durch meine persönliche materielle Situation ist mein Sonderstatus als vertriebener Habenichts noch zu definieren. Aber mit dem Blick auf das allgemeine studentische Leben an der Universität Göttingen wurde ich in der großen Mehrheit der anderen Studierenden gleich behandelt, gleich geschaltet, also wenn man so will *integriert.*

Was man natürlich nicht vergessen darf, wir waren jung und trotz so mancher Widrigkeiten mitunter auch recht locker und unbeschwert.

Vor diesem Hintergrund muss man manches aus diesem Kapitel sehen.

Für Anfangssemester waren die ersten Wochen und Monate noch ohne Kontakte in dem damals doch recht provinziellen Göttingen von tödlicher Langeweile. Für uns drei Klassenkameraden aus Norden, die wir in einem Dreierzimmer des Professorenhauses mit anderen acht Kommilitonen wohnten, war das schnell geselliger. Von Ostfrieslands Weite verwöhnt oder fehlgeleitet in der Einschätzung von Mittelgebirgsstraßen meinten wir das Umland mit dem Fahrrad – gar bis zum Harz – erkunden zu können. Ohne Kondition im Bergfahren mit altertümlichen Fahrrädern haben wir bald von diesen Träumen Abstand genommen. Zur Fortbewegung von Institut zu Institut oder zur Mensa waren unsere Drahtesel gerade noch zu gebrauchen. Das Erreichen dieser Ziele nur mit dem Auto war damals nur gar wenigen jungen Leuten aus besser gestellten Familien vorbehalten. Parkplatzprobleme für Studentenautos waren 1959 noch unbekannt.

Die langen Wochenenden verführten dann die dreizehn nur männlichen Bewohner unseres Hauses dazu, in den Buden mit preiswertem Rotwein von Karstadt Glühweinorgien nach den Vorgaben der „Feuerzangenbowle" zu veranstalten. Da dies mein finanziell knappstes Semester überhaupt gewesen ist, war mir das ganz angenehm. Dadurch war die Umlage von meinem Tagessatz von 1,17 DM durchaus bezahlbar. Die Lücke war durch einen Pudding weniger an den nächsten Tagen wieder zu schließen. Es waren reine Männer-Feten, denn *öffentliche* Damenbesuche, gar Damen als Mitbewohner waren nach dem Geist der damaligen Zeit unvorstellbar. „Frau Professor" hat auch eifrig darüber gewacht! Es war uns in unserem Zimmer gerade noch möglich, einen vierten Norder Klassenkameraden nach solch einer Fete bei uns auf dem Sofa unbemerkt den Rest der Nacht verbringen zu lassen, da wir ihm nicht zumuten wollten, zu seiner Bude im einige Kilometer entfernten Rosdorf bei winterlichen Temperaturen in Schlangenlinien radeln zu lassen.

Fanden diese „Veranstaltungen" dann an einem Sonnabend/ Sonntag statt, war von unserem kochkundigen Freund Jimmy (Joachim) Kummer (später auch mal Oberbürgermeister von Göttingen!) ein von ihm bereitetes Mittagessen angesagt. Er habe in der Lebensmittelabteilung von Karstadt den *Kauf des Semesters* für ein frugales Mal erwerben können. Da wir erst spät aufgewacht waren, entfiel das Frühstück und wir erwarteten mit schwerem Kopf und ständig wachsendem Hunger von unserem Koch, der natürlich schon lange vor unserem Aufwachen in der Gemeinschaftsküche im Keller verschwunden war, das Signal, dass es nun bald etwas zu essen geben würde. Es wurde später und später. Es war von ihm nichts zu hören. Vom Hunger getrieben schlichen wir uns dann so gegen halb drei vor die Küchentür. Ein auffällig brodelndes Kochgeräusch war nicht zu überhören. Der Anblick beim Hineingehen war Mitleid erregend heiter. In einem riesigen Topf kochte es gewaltig, die Wände und Scheiben waren feucht vom Dampf des verkochten Wassers. Der Koch stand mit hochrotem Kopf davor und rührte verzweifelt in dem undefinierbaren Inhalt. „Was hast du denn so preiswert und lecker gekauft?“ – „5 Kilo Gänseklein für 1,90 DM!“ Hörte sich ja ganz verlockend an, aber von den erhofften edlen Teilen einer Gans war kaum etwas zu sehen. Nach der Entdeckung dieses Inhalts dachte er, man könne allein durch ausgiebig langes Kochen auch Hälse, Sehnen, alte Muskelfasern weich bekommen. Mit gespieltem Mitgefühl haben wir dann auch noch vermutet, dass sicherlich auch einige Flossen zur Gewichtsaufbesserung dabei gewesen sein müssen. Wir versenkten dann den Inhalt gemeinsam in der Mülltonne. Da der Nachmittag nun schon herangekommen war, musste ein von einer Mutter geschickter leckerer Kuchen den schlimmsten Hunger stillen.

Das Leben in diesem Haus mit dreizehn Studenten – meist Anfangssemestern – war ja sehr beschwingt und launig. Einer von ihnen ist mir später als Inselpastor auf Spiekeroog wieder begegnet. Aber nachdem es an manchen Abenden auch unter der Woche üblich geworden war, dass diejenigen, die doch auch mal arbeiten wollten und auch mussten, an ihrem Schreibtischstuhl festzubinden und diesen Abtrünnigen dann mit vier Mann in das Fetenzimmer zu schleppen, war Budenwechsel zum nächsten Semester angesagt.

Im Sommersemester war an den Sonntagnachmittagen für die Norder Clique, wir waren dann fünf ehemalige Klassenkameraden, das Göttinger Freibad angesagt. Leider hatte unser körperlich Kleinster, der auch noch ein gutes Ende außerhalb wohnte, seine Badehose vergessen. Das Problem war schnell gelöst. Unser Gößter war mit ca. 1,95 m etwa 35 cm größer als der Badehosenlose. Er hatte sich in einem Laden in Hannover, der ausgemusterte Militärkleidung der amerikanischen Armee verkaufte, für 10 Pfennig eine Militär-Dreiecksbadehose für seine Körpergröße als Ersatz gekauft. Die hatte er nun auch dabei. Nun haben wir es versucht und auch geschafft, dass sich diese Badehose für Körpergröße XXL schnell auf dem Körper der Kleidergröße S wieder fand. Nach der heutigen modischen Situation für Bademoden wäre diese Hose mit einem Tanga für Damen vergleichbar. Nach einigen sehr skeptischen Blicken in den Spiegel und vorsichtigen Bewegungen in dieser stofflich knappen Hose wagte er den Weg zum Becken, und schnell waren wir alle auch im Wasser. Es stellt sich mir noch heute die Frage, warum wir – zumindest unser Freund mit seiner gewagten Badebekleidung – nicht das Bad nach den damals geltenden sittlichen Vorstellungen wegen Erregung öffentlichen Ärgernisses verlassen mussten. Der Spaß war natürlich riesig und von da an trieben wir die Albernheit eine ganze Weile auf die Spitze, indem wir den Preis für diese abenteuerliche Hose zu unserer Währungseinheit für die täglich wahrzunehmenden Warenpreise verwendeten: ein Mensa-Essen gleich 10 Militärbadehosen, ein kostbarer Nerzmantel im Schaufenster eines Göttinger Pelzgeschäfts gleich 30 000 Militärbadehosen!!

Nach dem Mauerbau in Berlin am 13. August 1961 und dem doch recht bald folgenden Grenzschluss an der innerdeutschen Grenze hatte der Göttinger AStA zu einer Protestaktion im Harz aufgerufen, da aber bereits Semesterferien waren, sollte eine derartige Veranstaltung während des Wintersemesters im November stattfinden. Es war geplant, einen Fackelzug von möglichst vielen Studenten an der Grenze im Harz durchzuführen. Es fuhren dann auch mehrere voll besetzte Busse in den Herbstabend hinein. Für dieses Unternehmen in dieser Jahreszeit waren eigentlich alle angemessen angezogen: überwiegend olivgrüne Parka, Cordhosen, festes Schuhwerk. Unser in Sachen Badehose gut zu überredender lieber Klassenkamerad fragte uns, was man da wohl am besten anziehen könne. Das hätte er besser nicht tun sollen. Wir gaben ihm eine ironisch gemeinte Antwort, nicht ahnend, dass er das ernst meinen könnte: natürlich schwarzer Anzug, weißes Hemd, silbergraue Krawatte. Und sieh da, es zogen einige hundert Göttinger Studierende mit ihren Fackeln schweigend durch den Harzer Wald an der Grenze entlang. Dieser gewaltig lange Fackelzug bot ein beeindruckendes Bild. Keiner der damals teilnehmenden Zeitzeugen hätte es glauben wollen, dass es noch Jahrzehnte dauern sollte, bis diese Grenze mit all ihren schlimmen Folgen einmal überwunden sein würde. Einen einzigen heiteren Erinnerungspunkt habe ich – daran zurück denkend – im Gedächtnis: Ein einzelner frierender Student im schwarzen Anzug mit weißem Hemd und silbergrauer Krawatte.

Da es für uns gar kein Thema war, irgendeine Art von Urlaub mit Reisen in irgendwelche ferneren Weltgegenden zu unternehmen, die über unsere bescheidenen studentischen Mittel hinausgingen, kam meinem Freund Jimmy und mir der Gedanke, im Herbst mal eine Fußwanderung durch den Harz zu machen von einer Jugendherberge zur nächsten. Das war finanziell gerade noch drin.

Gesagt, getan! Selten rasiert und deftig zogen wir sogar manchmal auf Goethes Spuren durch das *Harzgebirg.* Hatten wir einen Herbergsort erreicht und es gefiel uns, so blieben wir dort halt einfach länger.

Auf welchem Weg auch immer erreichte meinen Freund Jimmy in der Jugendherberge in Braunlage eine Nachricht seiner ehemaligen Freundin Hannelore Soltau. Sie war die Tochter von Irmgard Soltau, der damaligen Verlagschefin des in Norden ansässigen Zeitungsverlages Soltau-Kurier. Ihre Mutter sei, wie alle Jahre derzeit zum Urlaub in Goslar im Hotel „Achtermann". Sie würde sich freuen, uns für einen Tag nach Goslar in dieses Hotel einladen zu können. Ihr Chauffeur käme morgen mit dem Wagen nach Braunlage, um uns um 8 Uhr abzuholen. Na ja! Wir in unserer Aufmachung in diesem noblen Fünf-Sterne-Hotel!

So gut es eben möglich war, haben wir uns dann *kultiviert.* Wir sagten uns, sie hat es ja nicht anders gewollt.

So fuhren wir denn in edlem Gefährt mit Chauffeur am „Achtermann" vor. Ein weiß behandschuhter livrierter Diener mit Zylinder öffnete den Wagenschlag. Distinguiert, wie er war, wusste er sich zu beherrschen. Aber es muss ihm wohl *innerlich* die Sprache verschlagen haben, solche Waldgesellen in seinem Hause begrüßen zu müssen. Äußerlich sprach er: „ Bitte sehr, die Herren!" Manche dieser Portiers sind durch jahrelange Übung wahre Weltmeister der treffend gesetzten Rede und der viel sagenden Blicke. Allein das „...die Herren" drückte aus: die haben uns gerade noch gefehlt. Es muss ihm wohl den Rest gegeben haben, als uns Frau Irmgard Soltau – als oberste Adresse des Hauses – gleich hinter der Glastür mit herzlichster Freude in Empfang nahm und sehr vernehmlich wissen ließ, dass sie sich über unseren Besuch sehr freue. Im saalähnlichen Restaurant war dann unser Auftritt noch effektvoller. Der Zuschauerkreis mit den bedeutungsvollen Blicken war noch größer. Frau Soltau schien das zu genießen, wir machten uns nichts daraus und ließen uns das Essen schmecken. Wenn man das heutige Publikum in vergleichbaren Häusern betrachtet, in welcher lumpengleichen Aufmachung da manche so genannte Größen unserer Zeit auftreten, waren wir damals hervorragend gekleidet.

Es war ein herrlicher Tag voller Wohlleben und Genüsse. Am Abend fuhren wir dann mit dem gleichen Auto und Chauffeur wieder vor die „Auffahrt“ der Jugendherberge in Braunlage. Nur der Portier hat uns gerade noch gefehlt. Insgesamt: Der Besuch bei einer „großen alten Dame“!

Einen ganz besonderen Jux konnte man im Göttingen der damaligen Jahre im Kino der Kronenpassage erleben. Wenn ich mich recht erinnere, wurde freitags um 23.00 Uhr dort irgendeine Filmklamotte gezeigt, bei der das nur studentische Publikum den gezeigten Film lautstark kommentierte. Je uriger und aktionsreicher, umso besser! „Der König von Madagaskar“, „Frankensteins Töchter“ oder ein Film über die Kunstturner der zwanziger Jahre waren damals die großen Renner. Es wurde angefeuert, gewarnt, geweint, gejubelt oder erläutert. Wenn Frankenstein wieder einmal sein Opfer von hinten anschlich, wurde gerufen: „ Dreh’ dich um! Dreh’ dich um!“ oder: „Tu’s nicht! Tu’s nicht!“ Wenn es dem Filmvoführer zu viel wurde, unterbrach er den Film und machte das Licht an. Er war erst bereit, den Film fortzusetzen, wenn eine Delegation der Zuschauer „reumütig“ zu ihm in den Vorführraum kam, um ihn mit einem *Opfer,* meist einer Flasche Bier oder einem Leberwurstbrot, wieder zu besänftigen.

Eine ganz andere Welt traf man an, wenn im Ratskeller das Bullerjahn-Singen angesagt war. Es war damals üblich, dass am Nachmittag und zu den Abendstunden eine Drei-Mann-Kapelle sanfte Klassik und Kaffeehaus-Weisen zu Gehör brachte. Am Freitagabend kamen dort – einer alten Tradition folgend – Interessierte, insbesondere Verbindungsstudenten, um 23.00 Uhr zusammen, um im Angedenken an Rudolf Bullerjahn, den vormaligen Leiter des Göttinger städtischen Orchesters, studentische Lieder aus Zeit um 1900 zu singen. Seine Beliebtheit erlangte er durch einen Wettstreit mit dem „schönen Meyer“, dem Leiter der Musikkapelle des 82.Infanterieregiments. Bullerjahn hat es wohl besonders gut verstanden, mit seinen Zuhörern die „alte Burschenherrlichkeit“ wieder auferstehen zu lassen. Diese Zeit wurde dann an diesem Abend von den anwesenden Verbindungsstudenten herbeigerufen. Punkt 23.00 Uhr riefen alle Besucher „Bullerjahn! Bullerjahn!“ Nach einem gewissen Zögern ergriff dann der Kapellmeister seine Geige und es erklangen zuerst: „Der Direktor Bullerjahn ist da“ und „Ist das nicht der wunderschöne Meyer?“. Es folgten dann jeweils nach dem lautesten Zuruf „In einem Polenstädtchen“ oder „Der Sanitätsgefreite Neumann“ oder natürlich mehrmals „Gaudeamus igitur“, – und die Kapelle spielte.

Wenn etwa nach einer Stunde die Stimmung am höchsten aufbrandete, rief der ganze Keller: „Klarinettensolo“! Das war für den Stehgeiger, den Kapellmeister, das Signal. Er wechselte das Instrument und spielte nun auf einer Klarinette. Nur – war er auf seiner Geige durchaus ein versierter Musiker ohne jeden Tadel, die Klarinette muss wohl – den Eindruck machte es jedenfalls – sein viertes Ersatzinstrument gewesen sein. Er gab ein Solo zum Besten, das an Schaurigkeit kaum zu überbieten war. Je heftiger er spielte, umso lauter grölten die Zuhörer: „Klarinettensolo!“ Er konnte gar nicht mehr aufhören. Während dieser Bemühungen ging ein Hut im Keller herum und der füllte sich mehrmals mit Scheinen in allen Farben. Immer wieder musste er auf dem Podium ausgelehrt werden. Es hat sich für den Meister und seine Mitstreiter unglaublich gelohnt. Da wurde mir, der ich ja auch in diesem Geschäft aktiv war, bewusst, dass dieser Musiker entweder um seine bescheidenen

Fähigkeiten auf diesem Instrument gewusst hat, oder – was eher sehr wahrscheinlich ist – bewusst Unvermögen vorgetäuscht hat, um die Stimmung weiter hoch zu schaukeln. Es war also für ihn kein besonderes Leiden, sich für diese Einnahme als bewusster Nicht-Könner zu produzieren. Das zunächst bei mir aufkeimende Mitleid wegen der zunächst angenommenen Gehässigkeit des Publikums war schnell verflogen. Er konnte sich im Stillen gut amüsieren!

Im Zusammenhang mit meinen guten Musikergeschäften habe ich bereits erwähnt, dass in Göttingen wie in allen anderen Universitätsstädten das studentische Verbindungswesen in ihren ehemaligen Häusern wieder in Gang gekommen ist Der wirtschaftliche Aufschwung brachte es mit sich, dass durch die Unterstützung der ehemaligen Mitglieder – meist wieder gut situierter – *Alter Herren* günstige Bedingungen für ein neues Verbindungsleben in diesen Häusern gegeben waren. Farbentragen, Kommers und Mensurenschlagen waren bei manchen wieder angesagt. Man war im Stadtbild an Wochenenden, bei Festveranstaltungen und bei öffentlichen Umzügen zu sehen. Das Auferstehen und Kultivieren ehemaliger sozialer Formen und Werte war wieder angesagt.

Mein ehemaliger Schulleiter und Prüfungsvorsitzender im Abitur Derk de Haan war in Göttingen bei der Burschenschaft Brunsviga als Student aktiv gewesen. Nun als *Altem Herrn* war ihm daran gelegen, in seine alte Burschenschaft wohl „frischen Wind" hineinwehen und jungen neuen, von der sozialen Vergangenheit unbelasteten Geist einziehen zu lassen. Er avisierte also uns drei Norder Abiturienten Joachim Kummer, Karl Smidt und mich, die wir ja auch eine gemeinsame Bude teilten, bei den Brunsvigen. Wir wurden als potentielle Füchse höflichst eingeladen, als Gäste an einem Kommers im Verbindungshaus im Schildweg und an der Witzenhäuser Kirschblütenkneipe teilzunehmen. Zu diesem letzteren Ereignis musste man ungefähr 20 Kilometer mit der Bahn fahren. Wir hatten alles frei!

Ich möchte die Abläufe bei diesen beiden Veranstaltungen nicht weiter beschreiben. Es begegnete uns – und ich kann getrost „uns" schreiben, weil wir uns darüber ausgetauscht haben – eine Welt, wie ich sie schon bei dem Stiftungsfest des Corps Hannovera als Musiker und beim Bullerjahn-Singen erlebt und beschrieben habe. Unter gutem Einfluss und finanziellem Zufluss der Ehemaligengeneration waren hier Lebensformen und Rituale wieder auferstanden, von denen ich meinte, dass sie längst der Vergangenheit angehören müssten. Auch hier sind mir so manche Erlebnisse des Diederich Heßling in Heinrich Manns Roman „Der Untertan" in den Sinn gekommen. Von solchen Schilderungen ausgehend kann man verstehen, warum er seinem Roman ursprünglich den Untertitel „"Geschichte der öffentlichen Seele in Deutschland" geben wollte. Das waren eben Welten, die offensichtlich nicht zu den in unmittelbarer Vergangenheit von uns erfahrenen Situationen passten. Wir sagten weitere Teilnahmen oder eventuelle Mitgliedschaften ab, und es wurde freundlich mit Bedauern akzeptiert. Auch Derk de Haan ist mir gegenüber, wie sich später noch zeigen wird, weiterhin wohl gesonnen geblieben.

Parallel zu diesem in den Verbindungen wieder auferstandenen Leben einer „alten Burschenherrlichkeit" gab es – zwar wenige – Studierende meines Alters, um nicht zu sagen meiner Generation – dafür war der Altersabstand noch zu eng –, die Zeiten des Unbehaustseins und der materiellen Not durchgemacht hatten. Es machten sich auch schon in den späten Fünfzigerjahren politische orientierte Studentengruppen bemerkbar, die stark im Kielwasser der etablierten Parteien der ja noch jungen Bundesrepublik liefen, und von ihren geistig politischen Ziehvätern in den Parteien getragen, an einem Trainieren demokratischer Ordnungen interessiert waren. Sie brachten sich mit großem Eifer in den studentischen Gremien ein. Dabei wurde aus meiner Sicht deutlich, wie allmählich links orientierte Gruppierungen eine Art politischen Verhaltensmusters erkennen ließen, was man als Terrain einer „vor 68er-Bewegung" ansehen könnte. Latente Strömungen entsprechender Hochschulbünde waren da schon erkennbar. Man trainierte bei den Sitzungen des Studentenrates für die eigenen Ziele effektive Versammlungs- und Abstimmungstechniken und –verhaltensweisen.

Man versuchte zum Beispiel noch an dem Veranstaltungsabend die Tagesordnung so zu beeinflussen, dass für die eigenen Absichten geeignete Tagesordnungspunkte am Ende platziert werden sollten. Durch so manche Anträge zur Geschäftsordnung mit aufwendigen Beiträgen als fadenscheinige *Luftnummern* verlängerte man die jeweiligen Sitzungen so lange, bis ein großer Teil der stimmberechtigten Teilnehmer wegen der späten Stunde die Lust verlor und nach Hause ging. Nur die Gruppe der Antragsteller war noch anwesend und brachte den eigenen Antrag dann mit ihren Stimmen, also mit der anwesenden Mehrheit, durch.

Ein eindeutiges Signal der kommenden Jahre bis 1968 hin ließ ein Festumzug der Göttinger Universität, der Georgia Augusta, erkennen. Zu einem Jubiläum dieser Hochschule zogen die Professoren nach Fakultäten in ihren Talaren, mit Samt besäumt in deren Farben, barettbedeckt, Würde demonstrierend durch die Straßen der Stadt. Bereits 1963 waren an den Straßenrändern unter den allgemein Schaulustigen opponierende Studentengruppen erschienen und sie begleiteten den Zug mit herausfordernden politischen Sprüchen. Die Tendenz dieser Parolen ging eindeutig in die Richtung, wie sie das 1967 in Hamburg gezeigte Spruchband „Unter den Talaren Muff von 1000 Jahren!" dann zum Ausdruck gebracht hat. Auf den Bildern in der Göttinger Presse am folgenden Tag wirkten die würdig einher schreitenden Professoren ein wenig eigenartig, befremdlich und gequält.

Die hier aufgezeigten Episoden studentischen Lebens in dieser Zeit lassen durchaus eine Nahtstelle für einen sozialen Umbruch von enormer Tragweite erkennen: der Versuch einer Etablierung alter bürgerlicher Wertigkeiten, aufkommendes Wohlstandsbürgertum, die Bemühungen der politischen Parteien der jungen Bundesrepublik mit Auswirkungen in ihre studentische Kader, der beginnende immer massiver werdende Strom rebellierender studentischer Jugend.

Ganz eindrucksvoll wurde mir das Stehen an einer geistigen-sozialen Schwelle anlässlich einer Theateraufführung deutlich. Im Fridjof-Nansen-Haus gab das Junge Theater Göttingen eine Aufführung von Wolfgang Borcherts „Draußen vor der Tür". Durch das hervorragende Spiel über das Schicksal eines jungen Mannes, der sein Leiden durch ein grausames System erfahren musste, das an diesem Spieltag noch gar nicht so lange untergegangen war, wurden die anwesenden jungen Leute, die alle keine Soldaten, aber eben Kriegskinder waren, so erschüttert, dass es für die Akteure auf der Bühne der größte „Applaus" war, das gar nicht applaudiert wurde. Bei wohl fast allen waren die Erfahrungen der Kindertage markante, immer noch empfundene Prägungen.

Es wird ersichtlich, dass ein solches Theaterstück seine Publikumswirksamkeit am intensivsten erreicht, wenn die gezeigte Handlung nach –„erlebt" werden kann. Ist diese Nähe nicht (mehr)vorhanden, weil die Zeit sich gewandelt hat und /oder zu viel Zeit für solch eine Beziehungsbrücke vergangen ist, wird die Wirkung reduziert. Wie weit solch ein Prozess gehen kann, wurde mir anlässlich der Aufführung des gleichen Stückes vor den Oberstufenschülern des Ulrichsgymnasiums Norden durch die Landesbühne Niedersachsen Nord bewusst. Das meisterliche Spiel der Akteure auf der Bühne konnte mit diesem Stück keinerlei Beziehung zu den ungefähr 500 halberwachsenen und erwachsenen

Schülern finden. Die Reaktionen waren schon im Bereich der peinlichen Grenzwertigkeit.

Aus dieser Episode kann den Schülern kein Vorwurf gemacht werden. Sie zeigt, wie schnell sich zeitliche, soziale, politische Situationen ändern können. Die Aufführung im Fridjof-Nansen-Haus fand 1962, die Aufführung vor den Schülern des Gymnasiums in Norden 1968 – nur sechs Jahre später (!) – statt.

Wenn überhaupt, kann man höchstens der Theaterleitung der Landesbühne und den Organisatoren in Norden, zu denen ich mich selber leider auch zählen muss, vorwerfen, dass sie den erschreckend schnellen Wandel der Zeit nicht erkannt haben. Den Schülern hätte man vor diesem Hintergrund eine Aufführung dieser Größenordnung vorenthalten müssen.

Vor dieser *Großen Bühne* standen dann einige zu Studenten gewordene Vor- und Nachkriegskinder. Die ja meistens schon äußerlich unauffällige Studierende geworden waren. Aber hinter den Kulissen musste noch eine gute Strecke Weges zurückgelegt werden, bis Integration in den sozialen Belangen eingetreten war. Das Geld war knapp oder gar nicht da, es sei denn, man verdiente sich welches. Die Zeit drängte, denn je länger man studierte, umso teurer wurde es wieder. Der Spagat war zu meistern. Immerhin waren ja Ansätze von Förderung über LAG- Maßnahmen oder das Honnefer Modell angeboten, aber auch da gab es ohne Zusatzleistung nichts. Das war das Dilemma vieler.

Das Theater auf der erwähnten *Großen Bühne* konnten die meisten gar nicht ernst nehmen. Der Alltag war wahrlich eindrucksvoller. Also musste man sich dem stellen, um möglichst rasch und erfolgreich durch die Zeit zu kommen.

Was dann noch an Zeit blieb, war nahe liegender Weise angefüllt mit Späßen junger Leute aus der Kiste oft harmloser Vergnügungen.

Wie eindrucksvolle soziologische Untersuchungen längst deutlich gemacht haben, blieb es in dieser Zeit Töchtern und Söhnen besser gestellter Familien vorbehalten, sich Gedanken über die *furchtbaren* Entwicklungen einer immer *dekadenter* werdenden Gesellschaft zu machen. Es blieb ja in der Folgezeit nicht nur bei den Gedanken:...!

15. Angekommen – nach 20 Jahren!?

Nach dem Abschluss meines 1. Staatsexamens war für mich ziemlich umgehend fast „Normalität“ entstanden. Normalität gemessen an den nun gleichen Lebensumständen mit anderen Examinierten, bzw. Kandidaten für weitere Berufs- oder Ausbildungswege. Der Vertriebene / Flüchtling befand sich in keiner anderen Rolle als andere, von einem solchen Lebenslauf nicht Betroffene.

Ich habe zu Anfang „fast“ geschrieben. Ein kleiner materieller *Erinnerungsrest* war noch übrig geblieben. Da die Förderung durch das Honnefer Modell nur über acht Semester als Stipendium gelaufen ist, ich aber zehn Semester wegen der Examenszeit benötigt habe, ist ein zinsloses Darlehen über 1000,00 DM in der folgenden Zeit abzuzahlen gewesen. Da es mir gelungen war, so manche finanzielle Talsohle zu durchlaufen, stellte für mich der für die damalige Zeit zwar stolze Betrag eine durchaus nicht erschreckende Größe dar. Für ein Referendargehalt als dann Verheirateter von 287,00 DM ist trotzdem zu ermessen, dass diese 1000,00 DM nicht wenig waren.

Von der finanziellen Seite her lässt sich gut ein Bogen zu dem kommenden halben Jahr, dem Sommersemester 1964 schlagen.

Wie schon erwähnt, hatte der mir sehr wohl gesonnene Professor Hans Poser den Anfang eines Weges in der Hochschule als wissenschaftlicher Assistent in seinem Institut angeboten. Von mir inzwischen informiert, dass ich zunächst ja die Referendarzeit im niedersächsischen Schuldienst absolvieren wollte, hat er mir als sehr entgegenkommende „Überbrückung“ für dieses Sommersemester eine Assistentenstelle bei A13-Besoldung möglich gemacht. Das war natürlich eine Perspektive mit beachtlicher Verlockung.

Auch die nun in der Zweigstelle des Instituts bei hoher Eigenverantwortlichkeit zu leistende Arbeit war äußerst interessant. Mit einem weiteren Assistentenkollegen, der später auf dieser beruflichen Schiene geblieben ist, haben wir im Auftrag des Duden-Verlages für Meyers achtbändiges Konversationslexikon geomorphologische Weltkarten im Maßstab 1: 25 000 000 erstellt. Die dafür zu bearbeitende Fachliteratur war grundsätzlich in Englisch. Die Versuchung dieser höchst interessanten Arbeit war sehr groß, auf diesem Weg zu bleiben. Die Ergebnisse meiner Arbeit in dieser Zeit, in der ich Südostasien und Ostsibirien bearbeitet habe, kann ich mir ja noch heute im 5. Band dieses Lexikons ansehen. Eine schöne Erinnerung.

Meine Entscheidung war jedoch gefallen. Sie war, wie ich heute zurückschauend sagen kann, von dem Wunsch bestimmt worden, nach langen Jahren des Unbehaustseins in *normales* soziales Fahrwasser zu geraten.

Wenn ich dieses Kapitel „Angekommen – nach 20 Jahren!?" überschrieben habe, kann ich eigentlich nun das Fragezeichen wegnehmen. Für einen jahrzehntelangen Deutschlehrer eines Gymnasiums kann ich die Gedanken über die Satzschlusszeichen noch ein Stückchen weitertreiben. Ein Punkt hätte es vielleicht auch getan. Das wäre mir aber zu nüchtern gewesen. Nach dem Motto: So nun bist du da, die Zeit ist um, das war's. Das ist zu wenig Aussage. Das Ausrufezeichen kann nur gelten. Nach langen, nicht immer ganz fröhlichen Jahren ist ein für mich erfreuliches Ziel erreicht. Und auch die nun folgenden Jahre waren von erfreulich *normalen* Ereignissen besetzt. Das Ausrufezeichen steht da also völlig richtig.

Dieses Einmünden von einer doch besonderen Vertriebenenspur in eine regionale – hier ostfriesische – soziale Spur lässt sich in seinen Stationen der unmittelbar folgenden Zeit nun kurz nachzeichnen. Kurz daher, denn bei jeder längeren Ausführung müsste das gestellte Thema verlassen werden. Die beabsichtigte Diagonale hat ihren Endpunkt erreicht.

Noch während meiner Assistentenzeit in Göttingen haben meine Freundin – dann schon Verlobte – und ich uns unseren lang erwarteten Wunsch erfüllt und geheiratet. Sogar eine Hochzeitsreise nach Bad Grund im Harz konnten wir uns leisten.

Es folgte eine zweijährige Referendarzeit am Studienseminar in Wilhelmshaven, mit ständigem Wohnort Jever.

In diesen Jahren machte sich in Niedersachsen eine für uns Referendare bis in die Studienseminare hinein sehr positive Entwicklung bemerkbar: Mangel an Lehrernachwuchs.

So hatte mir der damalige Schulleiter des Mariengymnasiums in Jever, Dr. Naber, zu Ende meiner Seminarzeit zu verstehen gegeben, dass er mich wohl an seiner Schule behalten wolle. Jever war für meine Frau und mich durchaus eine attraktive Kleinstadt, es herrschte eine angenehme Schulatmosphäre, ein netter Bekanntenkreis war entstanden, aber Norden / Ostfriesland war stärker.

Der schon erwähnte Schulleiter de Haan setzte alle Hebel und seine Beziehungen zum Kultusministerium in Hannover in Bewegung, um mich als Assessor nach Norden zu holen, was mir natürlich sehr recht war. Und wie anders: Es hat geklappt. De Haan war ein sehr sympathischer aber durchaus auch bestimmender Mann.

Um das Folgende verständlich zu machen, sei ein kurzer Umweg gestattet. Der Geschichtsleistungskurs des Abiturjahrgangs am Magiengymnasiums Jever fuhr 1965 nach Bonn, um einmal an einer Bundestagsdebatte zu einem damals sehr aktuellen Thema teilzunehmen. Der Kursleiter Dr. Rolf Berner lud zwei Referendarkollegen und mich ein, daran teilzunehmen. Ein Angebot, das wir gerne angenommen haben. Als wir schon in Bonn waren, wurde diese Debatte kurzfristig abgesagt. Dr. Berner kam die hervorragende Idee, dass wir doch dann nach Rhöndorf fahren könnten, um uns einmal vor dem Wohnhaus von Konrad Adenauer umzuschauen. Einer solchen inzwischen 89-jährigen großen Gestalt der jüngsten deutschen Geschichte zu begegnen, hatte einen ungeheuren Reiz und auch eine gewisse Wahrscheinlichkeit des Erfolgs.

Und wie es die günstigen Umstände so manchmal mit sich bringen, als wir in die Wohnstraße einfuhren, stand die Mercedes-Dienstlimousine vor der Tür. Der langjährige Fahrer des Altkanzlers wartete bereits. Allein die Unterhaltung mit diesem „treuen Diener" wäre diesen Abstecher wert gewesen. Da er fast überall mit vor Ort war, konnte er interessant Dinge mitteilen, denn die gesicherten tonnenschweren Dienstkarossen wurden mit Fahrer per Luftfracht in die politischen Kontaktpunkte geflogen. Schließlich kam Adenauer, begleitet von seinem Sohn, der bei ihm wohnte, die Treppe herunter. Unten angekommen fragte er – die ganze Gruppe in den Blick nehmend – : „Na Kinder, was wollt' er denn?" Er drückt uns vier Begleitpersonen mit freundlichem weisen Lächeln die Hand, eine Schülerin überreichte im Namen der anderen Kursteilnehmer dem Rosenzüchter eine rote Rose. Nach einem kurzen Gespräch über unser geplatztes Vorhaben wurde er in Decken wohl verpackt im Fond seines Wagens untergebracht. Er ließ das Fenster herunter, sagte: „Dann kommt man jut nach Hause!" und enteilte.

Nun war ich also – was ich mir ja gewünscht hatte – durch Schulleiter de Haans Bemühungen ab dem 1. November 1966 in Norden gelandet.

Am 19. April 1967 verstarb Konrad Adenauer.

Der seine Schule mit der damals noch möglichen direktorialen Konsequenz leitende de Haan bestellte mich in sein Dienstzimmer und sagte zu mir: „Herr Strybny, Sie haben mir doch mal erzählt, dass Sie bei einer Studienfahrt mit Jeverschen Abiturienten nach Bonn den alten Adenauer sogar persönlich kennen gelernt haben. Hat der ihnen nicht sogar die Hand gegeben? Na also! Dann werden Sie anlässlich der vom Land angeordneten Trauerfeier in der

Aula die Festrede halten!! – Und außerdem sind Sie der jüngste Kollege! Auf Wiedersehen!“

Das war eine durchlaufende Ansage und zu hinterfragen gab es da nichts. Der Direktor hatte gesprochen, und ich habe hinter einem mit Schwarz-Rot-Gold drapierten Pult über Konrad Adenauer geredet.

Rückschauend wird mir deutlich, dass die de-Haansche Begründung für meine Adenauer-Rede nichts, aber auch gar nichts mehr mit meinem besonderen Werdegang als Vertriebener zu tun hatte.

Ganz allgemein war es eben in Schulen 1966 – also vor 1968 – so, dass Beamte – insbesondere junge – das umzusetzen hatten, was die Verwaltung, insbesondere der Schulleiter festgelegt hatte. In Norden war das alles schon sehr angenehm, aber Angeordnetes hatte zu geschehen. Da konnte es schon passieren, dass man zur Überbrückung der besonderen Situation während der beiden Kurzschuljahre fachfremden Unterricht zu geben hatte. Da für den Mathematikunterricht im 8. Jahrgang keine Lehrerstunden zur Verfügung standen, wurde Strybny – obwohl kein Mathematiker – dort eingesetzt. Begründung: Der hat ja in einer mathematisch- naturwissenschaftlichen Klasse Abitur gemacht. Na also! Redlich bemüht habe ich mich ich schon! Eine meiner ehemaligen Mathematikschülerinnen kam fünfzehn Jahre später als Kollegin mit den Fächern Englisch und Französisch ans Ulrichsgymnasium zurück. Auf Nachfragen hat sie mir aber versichert, dass diese Studienfachentscheidung nichts mit meinem Mathematikunterricht zu tun gehabt hat.

16. Spurensuche

16.1 Schlesien

Nach der Vertreibung waren bis in die mittleren achtziger Jahre vier Jahrzehnte vergangen. Die Bewegungsströme der Vertriebenen waren längst Vergangenheit. Die meisten während der Vertreibung schon Erwachsenen, aber auch eigentlich alle Kinder hatten ihren heimatlichen Dialekt verloren oder erst gar nicht mehr lernen können. Sie dachten und sprachen in einem anderen Idiom, das nun auch akustischer Spiegel für eine neue, nun heimatliche Identität war. Ganz überraschend begegnen mir – zwar selten – in Ostfriesland auf einmal Menschen meines Alters (!), die in breit angelegter Phonetik – wie meine Mutter sagen würde „pauersche" – echte schlesische Klänge hören lassen. Das kann man nur als verlorene Signale aus Familien sehen, die intensiv im häuslichen Bereich diese Sprachbezüge kultiviert haben. Seltenste Hinweise auf eine verlorene Kulturtradition.

Mit dem Integrieren und auch Etablieren war bei vielen nun Bundesbürgern der Wunsch aufgekommen, die „alte Heimat" wieder zu sehen. Die Reiseindustrie hatte das bald entdeckt und begann für einen „Wehmuts"-Tourismus zu werben. Viele Ostpreußen, Pommern und Schlesier sind dem gefolgt.

Meine Mutter konnte sich verständlicherweise diesen Vorgängen nicht entziehen. Da sie – wie von diesen Gesellschaften angeboten – nicht in einer Woche ganz Schlesien bereisen wollte, um an jedem angefahrenen Punkt nur kurz verweilen zu können, ist sie mit meinen Brüdern 1974 nach einem sehr umständlichen Beantragungsverfahren über die polnische Reiseagentur Polorbis mit eigenem PKW „nach Hause", nach Glatz gefahren.

Nach ihrer Rückkehr wurde mein Interesse, beflügelt durch ihre Erzählungen, immer größer. Es bestand der rational unterlegte Wunsch, die Orte meiner Kindheit, die ja, wie schon ersichtlich geworden ist, noch sehr lebendig vor meinen Augen sind, einmal wieder zu sehen. Meine Mutter kam emotional sehr aufgewühlt von dieser Reise wieder, meine Brüder hatten diese Unternehmung zur Kenntnis genommen wie jede andere Urlaubsreise. Ich selbst wähnte mich für eine solche kommende Reise innerlich etwa auf der gleichen Position wie meine Brüder. Mal neugierig umschauen, wie das heute wohl so ist. Die *Heimat* war längst Ostfriesland geworden. Hinfahren, ansehen, zurückfahren! Fertig! Kühl bis ans Herz hinan! Wie sich später zeigen sollte, kann es doch anders kommen!

Im Herbst 1992 – also schon nach der großen *Wende* – fuhren meine Frau, unser jüngerer Sohn (der ältere war bereits im Studium) und ich mit dem Auto nach Glatz. Nach meiner Recherche war die Bevölkerungszahl sehr stark zurückgegangen, und der bauliche Erhaltungszustand war nach Auskunft meiner Brüder besonders schlecht, was ich auch 1992 an so manchen Stellen bestätigt fand. Mitten in der Stadt waren immer wieder in sich zusammengestürzte Häuser zu sehen. So entschloss ich mich, doch im zwölf Kilometer entfernten Bad Altheide Quartier zu suchen.

Auch wenn ich mich als Reisender in Polen nach den polnischen Orts- und Straßennamen orientieren musste, werde ich, wenn irgend möglich, die alten deutschen Bezeichnungen verwenden. Es war ja eine Reise in meine kindliche Vergangenheit in dieser vormals deutschen Region. In meiner Erinnerung sind noch heute alle diese Orte mit diesen Namen verbunden.

Es soll ganz generell in diesem Kapitel von der *Spurensuche* die Rede sein und nicht eine Abfolge von exakten Reiseberichten in die Orte meiner Kindheit und Jugend vorgenommen werden.

Ganz allgemein war ich zunächst überrascht, wie gut mir räumliche Orientierung in Glatz nach so langer Abwesenheit möglich war. Natürlich muss man bedenken, dass ich eigenständiges Kind in schulfähigem Alter war. Erleichtert wurde das Wiederfinden all der vertrauten Orte, weil die Stadt von schlimmen zerstörerischen Folgen des Zweiten Weltkrieges wegen der schon beschriebenen Situation in den letzten Kriegstagen verschont geblieben ist und sich in diesen Randregionen Polens offensichtlich in den späteren Jahrzehnten baulich kaum etwas getan hat.

Wie es das verkehrliche Vorankommen so mit sich brachte, erreichten wir Bad Altheide an einem Nachmittag. Das Ortsbild erschien mir völlig fremd, denn das habe ich als Kind nie wahrgenommen. Aber dort, wo uns damals das Auto meines Vaters hingebracht hatte, entstanden Bilder. Das war der Gesamteindruck der Pensionshäuser, die sich äußerlich nicht verändert hatten. Sie befanden sich in hervorragendem baulichem Zustand. Auf Nachfrage konnte uns das unser Vermieter später überzeugend erklären. Die noblen Pensionen waren während der sozialistischen Zeit Polens nur den führenden Breslauer Parteikadern mit ihren Familien vorbehalten, oder es waren rein von der Partei für ihre Tagungen beschlagnahmte Objekte mit höchster sicherheitstechnischer Ausstattung. In vielen Fällen haben dann nach der Wende die ehemaligen Hausmeister oder Hausverwalter diese hervorragend ausgestatteten Objekte mit einem Wechsel in die Privatisierung übernommen, wie das auch bei unserem Vermieter der Fall war. Was sich vor mein Erinnerungsbild einer solchen Straße schob, waren die bei manchem Grundstück angelegten etwa drei Meter hohen Gitterzäune. Wenn in diesem Innenraum für die Fahrzeuge kein Platz war, mussten sie gut gesichert draußen stehen bleiben. Bei unserem Haus war das nun mal so. Bei jedem Weg auch durch die Haustür mit jedem Koffer, mit jeder Tasche schloss der Wirt vor uns die Tür auf und danach wieder zu.

Ein 1992 in den polnischen Kurbädern übliches Trinkgefäß.

Im Altheider Kurpark war mir das Bild sehr vertraut. Sogar die flachen Eisengeländer, die die Blumenrabatte umgaben, waren noch die von damals, wie ich sie auch heute noch auf einigen von meiner Mutter geretteten Fotos von damals erkennen kann. Wie weit natürlich der Erinnerung durch die Stütze der Bilder aufgeholfen worden ist, muss offen bleiben. Die Wandelhalle mit den Heilwasserspendern und der Musikpavillon ergänzten den Eindruck. Als Kind war ich besonders beeindruckt von den Heilwassergläsern, aus denen die kurenden Leute mit ernstem Blick das *gesunde* Wasser der Heilquellen durch ein Röhrchen schlürften. 1992 hat man sich da einer ganz anderen Trinktechnik bedient. Man trank das besagte Wasser aus einem Keramikgefäß, das an eine kleine Blumengießkanne erinnerte. Man saugte das Wasser mit ähnlich ernstem Blick über den „Gießer". Das Kännchen war mit der Aufschrift „Polanica Zdroj" (Bad Altheide) versehen.

Unser erster Weg in Glatz führte uns natürlich zu meinem Eltern- und Geburtshaus in der Louisenstraße 5a. Das Hofkarree, der vormalige Konzertgarten des Restaurants meiner Großeltern, in dem wir 1943 die furchtbaren Kinderreime vor uns hin geplappert hatten, war unverändert. Selbst die Teppichklopfstange, an der wir unsere ersten Turnübungen gemacht hatten, war noch da.

Nach den Berichten meiner Mutter von ihrem Besuch habe ich einen passablen Zustand dieser Häuser erwartet, aber das jetzige Aussehen war doch ziemlich erschütternd *(s. S. 24: Der schlechte Zustand ist selbst auf diesem Foto erkennbar!)*. Die Farbe der Außenfassaden der eigentlich noch in den Achtzigerjahren weißen Häuser und die Fensteranstriche waren grau und verkommen. Die Einfassungen und Gesimse waren brüchig. Wie konnte es zu einer solchen Veränderung kommen? Während des Besuches meiner Familie hatte die polnische Miliz hier Wohnungen, Lagerräume und Garagen für ihre Bediensteten. Unter deren Obhut war alles bestens gepflegt. Nach der Wende wurde die Anlage von den Familien der Milizionäre verlassen und in eine andere Zuständigkeit überführt. Private Mieter zogen ein und die Mittel für einen Gesamtunterhalt waren nicht mehr zur Verfügung.

Wir gingen also in das Haus – mit den interessanten Dreieck-Klos – in den ersten Stock. Von dem Charakter einer einstigen Beletage war kaum noch etwas zu verspüren. Wir klingelten an „unserer" ehemaligen Wohnungstür, was wir mit der immer noch vorhandenen Drehklingel (!!!) machen konnten. Außer einigen leisesten Geräuschen passierte aber gar nichts. Etwas verloren gingen wir in den Hof und schauten an der Fassade nach oben. War es das?

Während wir so herumstanden, kam ein älterer Herr auf uns zu und fragte uns in einwandfreiem, schlesisch eingefärbtem Hochdeutsch, was wir denn hier suchten. Wir beschrieben ihm unsere Situation und er versprach uns, dass er mit den derzeitigen Mietern der Wohnung sprechen wolle und wir sollten am späten Nachmittag wiederkommen.

Äußerst glücklich war er, dass er wieder einmal nach über vierzig Jahren in seiner Muttersprache mit jemandem sprechen könne. Da er 1946 einen für die polnische Verwaltung unentbehrlichen Beruf hatte, sei er als einziger seiner Familie von der – als nicht so lange angenommenen – Abwesenheit ausgenommen worden. Damals sei er darüber sehr erfreut gewesen, da er somit während dieser Zeit auf den elterlichen Hof in Frankenstein bis zu deren Wiederkehr hätte „aufpassen“ können. Diese Fehleinschätzung sei bald danach deutlich geworden. Er habe dann ja dableiben müssen, hat eine Polin geheiratet und sei doch – wie er sagte- „sehr glicklich“ geworden. Er könne es noch gar nicht fassen, dass er endlich wieder einmal in „seiner“ Sprache reden könne.

Als wir dann einige Stunden später wiederkamen, wurde uns in Begleitung unseres neuen Bekannten die („unsere“) Wohnung gezeigt. Da das nun dort wohnende freundliche junge polnische Paar kein Deutsch konnte, wurde von unserem schlesischen Polen gedolmetscht. Es überkam mich ein sonderbares Gefühl, denn mir wurde etwas gezeigt, was ich vor Jahrzehnten als Kind intensiv erlebt hatte: mein damaliges Zuhause. Ich meinte fast, den Weihnachtsbaum meiner Kindertage – obwohl im Herbst – sich drehend vor dem Fenster zu sehen. Die Möbel waren natürlich andere, einfachere, denn ganz sicher hatten die ersten Bezieher nach unserm Verlassen bei ihrem Weggang natürlich die hochwertigen Möbel mitgenommen. Aber ich bewegte mich in einer für mich irgendwie *unrealen* Welt: der von der Küche aus beheizbare Kachelofen, der allen anliegenden Wohnräumen seine Wärme spendete, mit der umlaufenden Holzbank, das Schlafzimmer meiner Eltern, in dem ich geboren bin, mein Kinderzimmer mit der nach beiden Seiten aufschlagende Flügeltür, das heute mit seinem beheizbaren, immer noch vorhandenen Badeofen nostalgisch wirkende Badezimmer, das technisch nahe liegend unverändert war, oder der eben um ein Dreieck verkürzte Flur mit einer Toilettentür. (Welch eigenartigen Weg nimmt solch ein vor langer Zeit gemachter Architektenfehler in der Erinnerung!)

Wie aus der Beschreibung meiner Wahrnehmungen zu entnehmen ist, waren diese freundlichen Bewohner bereit, uns wirklich *alles* zu zeigen. Sie müssen wohl vor unserem Erscheinen die ganze Zeit über nur geputzt haben. Zwischendurch konnten wir einen angeregten Disput zwischen unserem Dolmetscher und ihnen beobachten, wobei sie die Beunruhigten zu sein schienen und er mehr der Besänftigende war. Es schien etwas nicht zu stimmen, was etwa mit unserem Erscheinen zu tun hatte. Unser neuer Freund aus Frankenstein klärte dann schließlich das Rätsel auf, indem er die Frage, die diese jungen Leute zu bedrücken schien, an uns stellte. Ob wir denn – ähnlich wie in der ehemaligen DDR – denn alles wiederhaben wollten, was uns mal gehört hat? Es wurde deutlich, dass es in Polen wohl Stellen gab, die unter völliger Unkenntnis oder gar politisch beabsichtigt unter Verkennung der schon seit langem geregelten völkerrechtlichen Situation ein solches Gerücht verbreiteten. Nachdem wir ihnen versicherten, dass das gar nicht mehr möglich wäre und wir auch nie die Absicht hätten, waren sie sehr erleichtert. (Auch später habe ich mir diese Beunruhigung für *Mieter* nie recht erklären können.) Mit freundlichem Händeschütteln, Lächeln und Reden in der jeweils eigenen Sprache ging der Besuch in meiner „intimsten“ Vergangenheit zu Ende. Unserem hilfreichen Vermittler kamen beim Abschied die Tränen.

1974 war es meiner Mutter mit viel größeren Schwierigkeiten möglich gewesen, in diese Wohnung zu gelangen, die sie unbedingt sehen musste. Das Haus war damals – wie schon erwähnt – noch

Wohnanlage für die Milizbediensteten, also eine für Besucher aus dem „feindlichen" Ausland und dann noch Deutsche, die Vorbesitzer gar, streng verbotenen Zone. Aber mit ihren unbeschreiblichen Gaben, oft Unmögliches zu erreichen, – wahrscheinlich mit einigen sogar echten Tränen vor den Milizionär-Frauen – hat sie es geschafft, in „ihre" Wohnung zu kommen. „Ihre" Möbel waren schon nicht mehr da. Aber – man kann es kaum glauben – diese Bewohner hatten die alten Familienbilder unsere Familie als wohl nostalgischen Schmuck an den Wänden hängen.

Diese beiden hier beschriebenen Besuche in unserer ehemaligen Wohnung betreffen ja nicht die Bewohner der ersten Stunde, die meine Mutter und ich 1945/1946 noch von draußen einige Monate jeden Tag sehen konnten. Manchmal versuche ich mir auszumalen, wenn ich in eine solche Lage geraten wäre: Angereist wie unsere unmittelbaren polnischen Nachfolger aus der heutigen Ukraine damals nur mit tragbarem Gepäck in eine Wohnung einer etwa mit gleicher Gepäckfracht vertriebenen Familie. Es ist für mich nicht vorstellbar. Ich kann solch ein Gedankenspiel nicht durchführen. Vielleicht mag es andere geben, die das hinkriegen.

Dass dies vielen neuen polnischen Bewohnern nicht leicht gefallen ist, wird berichtet. In dem schon einmal erwähnten von Arno Surminski herausgegebenen Band „Flucht und Vertreibung" schreibt Arno Herzig von einer polnischen Professoren-Familie, dass der Vater gar keine Probleme hatte, eine solche Wohnung zu „belegen". Seine Tochter Joanna Konopinska, eine Breslauer Studentin, schreibt über ihren Vater in ihrem Tagebuch unter dem Datum 2. Oktober 1945: Er hatte „…mit Hilfe der Deutschen alle Regale gesäubert und die Bücher (der Vorbesitzer) eingereiht…. An die am besten sichtbare Stelle" hatte er „die von ihm verfassten Bücher geschoben." Die Tochter hatte da mehr Skrupel. Sie schreibt: „Jetzt sitze ich am Schreibtisch und notiere meine Eindrücke (…) Wenn man doch diese Fremdheit, diese Deutschheit, die aus jeder Ecke hervorguckt, aus dem Haus wegräumen und herausfegen könnte (…) Auf Schritt und Tritt stoße ich auf Gegenstände, die jemand anderem gehören, Zeugen eines fremden Lebens sind, von dem ich nichts weiß (…).“ Sie trifft bei ihren Kommilitonen, denen sie ihre Besorgnisse mitteilt, auf kein Verständnis: „Was, die Deutschen tun dir Leid? Hast du vergessen, was sie uns angetan haben?“ Sehr gegensätzliche Empfindungen gehen mitten durch Familien und Freundschaften.

Beim Verlassen des Hauses fiel mein Blick noch einmal auf die Wand des Tanzsaales der „Kaiserkrone“. in dem wir den tanzenden Paaren zugeschaut hatten, wonach mein Vetter Udo zum uns denkbar höchsten Rang eines Unteroffiziers avancierte. Jetzt wurde dieser Saal als Lagerhalle genutzt. Da ich beim Herankommen sehr auf mein Elternhaus fixiert war, ist mir entgangen, dass die ganze „Kaiserkrone“ – am Zustand erkennbar – schon seit längerer Zeit in wesentlichen Teilen verändert worden ist. Der große Tanzsaal war auf dem gleichen Grundriss wirklich zu einer Lagerhalle umgebaut worden. Das Restaurant mit dem kleinen Saal in dem die Heiligen Abende mit der Großfamilie wahrlich zelebriert wurden, war einem nicht gerade ansehnlichen technischen Zweckbau gewichen. Die Gründerzeithäuser auf der gegenüberliegenden Seite der Louisenstraße waren mit ihrer zeittypischen Ausgestaltung erhalten geblieben und in bestem baulichen Zustand. Solche Häuser sind durchaus in so manchen großbürgerlichen Wohnvierteln auch in ostfriesischen Klein- und Mittelstädten zu sehen.

Neben der Haustür entdeckte ich einen aus der Wand gebrochenen Ziegelstein mit etwas Mörtel. Ich konnte nicht widerstehen, wenigstens ein kleines Stück meines Elternhauses mit nach Ostfriesland zu nehmen. In meinem Arbeitszimmer hat er jetzt einen besonderen Platz.

Ein kleines Stück des „Berliner“ Hauses auf dem Schreibtisch in Ostfriesland.

Während wir nun das Karree der vormaligen familiären Häuser verließen, fiel mein Blick beim Weggehen auf den Bereich des Gartens. Wie schon erwähnt, hatte dort meine Mutter von einem Maurer 1943 im Sockel der Gartenlaube ein Versteck beachtlicher familiärer Schätze anlegen lassen. Als sie 1974 den auch damals schon völlig verwilderten Garten so unauffällig wie möglich inspizierte, war die ganz Laube verschwunden, aber sie konnte mit innerer Genugtuung feststellen, dass der gemauerte Sockel noch unversehrt in der Gartenwildnis stand. Die Flickspuren auf dem ehemaligen Laubenboden waren noch gut erkennbar. Sie zog daraus den völlig richtigen Schluss: Ein ziemlich beachtliches Vermögen steckte da noch unten drin!

Sie hätte es ja der zuständigen Behörde von Klotzko melden können, aber das konnte sie, was man verstehen kann, nicht übers Herz bringen. Noch hat sie das, wovon sie wusste, was ja auch logischerweise richtig war, als ihr Besitztum angesehen. Auch wenn es bei allem Vorhandensein nur als ein angenehmes Gefühl, eine Fiktion bleiben musste. So realistisch – wie eigentlich immer schon – war sie, dass sie nicht annehmen konnte, einmal nach diesen Jahrzehnten und der stattgefundenen Entwicklung ihr Besitztum nach einer Rückkehr oder nach einer Anreise ausgraben und in Empfang nehmen zu können. Schon bald nach ihrer Rückkehr von der Reise erzählte sie mit spürbarem diebischem Vergnügen von ihrem „Schatz" in Polen. Sie hatte es eben der Zeit und dem Zufall überlassen, dass ein neugieriger Gräber, der Fahrer einer Planierraupe oder ein Heimwerker, der nur die Ziegelsteine des Sockels haben wollte, der sicherlich überraschte und erfreute Besitzer werden könnte.

An diese Erzählungen erinnert, betrachtete ich nun 1992 das Gelände, das trotz Wildwuchs gut zu übersehen war. Und siehe da! Der Fundamentblock unserer Gartenlaube war weg. Es war jemand fündig geworden. Sei's ihm gegönnt. Wenn es ihm dadurch möglich geworden ist, seine persönlichen Lebensumstände eigentlich eine ganz beachtliche Zeit zu verbessern, sollte man zufrieden sein.

Bei unseren Erkundungsgängen durch die Stadt führte unser Weg auch den Brücktorberg hinauf zum Ring. Bei einem kurzen Innehalten, um den Blick auf die weiter unten liegende Minoritenkirche zu werfen, wurde meine Frau von einem Herrn in österreichisch gefärbtem Deutsch angesprochen. Offenbar hatte er dort immer seine Position und sehr schnell einen Blick dafür entwickelt, welche Glatzbesucher als „Wehmuts"-Touristen angereist waren. Wir seien doch sicherlich ehemalige Glatzer. Wenn wir es wünschten, könne er uns nach Nennung unseres Namens die Kopien von interessanten Auszügen des ehemaligen Glatzer Einwohnermeldeamtes – gegen ein kleines Salär – herbeischaffen. Meiner Frau kam das ein wenig unheimlich vor. Unser Sohn Derk wollte aus Besorgnis gar nichts davon wissen. Da ich aber doch erfahren wollte, was da wohl kommen würde, habe ich sorgfältigstes Aufpassen versprochen. Und siehe da: Nach einer Verabredung einige Zeit später an derselben Stelle war er wieder da. Die gesamte Existenz meiner Eltern war in seinen Listen über vier Seiten zu verfolgen: Branchenverzeichnis mit den Betrieben meiner Eltern und Verwandten, Hauseigentümer in der Louisenstraße, Mieter meiner Eltern in den verschiedenen Häusern. Eine äußerst interessante Information. Kaum hatten wir ihm die gewünschten 10 DM pro Seite gegeben, war er auch schon verschwunden. Gelegenheit zum Erfragen so mancher Dinge hatten wir also nicht mehr. Erst hinterher wurde mir bewusst, dass er seine *Verhandlungen* doch sehr *konspirativ* gehalten hat. War auch ganz klar, da solche „Geschäfte" ganz bestimmt verboten waren.

Nach dieser Begegnung setzten wir mit unseren interessanten Dokumenten unseren Weg zum Ring hinauf fort. Oben angekommen stellten wir fest, dass die eine Seite der Häuser zur Festung hin total abgebrochen war, so dass die friederizianische Festung in ihrer ganzen Wucht zu sehen war. An den anderen Seiten hatten die bekanntermaßen sehr fähigen polnischen Restauratoren einige Häuserfronten, wie man es schon seit längerer Zeit in Danzig oder Breslau beobachten konnte, eindrucksvoll restauriert. Das Rathaus in seiner imponierenden Größe bestimmte noch immer den ganzen Platz – überragt vom Rathausturm.

Meinen bisherigen Weg durch meine Heimatstadt auf den Spuren meiner Kindheit habe ich mit Interesse, mit Neugier, mit Überraschung und am Rande vielleicht mit ein wenig Wehmut verfolgt, aber ansonsten war ich sehr rational bestimmt.

Nun traf mich bei unserem Rundgang um den Ring völlig überraschend ein gewaltiger emotionaler Angriff. Wie kam es dazu? Wie schon dargestellt, war ich als kleiner Knirps von der mit dem Kopf nickenden Mohrenfigur in der gleichnamigen Apotheke am Ring fasziniert. Ich habe mir an der Fensterscheibe die Nase platt gedrückt. Mein Kindermädchen hatte es nur mit größten Mühen geschafft, mich davon weg zu bekommen. Meine Mutter fühlte sich sogar veranlasst, mir in nationalsozialistischer Zeit eine schwarze Puppe zu besorgen. Nach dem damaligen Zeitgeist kein ungefährliches Unterfangen. Nach ziemlich genau einem halben Jahrhundert stand ich nun als erwachsener Mann unverhofft vor dem Schaufenster dieser immer noch in der alten Einrichtung betriebenen Apotheke. Der Mohr nickte noch immer! Nur schaute ich jetzt von oben auf den kleinen Mann hinunter.

Da war es um meine Fassung geschehen! Ich konnte und ich wollte die Tränen auch gar nicht zurückhalten. Ohne an dieser Stelle eine Spur gesucht zu haben, hat sie sich mir völlig unerwartet mit einem solchen Signal in den Weg gestellt. Die Empfindungen eines kleinen Jungen trafen das Erinnerungsbild eines erwachsenen Mannes. Im Nachhinein bin ich doch sehr zufrieden darüber, dass die Reise in die Räume meiner Kindheit nicht nur von der rationalen Wahrnehmung bestimmt, sondern auch von Empfindungen begleitet worden ist.

Nachdem ich mich etwa mit vier Jahren alleine in der Stadt orientieren konnte, bin ich sehr oft von meinem Elternhaus in der Louisenstraße zum Hauptgeschäft in der Grünen Straße gelaufen. Dort gab es vielfältige Möglichkeiten, in den rückwärtigen Lagerräumen mit leeren Kartons und Zigarrenkisten phantasiereiche Spiele zu betreiben. In der dunklen Jahreszeit haben mich die Leuchtreklamen an der Vorderfront sehr beeindruckt. Abends blieb ich dann meistens so lange da, bis ich mit meinen Eltern mit dem Auto nach Hause gefahren bin.

So war ich also doch neugierig, zu erfahren, was aus diesem Geschäft wohl geworden ist. Wahrscheinlich habe ich diesen Ort in der Erinnerung recht überhöht abgespeichert.

Die anzuschauende Realität war äußerst ernüchternd. Von den elektrisch beleuchteten Reklametafeln waren immerhin noch die Halterungen an den Wänden zu sehen, einige Anschlussleitungen ragten unisoliert aus den Wänden heraus – sicherlich ohne Stromversorgung, sonst müsste in den langen Jahrzehnten schon Schlimmes passiert sein –, das Schaufenster war aus drei kleineren Scheiben zusammengesetzt, da wohl so großflächige Scheiben nicht zu bezahlen gewesen sind. Da der Laden geöffnet war, gingen wir hinein. Welch andere Welt! Die früher häufig anzutreffenden speziellen Tabakwarengeschäfte – so auch bei meinen Eltern – waren in ihrer Innenausstattung so gediegen gehalten wie englische Clubs: Mahagonimöbel, lederne Clubsessel und gedämpfte Beleuchtung. Das war nun krass ganz anders. Der erste Ladenbetreiber nach meinen Eltern hat natürlich wohl sehr schnell den Wert dieser Innenausstattung erkannt und bei seinem Auszug wird er diese Einrichtung selbstverständlich mitgenommen haben. Entweder hat er sie gewinnbringend verkauft, oder sie ziert noch heute sein Wohnzimmer.

Jetzt waren Wandregale und Tresen aus einfachem Holz zusammengezimmert. Von der Decke hingen zwei Glühbirnen zur Beleuchtung. Das Warenangebot entsprach etwa dem, was wir auch in einem Kiosk „an der Ecke“ vorfinden. Brot, Wurst, Eier, Zeitschriften, Mineralwasser, Bier.

Nachdem eine Klingel unser Eintreten angezeigt hatte, kamen der Ladenbetreiber und seine Frau, junge Leute um die Dreißig, hinter einem Vorhang aus dem ehemaligen Büro hervor und begrüßten uns überaus freundlich. Ihr herzliches Verhalten und das traurige Ambiente standen in krassem Gegensatz zueinander. Nach intensivem gegenseitigen Anlächeln merkten wir, dass wir ein Problem hatten: wir konnten kein Polnisch und sie kein Deutsch. Aber nach ein wenig Herumtasten konnten wir uns dann mit bescheidenem Englisch helfen. Sie waren noch nicht lange in Klotzko und auch in diesem Geschäft und sie erhofften sich eine bescheidene Existenzsicherung. Nach einem kleinen Einkauf wurden wir vor allem mit freundlichstem Lächeln bis auf die Straße begleitet.

Im Juni 2013 habe ich mir bei Google-Earth die Aufnahmen von Klotzko/Glatz angesehen. In der dort abrufbaren Bildleiste ist doch tatsächlich das Geschäftshaus meiner Eltern in der Grünen Straße fotografisch gut reproduziert zu sehen. Die schon erwähnten Halterungen der Leuchtreklame sind immer noch an der Wand. Sie werden wohl später einmal durch Rosteinwirkungen von der Wand fallen.

Eine der letzten Stationen unserer Schlesien-Reise war der Wallfahrtsort Albendorf. Ich selbst bin als Kind dort nie gewesen. Einer eindringlichen Bitte meiner Mutter folgend, mir diese wunderschöne Anlage anzusehen, hatte ich dieses Ziel für uns noch auf das Programm gesetzt.

Wie Recht sie doch hatte. Wir sahen eine eindrucksvolle barocke Kirchenanlage, die aus der Schule Ignatz Dientzenhofers hervorgegangen war. Nach einer Jerusalem-Wallfahrt des Daniel von Osterburg ist das umgebende hügelige Areal auf der einen Seite mit Kreuzweg-Kapellen zum Kalvarienberg und auf der anderen Seite zum Ende des 17. Jahrhunderts mit alttestamentlichen Ausgestaltungen zum Berg Sinai erweitert worden. Daher wurde Albendorf in der Grafschaft Glatz als das „schlesische Jerusalem“ bezeichnet.

Bevor ich jedoch meine Eindrücke, meine Gedanken nach dem näheren Betrachten aufschreibe, erlaube ich mir wieder einen Exkurs über die Rolle der katholischen Kirche bei politischen einmal anderen Zeiten.

Meine Beobachtungen beim Rundgang durch die Albendorfer Wallfahrtskirche: Allgemein sei festgestellt: Dientzenhofersches Barock im Überfluss. In den Gängen und Nischen an vielen, vielen Stellen wohl Hunderte Votiv-Täfelchen, auf denen für Erlösung von Krankheit, Not und Leiden dem Herrn gedankt wird. Mit Datierungen, Jahrhunderte alt – in deutscher Sprache, wie auch anders! Ist doch dieser Wallfahrtsort der Überlieferung nach schon ab dem 13. Jahrhundert, belegt seit dem 16. Jahrhundert, ein zentraler Punkt katholischer Frömmigkeit für Menschen, die als städtische und bäuerliche Siedler mit deutschen Dialekten aus dem Westen in diesen Raum gekommen waren.

Wenn man sich dann an den Eingangsportalen einmal an den Seiten umschaut, kann man eine Überraschung erleben. Diese Tafeln geben dem Besucher einen Abriss der Geschichte Albendorfs in Polnisch und Deutsch. Darin wird dem Leser vor dem gewiss nicht einfach überschaubaren Hintergrund der unendlich vielen dynastischen Veränderungen dieser Region deutlich gemacht, welche slawischen – insbesondere piastischen – Herzöge für diese Region von besonderer Bedeutung gewesen sind. Von einer Ostsiedlung nicht nur deutschstämmiger Siedler, aber mit mitteldeutschen Rechtsstrukturen auch in diesem Raum Schlesiens und einer unendlichen Fülle reichster kultureller Schöpfung – wie eben auch Albendorf – ist nicht einmal andeutungsweise die Rede.

Ich will hier keinesfalls in den Verdacht geraten, ein deutschtümelnder Jammerer zu sein, aber hier wurde von der polnischen Amtskirche bewusst im Sinne einer nicht zu verstehenden Geschichtsfälschung ostmitteleuropäische Kulturtradition in den Tafeltexten ignoriert. Da waren ja sogar die polnischen Kommunisten vor Kriegsende und die *damalige* polnische Amtskirche ehrlicher. Sie sprachen von einer „Repatriierung". Also hat es immerhin einmal dort Menschen gegeben, die man nach Deutschland „*re*patriieren" müsse.

Meine Schelte bezieht sich auf das Jahr 1992. Vielleicht hat sich inzwischen dort etwas geändert?

Nach einem Besuch in Breslau, wo ich natürlich mit meiner Frau und meinem Sohn nicht als Spurensucher sondern als Tourist unterwegs gewesen bin, haben wir uns wieder entlang *meiner* deutschen Diagonalen von Schlesien nach Ostfriesland auf den Rückweg begeben.

Und wenn 1946 die „Reise" 13 Tage gedauert hat und von Entbehrungen wie frostiger nasser Kälte, Angst, Ungewissheit und Jakotin Entlausungspulver begleitet war, sind wir nun bequem im PKW warm und sicher, bei besten materiellen Gegebenheiten durch eine herrliche schlesische Herbstlandschaft gefahren. Während der Fahrt habe ich mir schon die Frage gestellt, ob ich nun doch vielleicht meine ursprüngliche Heimat gar wieder gefunden hätte. Das konnte ich mir nicht bestätigen. Ostfriesland ist für mich über die vielen Jahre Heimat geworden, der Ort an dem mein innerer Anker festgemacht ist. Ob ich nun Schlesier oder Ostfriese bin, darüber werde ich mir ganz zum Schluss noch Gedanken machen.

Nur für eine vergleichende Erfahrung hätten wir ja die Strecke von Glatz nach Norden in einem Stück durchfahren könne, was in einem langen Tag zu schaffen gewesen wäre. Aber soweit wollte ich den Versuch nicht treiben. Mit einer Unterbrechung auf etwa halber Strecke war die Unternehmung angenehmer.

16.2 Unterfranken

In all den vergangenen Jahrzehnten bin ich viele Male mit meiner Frau und später auch mit meinen Söhnen Jann und Derk im Auto von Ostfriesland nach Süden gefahren, um Urlaubsziele in Süddeutschland oder in Österreich anzufahren. Immer wieder fuhren wir, wenn wir durch den Spessart kamen, an Burgsinn vorbei. Obwohl diese Zeit für mich als heranwachsenden Jugendlichen eine Phase mit vielen traurigen Begleiterscheinungen gewesen ist, hatte ich wohl im Hinterkopf, doch einmal von der Autobahn abzufahren, aber dabei ist es dann auch geblieben.

Nur eine Schulepisode ist mir beim Vorbeifahren jedes Mal in den Sinn gekommen. Während meiner dortigen Grundschulzeit hat uns unser Lehrer in zwei aufeinander folgenden Jahren nach den Herbstferien am ersten Schultag im Malunterricht die Aufgabe gestellt: Der Herbst ist ein großer Maler. Dazu bestand auch hinreichend Grund. Auf den Spessart-Hängen rund um Burgsinn hatten die Laubwälder eine Farbenpracht von beeindruckender Vielfalt entwickelt. Wir haben uns ausgiebig ins Zeug gelegt, es machte mir jedenfalls großen Spaß, – und für den Lehrer war der erste Schultag wieder gerettet.

Als ich nun mit meinen Söhnen wieder diese Strecke fuhr, eben auch in den Herbstferien, als also der Spessart seine Farbenpracht entfaltet hatte, musste ich diese Malgeschichte zum Besten geben. So weit so gut! Als – hoffentlich – wohl erzogene Kinder haben sie diese väterliche Erzählung brav zur Kenntnis genommen. Im folgenden Jahr wieder die gleichen Voraussetzungen. Die Familie Strybny fuhr wieder einmal in den Herbstferien an Burgsinn vorbei. In dem Glauben, dass ich meine Malgeschichte noch nicht erzählt hätte, gab ich sie erneut von mir. Es kam aber von den hinteren Plätzen nur ein gelangweiltes: „Kennen wir schon!“ Beim neuerlichen Anlauf während des Vorbeifahrens in einem der folgenden Jahre, kam von hinten im Chor: „Der Herbst ist ein großer Maler!“ In den folgenden Jahren brauchte ich gar nicht mehr anzufangen. Wenn auf dem Autobahnwegweiser der Ortsname Burgsinn auftauchte, war im Chor der „große Maler“ fällig. Inzwischen dreistimmig, verstärkt durch meine Frau. Diese Spur war also für meine Familie und mich ein erfolgreicher Erinnerungs-Hit.

Meine Kinder sind nun schon längst aus dem Haus und haben eigene Familien. Wenn ich mit meiner Frau egal durch welchen herbstlichen gefärbten Wald fahre, wird von ihr des Herbstes als dem großen Maler gedacht. Ich glaube, zwei Bäume reichen schon! So führt die oft recht traurige Burgsinner Zeit doch noch immer wieder zu schönen Erlebnissen.

Im Frühjahr 2010 kam mir doch der Gedanke, einmal im Anschluss an einen Besuch bei unseren Kindern in Nürnberg, Burgsinn – mit einer Übernachtung – einen Besuch abzustatten. Wir fanden hoch über dem Ort gelegen in einem neu erschlossenen Wohngebiet eine Ferienwohnung mit einem großartigen Ausblick über den Ort und das Sinntal. Die wirklich mit Erinnerungen unmittelbar verbundenen Orte, die Häuser, in denen wir damals gewohnt haben, waren entweder abgerissen oder einem Neubau gewichen. Unser Skiflug-Übungshang war einer Straßenverbreiterung gewichen. Unsere Vermieter, sehr freundliche Leute, waren im Sinne meines Interesses nicht auskunftsfähig, denn sie lebten *erst* dreißig Jahre im Ort. Informationen über alte Burgsinner Familien, deren Kinder meine Schulkameraden gewesen sein und gar noch im Ort leben könnten, waren also nicht zu erhalten. An diesen sehr schönen (diesmal nicht Herbst-) Vorsommertagen machte ich mich mit meiner Frau auf den Weg, um eventuell doch Vertrautes zu entdecken.

Das alte Rathaus zeigte sich in bestem Zustand, die alte von-Thüngensche Wasserburg, auf deren Wassergraben wir im Winter damals die ersten Versuche zu mehreren Jungen mit einem Paar Schlittschuhen gemacht hatten, war leider dem Verfall preisgegeben. Die Parkanlagen um die Burg herum waren in bestem gepflegten Zustand. Wie uns ein dort arbeitender Gärtner erzählte, kümmert sich darum die Gemeinde. Die beim Vorbeifahren weit hin sichtbare weiß verputzte katholische Kirche machte über ihren grau gewordenen Putz deutlich, dass sie dringend einen neuen Anstrich nötig hätte. Die nun im Ort befindliche evangelische Kirche gab es 1951 noch nicht. Die beiden Schulhäuser, die ich damals besucht hatte, wurden für andere Zwecke genutzt. Die alten Fachwerkhäuser im Ort machten überwiegend einen gepflegten Eindruck, was verständlich ist, da Burgsinn als Wanderkurort bei seinen Gästen einen guten Eindruck hinterlassen wollte. Nur den Metzger Abersfelder, bei dessen damalig gleichaltrigem Sohn Karl ich mein Taschenmesser gegen eine Mettwurst eingetauscht hatte, entdeckte ich noch an derselben Stelle. Wenn der dann selbst auch Schlachter (in Unterfranken sagt man Metzger) geworden ist, müsste er inzwischen auch schon längst ein pensionierter Senior sein.

Der Bahnhof, von dem ich als Fahrschüler täglich nach Gemünden und nach Bad Brückenau gefahren bin, war dem Anschein nach keine Haltestelle mehr und total verkommen.

Die wunderschönen Spessart-Wälder, in die ich mit vierzehn Jahren mit einem LKW zur Waldarbeit gefahren wurde, waren noch immer dieselben.

Dieser kurze Abriss unseres Aufenthalts macht deutlich, dass es kein Versäumnis war, in den vergangenen Jahren dort nicht hin gefahren zu sein. Der „große Maler Herbst“ war also Erinnerung genug.

17. Statt eines Nachworts: Kann ein Vertriebener oder ein Flüchtling auch Ostfriese oder gar Bayer oder Schwabe werden?

Diese Frage könnte man Jahrzehnte nach der Millionen Menschen betreffenden landsmannschaftlichen Verschiebung aus den Gebieten jenseits der Oder-Neiße-Grenze allen dort Geborenen und noch Lebenden in allen Landschaften und Städten Deutschlands stellen. Die Formulierungen können variieren. Sie meinen dasselbe. Bist du ein Schwabe? Warum feierst du so gerne Karneval? Besuchen Sie mich mal bei mir zu Hause in München! Sie haben wohl mein Berliner Temperament noch nicht bemerkt?

Aus den hier angerissenen Gesprächssituationen und oft auch aus der mundartlichen Färbung ihrer Reden sind ihre derzeitigen Lebensbereiche erkennbar. Und sie sehen sich auch als Schwaben, Rheinländer, Münchner oder Berliner. Und sie sind auch stolz darauf.

Es gibt aber in allen diesen verschiedenen deutschen Landschaften immer wieder Leute, die fragen: Sind das denn auch „Echte"? Die sind ja hier gar nicht geboren! Die haben gar keine von hier stammenden Eltern oder Großeltern! Die sprechen womöglich nicht einmal *unsere* Sprache!

Wenn man solche Kriterien anlegt, dann wäre mancher Kölner kein Kölner, mancher Münchener kein Münchener und mancher Ostfriese kein Ostfriese!

Solche Vereinnahmungen oder Ausgrenzungen können mitunter ganz unterschiedliche Gründe haben. Mir ist solch eine unterschiedliche landsmannschaftliche Fixierung jeweils mit gegenteiliger Gewichtung widerfahren.

Episode 1: Ein herzlicher gutartiger Ostpreuße – etwa im Alter meiner Mutter –, der zu alt war, seine Heimat innerlich aufgeben zu können, setzte sich sehr intensiv mit einem beeindruckenden Stolz für die Belange aller Vertriebenen ein. Half ihnen bei gar vielfältigen

Bemühungen, um mit der Situation in der „neuen Heimat“ fertig zu werden. Als ich schon einige Jahre meinen beruflichen Weg am Ulrichsgymnasium in Norden gegangen war, sagte er bei einer Begegnung mit hörbarer Anerkennung in der Stimme: „Es ist doch sehr schön, dass auch *aus einem Mann aus dem Osten* etwas geworden ist!“

Wie hatte ich das nun zu verstehen? Jedes Mal, wenn ich daran denke, kommt mir Lessings „Nathan der Weise“ in den Sinn. Nicht, dass ich mich nun für einen Weisen gehalten hätte, – bei meinem damals auf einen Weisen bezogenen noch fast jugendlichen Alter von 38 Jahren. Aber Lessing lässt seine zentrale Figur, den Nathan in der Ringparabel dem Saladin ein Gleichnis erzählen, in dem drei Söhne – in der Parabel stellvertretend für die drei großen Weltreligionen – die eingetretenen Gegebenheiten annehmen sollten. Nathan beginnt die Parabel mit folgenden Worten: „Vor grauen Jahren lebt' *ein Mann in Osten...*“. Die entscheidende Partie lautet dann: „Wohlan! / Es eifre jeder seiner unbestochnen / Von Vorurteilen freien Liebe nach! / ....komme dieser Kraft mit Sanftmut, / mit herzlicher Verträglichkeit, mit Wohltun, / ....zu Hilf!“ Mit unseren Worten also: Hört auf zu lamentieren über das Vergangene, Verlorene, packt an und bringt euch mit aller eurer Kraft für die Belange eurer von euch erfahrbaren Gesellschaft ein. Es ist für mich immer ein großes Kompliment gewesen, dass mir ein von außen sehender kluger Ostpreuße aus seiner Distanz des Nicht-Ostfriesen zu verstehen geben wollte, dass mir, dem *Mann aus dem Osten,* die Integration in Ostfriesland wohl gelungen zu sein scheint.

Episode 2: Nachdem ich, bereits über sechzig Jahre in Ostfriesland lebend, selbstverständlich des Plattdeutschen mächtig, nach mehreren Jahren intensiver Untersuchung eine wissenschaftliche Arbeit über das Plattdeutsche veröffentlicht hatte, konnte ich im Rahmen der erfreulich positiven Aufnahme dieser Arbeit von einem ostfriesischen Laudator hören, dass es doch sehr erfreulich sei, dass sogar „ein *aus Schlesien stammender Junge*“ so etwas zu Stande gebracht habe.

Es stellte sich für mich nun wiederum die Frage: Wie hatte ich das nun zu verstehen?

An dieser Stelle möchte ich einen Begriff in meine Überlegungen einführen, der mir bei der Lektüre des Buches „Neukölln ist überall“ von Heinz Buschkowsky, dem Bezirksbürgermeister des Problembereichs Berlin-Neukölln, über die misslungene Integrationspolitik der Politiker der obersten Ränge, Integrationsbeauftragter und anderer Gutmenschen begegnet ist. Alle in Deutschland geborenen Menschen mit möglichst auch deutschem Ahnenbaum nennt er „Bio-Deutsche“. Also mein Terminus: Bio-Ostfriesen.

Ist nun der Verweis auf meine schlesische Herkunft ein Kompliment, ein mündliches Indigenat – gleich ostfriesische Staatsangehörigkeit –, ein Ritterschlag, obwohl *leider (?)* nicht Bio-Ostfriese dennoch ganz ordentlich oder drückt es gar ein wenig Bedauern darüber aus, dass so was doch eigentlich nur einem Bio-Ostfriesen hätte einfallen können?

Nun gut! Ich sehe das positiv! *Der* Ritterschlag! Ich lebe mit einer kurzen fränkischen Unterbrechung seit 1946 hier! Ich bin – als Schlesier! – in Arle mit plattdeutschen Kindern in die Grundschule gegangen, habe in Hage, Berumbur und Norden gewohnt, habe eine bio-ostfriesische Frau mit dazugehöriger Verwandtschaft, meine Kinder sind in Aurich geboren (Bio-Ostfriesen? Haben ja einen schlesische Vater, also nicht ganz reinrassig?), habe meinen Lebensmittelpunkt seit Jahrzehnten in Norden, habe so manches über Ostfriesland zu Papier gebracht, also: Ostfriese! – – Aber leider nicht „Bio –“!

Ich habe diesen Zusammenhang an meinem eigenen Beispiel ins Heitere überzeichnet, um deutlich zu machen, dass man heute in diesem weltweiten „Schmelztiegel“ der Völker mit solchen Kategorien nicht mehr viel anfangen kann!

– Ist der türkischstämmige 1965 in Urach geborene jetzige Parteivorsitzende der Grünen Cem Özdemir Türke oder Schwabe,

– ist die 1963 in Istanbul geborene Berliner Rechtsanwältin, Mitglied der Islamkonferenz, Seyran Ates Berlinerin oder Türkin,

– ist der 1943 in Breslau geborene, in Thüringen aufgewachsene und nun in Berlin lebende Literaturwissenschaftler und ehemalige Bundestagspräsident Wolfgang Thierse Schlesier, Thüringer oder Berliner,

– ist der 1923 in Fürth geborene ehemalige US-amerikanische Außenminister Henry Kissinger ein Deutscher oder ein Amerikaner,

– ist der 1933 in Breslau geborenen in Leer aufgewachsene ehemalige Präsident des Verwaltungsbezirks Horst Milde Oldenburg ein Schlesier oder ein Ostfriese?

Diese Aufzählung ließe sich noch erheblich verlängern. Von unseren Fußballgrößen einmal abgesehen.

Wie sieht das bei unseren eigenen Kindern und Enkeln aus. Kinder des ersten in Aurich geborenen Sohnes Jann: Jonte in Nürnberg geboren, Anne in Leer geboren (Oh!), Kinder des zweiten in Aurich geborenen Sohnes Derk: Florian in Berlin geboren, Franziska in Münster geboren.

Mit diesen Bio-Kategorien kann man innerhalb Deutschlands gar nichts mehr anfangen!

Wenn man nun den Blickwinkel in diesem thematischen Umfeld ein wenig dreht, ergeben sich ganz andere – eher schon unterhaltsame, aber auch interessante – Kategorien: Alljährlich im Sommer verbringt unsere Familie ihren Sommerurlaub auf der Nordseeinsel Spiekeroog. bei einem Restaurantbesuch werden wir von einer freundlichen Kellnerin zuvorkommend bedient. An der phonetischen Einfärbung ihrer Sprache war sie sehr schnell als Polin identifiziert. Nun konnte ich es nicht lassen, sie nach ihrem Geburtsort zu fragen. Und sieh da, welch „schicksalhafte“ Begegnung! Sie antwortete: „Klodzko!“(also Glatz). Ich sagte ihr, dass das auch mein Geburtsort sei, – nur eben schätzungsweise vierzig Jahre vorher. In der Zeit danach haben sich die beiden Glatzer bei jeder Begegnung freundlich gegrüßt.

In noch größerer Nähe der Stunden ihrer Geburt am selben Ort stehen zwei Persönlichkeiten der unmittelbaren Zeitgeschichte bei später weit auseinander laufenden Lebensläufen. Hierbei käme noch hinzu, dass ihre Anfänge nach biografischer Recherche in deutschstämmigen Familien begründet sind. Dies ist zum einen der am 23. Januar 2013 im Alter von 83 Jahren verstorbene ehemalige Primas der katholischen Kirche Polens Josef Glemp. Der andere ist der bekannte Dirigent und Pianist Justus Frantz. Beide erblickten in Hohensalza / Jwanowrozlaw das Licht dieser Welt Ihr Geburtsjahr liegt nur fünfzehn Jahre auseinander: Glemp 1929, Frantz 1944.

Beim weiteren Sinnieren über diese Zusammenhänge wird mir bewusst, dass ich über all die lange Zeit noch gar nicht daran gedacht habe, dass in sehr vielen Äußerungen von den *Heimat*vertriebenen die Rede gewesen ist. In den frühen Jahren dieses Zustandes mehr, später weniger werdend.

Hat dieses allmähliche Wenigerwerden gar etwas damit zu tun, dass die damit gemeinte Personengruppe zunächst natürlich zur Identifikation die Zuordnung auf Verlorenes, lange Besessenes brauchte: Wesentliches meiner Existenz habe ich verloren und hier stehe ich vor völlig Fremdem als Vertriebener, gar um mein Leben zu retten als Flüchtling.

Mit dem natürlich erzwungenen immer länger werdenden Verweilen in dieser fremden Umgebung haben sich allmählich neue Bezüge und Einbindungen ergeben. Der vor allem mit Schmerz verbundene, verlorene Raum tritt in den Hintergrund. Der neue Lebensraum „drängt" sich in den Vordergrund, er wird zur *neuen* Heimat. Die emotionale Anbindung an den verlorenen Raum geht bei vielen allmählich verloren, bei den Kindern erklärlicherweise schneller als bei den Erwachsenen. Meine Mutter sprach, obwohl sie sich recht gut in Ostfriesland eingelebt hatte, noch mit 90 Jahren von „zu Hause", wenn sie von Schlesien sprach. Wobei man ja bedenken muss, dass sie 36 Jahre in Schlesien und 54 Jahre in Ostfriesland gelebt hatte.

Um diese meine Erfahrungen und Beobachtungen vor einen fachlich möglichst zuverlässigen Hintergrund zu stellen, habe ich mich absichernd einmal in der Fachliteratur zum Heimatbegriff umgeschaut. Es hat sich das bestätigt, was ich vermutet hatte. Ganze Bibliotheken sind damit vollgeschrieben worden. Um mich da nicht hindurchwühlen zu müssen, um auf der einen Seite bei der „heimatlichen Scholle“ anfangen und bei „Heimat im Jenseits“ aufhören zu müssen, bin ich mal auf die andere Seite der Klarheit und Kürze hinüber geschwenkt.

Wie tief so manche heimatlichen schlesischen Wurzeln über Jahrzehnte in der Seele tief verankert waren, konnte man in so manchen Situationen bei meiner Mutter erfahren. Wenn ich mitunter nach langen, langen Zeiten in Ostfriesland bei ihr war, um sie zu besuchen, konnte es vorkommen, dass ich ihr auf dem Klavier das Heimatlied „Wann mer sunntichs ei die Kerche giehn“ anspielen sollte. Dann sang sie das Lied mit immer dünner werdender Stimme über alle Strophen: „'swoar immer asu, 'swoar immer asu!“ Das war schon sehr rührend!

Was kann man denn da so im Herkunftswörterbuch der deutschen Sprache des Duden-Verlages lesen. Also *Heimat* leitet sich von *Heim* ab, siehe dort. Und was man *dort* lesen kann, sei mit dem wichtigsten Akzent einmal aufs kürzeste nur angerissen.

Heimat hat etwas mit „ Haus, Wohnort, Wohnung“, „ dem Ort andem man sich niederlässt“ zu tun.

In der *großen* Literatur wird dann der Begriff nach vielen Dimensionen untersucht: räumliche, zeitliche, soziale, kulturelle und emotionale.

Im Zeitalter der elektronischen Medien ist es durchaus zulässig, sich entgegen so mancher durchaus berechtigter negativen Einschätzung der *reinen Wissenschaft* einmal bei Wikipedia, der freien Enzyklopädie, umzuschauen.

Dort wird H. Bausinger aus seiner Arbeit von 1980 angeführt und zitiert. Diese sehr griffige Partie sei für dieses Nachwort einmal hier wiedergegeben: „So ist Heimat eine räumlich-soziale Einheit mittlerer Reichweite, in welcher der Mensch eine Sicherheit und Verlässlichkeit seines Daseins erfahren kann: Heimat als Nahwelt, die verständlich und durchschaubar ist, als Rahmen, in dem sich

Verhaltenserwartungen stabilisieren, in dem sinnvolles, abschätzbares Handeln möglich ist – Heimat als Gegensatz zur Fremdheit und Entfremdung, als Bereich der Aneignung, der aktiven Durchdringung, der Verlässlichkeit."

Und bei R.Piepmeyer 1990 in Verbindung mit G. Mitscherlich 1997 heißt es: „Heimat kann auch ‚neu gewonnen… werden', da der Heimatbegriff die Möglichkeit auf Beheimatung einschließe – als auf Aneignung einer vertrauten Lebenswelt und Ausbildung sozialer Zugehörigkeit. Die Heimatfindung kann demnach gleichsam in beweglichen Modellen von Raumdefinitionen und persönlichen Zuordnungen erfolgen. Die Heimat als sozialer Raum eröffne sich somit in lebens- und alltagsweltlichen Interaktionen…"

Vor der Fülle der Ergebnisse auf diesem Gebiet nimmt sich der Anteil, der seine Definition für Heimat an Geburt und Ahnen festmacht, verschwindend gering aus. Solche Veröffentlichungen sind eigentlich alle älteren Datums. Sie wirken oft etwas archaisch. Die Entwicklungen während der zweiten Hälfte des letzten Jahrhunderts haben sie alle überrollt. Trotzdem ist keineswegs zu leugnen: die „Echten", durch Geburt und Vorfahren bestimmt, bleiben die „Echten".

Nach diesem kürzesten Blick in den Bereich der Begriffsforschung zum Thema Heimat wieder zurück in die „Niederungen" der Erlebniswelten der Vertriebenen und Flüchtlinge.

Wer in einer Landschaft Deutschlands – aus der Ferne kommend – lebt und bereit und fähig ist, für diesen Raum offen zu sein nach den schon erwähnten räumlichen, zeitliche, sozialen, kulturellen und emotionalen Dimensionen, sich nach deren Maßgaben und seinen eigenen Fähigkeiten einbringt, kann in dieser Landschaft eine neue Heimat finden. Wer es dann noch schafft, sich im Sinn von Lessings Nathan zu verhalten. hat die besten Chancen, in der neuen Heimat freundlich aufgenommen zu werden

Die Antwort auf die in der Überschrift gestellte Frage kann nur mit Ja! beantwortet werden. Der Bio-Status ist ihm leider verwehrt, wofür er ja nichts kann, aber: Er kann Ostfriese, Schwabe oder Bayer werden.

18. PS.: 2014

Mein Thema ist eigentlich mit dem letzten Kapitel abgeschlossen. Die über ein halbes Jahrhundert später zu erlebenden Ereignisse legen mir diesen kurzen Abriss doch noch nahe.

Die gleichen Grundkonstellationen wie sie für die Vertriebenen und Flüchtlinge in Deutschland nach dem Zweiten Weltkrieg vorgegeben waren, sind heute für die aus vielen Regionen Europas und Afrikas aus den unterschiedlichsten Gründen nach Deutschland strömenden Menschen gültig. Auch die vielen Millionen Deutscher, die Veränderungszwängen unterworfen worden sind, waren mit Integrationsproblemen belastete Migranten. *Sie* hatten sich so, wie im vorigen Kapitel beschrieben, zu verhalten, um ein Anrecht auf Akzeptanz im neuen Lebensumfeld zu erwerben.

Der gravierende Unterschied ist nur der, dass die „Migranten" von damals innerhalb eines Kulturkreises „verschoben" worden sind. Sie mussten von einer gewohnten, teuer gewordenen Umgebung in eine andere, fremde wechseln. Landschaft, Sozial-Landsmannschaftliches, klein gekammerte kulturelle Elemente waren anders. Aber die entscheidende Voraussetzung, die gemeinsame Hochsprache war die gleiche. Es war ihnen also möglich, sobald sie dazu in der Lage waren, über dieses gemeinsame Band die neuen Umstände zu erfahren und anzunehmen, eben einen neuen Lebensabschnitt zu beginnen.

Hier besteht nun für die Migranten vergangener Jahrzehnte in Deutschland der entscheidende Unterschied. Die allerwenigsten von ihnen brachten Kenntnisse unserer Landessprache mit, und hier hat die deutsche Politik nach meinem Dafürhalten entscheidend versagt. Nur, wer nach einer nicht allzu langen Zeit angemessene Grundkenntnisse im Deutschen über eine Überprüfung nachweisen kann, erwirbt in Deutschland Bleiberecht, kann, ohne sein Herkommen, seine kulturellen Wurzeln zu verleugnen, hier bleiben. Viele anderen Kulturnationen machen uns das vor. Nur indem ich eben über Sprache wahrnehme, was um mich *in* diesem Land passiert, kann ich es erfahren und erleben und bin in der Lage über mein Hier-sein-Wollen zu entscheiden. Diesem heilsamen Zwang waren diese Migranten nie ausgesetzt. So manche – natürlich bei weitem nicht alle – Probleme, die Heinz Buschkowsky in seinem eindrucksvollen Buch beschrieben hat, wären zu vermeiden gewesen.

In einem am 27.03.2014 veröffentlichtem Interview des „Stern“ kommt Arno Luik in einer Frage, die wegen ihrer allgemeinen Gültigkeit aus dem Zusammenhang genommen werden kann, zu der Feststellung: „Wer die Sprache hat, hat die Köpfe der Menschen…“

Natürlich ist die Uhr nun nicht mehr zurückzudrehen.

Kein Wunder, dass an so vielen Stellen so vieles daneben geht!

19. Dank

In ganz besonderem Maß muss ich meiner Frau Meta Dank sagen. Sie hat mich über die ganze Zeit des Schreibens begleitet und stets kritisch hinterfragend die Entwicklung des Textes beobachtet. Durch die jahrzehntelange Nähe zu mir, meinem Leben war es ihr möglich, Wesentliches nachzuempfinden. Ihr Rat war für mich das wichtigste Korrektiv. Schon beim Entstehen des Textes und nach der Endfassung hat sie das formale Lektorat durchgeführt.

Die nächsten Leser waren meine Söhne Jann und Derk. Ihre Meinung war mir besonders wichtig, da sie mit großem Abstand – 1971 und 1975 geboren – eine unbelastete Einschätzung abgeben konnten. Es ergaben sich auch inhaltliche Ergänzungen und Korrekturen, da ein schreibender Zeitzeuge so manches als völlig selbstverständlich angesehen hat, was für einen viel später Geborenen unklar sein musste.

Sehr überzeugenden Rat in Richtung Umsetzung und Realisierung hat mir schließlich Johann Haddinga gegeben. An dem Urteil eines höchst aktiven schreibenden Zeitungsmannes, Autors und guten Freundes war mir sehr gelegen. Ihm verdanke ich nach seiner sorgfältigen Lektüre manchen förderlichen kritischen Hinweis.

Während der Zeit des Schreibens hatte ich mitunter den Gedanken, es mit einer überschaubaren Anzahl von Exemplaren für die Familie und Freunde gut sein zu lassen. Meine mir nahe stehenden „Erstleser“ haben mich aber darin bestärkt, meiner ursprünglichen Absicht treu zu bleiben und das nun erreichte Ziel anzusteuern.

Dafür möchte ich ihnen ganz herzlich danken.

Die Finanzierung des Projektes haben in besonderem Maß die Schede-Stiftung, aber auch die Bürgerstiftung Norden befördert. Dafür möchte ich ganz besonders ausdrücklich Dank sagen.

Joachim Strybny

geb. am 6.6.1937 in Glatz/Schlesien. Seit der Vertreibung mit seiner Mutter Ende Januar 1946 nach Arle/Ostfriesland lebt er – bei einer kurzen Unterbrechung – in Norden. Nach dem Studium in Göttingen und anschließender Referendarzeit war er von 1966 bis 2002 am Ulrichsgymnasium in Norden tätig. In all den Jahren hat er fast alle Funktionen, die an einer solchen Schule möglich sind, ausgeübt. Nach seiner Pensionierung ist er in vielerlei sozialen Bereichen aktiv.